油田社会保险实务

韩　辉　主编

中国石化出版社
·北京·

图书在版编目（CIP）数据

油田社会保险实务 / 韩辉主编 . —北京：中国石化出版社，2024.9
ISBN 978-7-5114-7519-0

Ⅰ. ①油… Ⅱ. ①韩… Ⅲ. ①油田－社会保险－研究 Ⅳ. ① F840.61

中国国家版本馆 CIP 数据核字（2024）第 097305 号

中国石化出版社出版发行

地址：北京市东城区安定门外大街 58 号
邮编：100011　电话：(010)57512500
发行部电话：(010)57512575
http：//www.sinopec-press.com
E-mail：press@sinopec.com
胜利油田胜利报业发展有限责任公司印刷
全国各地新华书店经销
*
710 毫米 ×1000 毫米 16 开本 21.5 印张 340 千字
2024 年 9 月第 1 版　2024 年 9 月第 1 次印刷
定价：88.00 元

编 委 会

序

习近平总书记指出，社会保障是保障和改善民生、维护社会公平、增进人民福祉的基本制度保障，是促进经济社会发展、实现广大人民群众共享改革发展成果的重要制度安排，发挥着民生保障安全网、收入分配调节器、经济运行减震器的作用，是治国安邦的大问题。党的十八大以来，我国社会保障事业发展进入快车道，取得举世瞩目的重大成就，以社会保险为主体，集合社会救助、社会福利、社会优抚等制度安排的功能完备的社会保障体系已基本建成，社会保障制度改革进入系统集成、协同高效的新阶段。

社会保险体系是现代企业管理体系的重要根基，是人才强企战略的重要支撑，是做好员工群众工作的重要平台，是企业党委联系群众、关心群众、服务群众的桥梁纽带，在推进企业高质量发展中发挥着基础性保驾护航作用。中国石化深入践行以人民为中心的发展思想，高度重视社会保险工作，始终把社会保险作为增进员工福祉的民生工程来抓，保障员工合法权益，打造良好社会形象。所属单位严格执行国家和属地社会保险政策，建立健全企业年金和补充医疗保险制度，积极推广个人养老金，加速深化拓展共享社会保险服务，为广大员工安心安业创造良好环境。

当前，油田企业按照中央深化国有企业改革部署，已全面完成企业自行管理的社会保险纳入地方管理，但油田企业服务员工群众、维护员工群众利益、履行社会责任的目标要求没有变。油田企业具有工作区域点多、线长、跨地区分布，员工队伍分散、流动性大，大部分属于独立工矿区、社会依托较弱等特点，社会保险服务工作政策性强、专业性强，做实不易、做好更难。

多年来，胜利油田党委牢牢把握“践行宗旨为民造福”目标要求，坚持油田发展与员工幸福有机统一，扎实推进油田社会保险事业持续健康发展，逐步形成了专业化管理、区域化服务、信息化支撑，具有油田企业特色的多层次社会保障体系，巩固维护了心齐气顺劲足家和的良好局面。

政策制度和业务流程是社会保险工作的基石，落实好政策，优化好流程，才能做到“心里有数，脚下有路”。胜利油田组织业务骨干编写了《油田社会保险实务》，对社会保险政策制度进行了全面系统梳理，对经办管理服务流程进一步优化完善，实现经办政策有据可查，经办事项名称、申办材料、经办方式、办理流程、办结时限、服务标准的“六统一”，经办服务申办材料最少、办事流程最简、办理时限最短、服务质量最优的“四最”目标，进一步提升了规范化、标准化、精细化管理服务水平，更加方便快捷服务员工群众。

《油田社会保险实务》业务覆盖全面，内容细致翔实，政策依据充分，兼顾了相关工作的历史沿革脉络，堪称胜利油田社会保险类业务工作人员学习培训和工作实操的“掌中宝典”。同时，本书虽立足胜利油田社会保险工作编写，但鉴于国家社会保险政策相对统一、油田系统社会保险业务经办服务比较类似，对其他油田企业也具有较强的使用价值，对石油石化行业中下游企业和其他独立工矿区企业也有较强借鉴意义。

希望企业从事社会保险业务的工作人员通过学习借鉴《油田社会保险实务》，进一步提升政策水平、专业能力，用心用情用力纾解员工群众急难愁盼，以实际行动彰显为民情怀和责任担当，努力答好“民生保障卷”，促进企业高质量发展。

董　烨

2024年8月

目录

第一章　社会保险费征缴

第一节　社会保险参保缴费

一、参保缴费

（一）参保依据

（1）中华人民共和国境内的用人单位和个人依法缴纳社会保险费，有权查询缴费记录、个人权益记录，要求社会保险经办机构提供社会保险咨询等相关服务。个人依法享受社会保险待遇，有权监督本单位为其缴费情况。

（2）职工应当参加基本养老保险、基本医疗保险、失业保险，由用人单位和职工按照国家规定共同缴纳保险费。

（3）职工应当参加生育保险、工伤保险，由用人单位按照国家规定缴纳保险费，职工不缴纳生育、工伤保险费。

（2010年10月28日，中华人民共和国主席令第35号，《中华人民共和国社会保险法》）

（4）职工在油田参加基本医疗保险应当同时参保补充医疗保险，由用人单位按照油田规定缴纳企业补充医疗保险费，职工不缴纳企业补充医疗保险费。

（2022年5月31日，胜油局发〔2022〕81号，《胜利油田企业补充医疗保险管理细则》）

（二）参保登记

1.企业社会保险登记

企业办理登记注册时，同步办理社会保险登记。缴费单位应当自成立之日起30日内，向当地社会保险经办机构申请办理社会保险登记。

2.参保单位注销登记

参保单位发生解散、破产、撤销、合并以及其他情形的，在市场监管部门办理注销时，同步办理社会保险注销登记。参保单位应当自注销之日起30日内，向当地社会保险经办机构申请办理社会保险注销登记。

3.单位基本信息变更

参保单位基本信息发生变化时，同步办理社会保险基本信息变更，参保单位应当自基本信息变更之日起30日内，向当地社会保险经办机构申请办理单位基本信息维护。

4.在职职工参保登记

用人单位应当自用工之日起30日内为其职工向社会保险经办机构申请办理社会保险登记。劳动者与用人单位解除（或终止）劳动关系，用人单位在15日内为劳动者办理社会保险关系转移手续。

（2010年10月28日，中华人民共和国主席令第35号，《中华人民共和国社会保险法》；1999年1月22日，国务院令第259号，《社会保险费征缴暂行条例》）

（三）缴费方式

用人单位应当自行申报、按时足额缴纳社会保险费，非因不可抗力等法定事由不得缓缴、减免。职工应当缴纳的社会保险费由用人单位代扣代缴，用人单位应当按月将缴纳社会保险费的明细情况告知本人。

（2010年10月28日，中华人民共和国主席令第35号，《中华人民共和国社会保险法》）

二、欠费处理

（1）用人单位未按时足额缴纳社会保险费的，由社会保险费征收机构责令其限期缴纳或者补足。

用人单位逾期仍未缴纳或者补足社会保险费的，社会保险费征收机构可以向银行和其他金融机构查询其存款账户；并可以申请县级以上有关行政部门作出划拨社会保险费的决定，书面通知其开户银行或者其他金融机构划拨社会保险费。用人单位账户余额少于应当缴纳的社会保险费的，社会保险费征收机构可以要求该用人单位提供担保，签订延期缴费协议。

（2）用人单位未足额缴纳社会保险费且未提供担保的，社会保险费征收机构可以申请人民法院扣押、查封、拍卖其价值相当于应当缴纳社会保险费的财产，以拍卖所得抵缴社会保险费。

（3）用人单位未按时足额缴纳社会保险费的，由社会保险费征收机构责令限期缴纳或者补足，并自欠缴之日起，按日加收万分之五的滞纳金；逾期仍不缴纳的，由有关行政部门处欠缴数额一倍以上三倍以下的罚款。

（2010年10月28日，中华人民共和国主席令第35号，《中华人民共和国社会保险法》）

第二节　社会保险费缴费工资总额核定

一、缴费工资总额计算范围

（一）工资总额的组成

职工工资总额是指各单位在一定时期内直接支付给本单位全部职工的劳动报酬总额。

工资总额一般由6个部分组成：计时工资、计件工资、奖金、津贴和补贴、加班加点工资、特殊情况下支付的工资。

用人单位支付给职工的劳动报酬，不论其经费来源、支付形式、费用列支渠道、是否计入成本、是否国家计征所得税，都应列入工资总额计算范围。

（二）企业单位工资总额

企业单位工资总额应按职工工资总额的计算原则进行统计，一般包括岗位工资、技能工资、基础工资、工龄工资、各种津贴、补贴、奖金等，鉴于目前企业工资项目不统一，用人单位实际发给本单位职工的属于工资性质的项目一律计入工资总额。

根据国家统计局办公室《关于印发1999年劳动统计年报新增指标解释及问题解答的通知》（国统办字〔1999〕106号）规定，单位从个人工资中直接为其代扣代缴的社会保险费、个人所得税、住房公积金及其他各类扣款都应计入工资总额。

二、计算缴费工资总额具体项目

根据国家统计局《关于工资总额组成的规定》的规定，下列项目作为工资统计，在计算缴费基数时作为依据：

（一）计时工资

（1）对已完成工作按计时工作标准支付的工资，即基本工资部分。

（2）新参加工作职工的见习工资（学徒的生活费）。

（3）根据国家法律、法规和政策规定，因病、工伤、产假、计划生育假、婚丧假、事假、探亲假、定期休假、停工学习、执行国家或社会义务等原因按计时工资标准或计时工资标准的一定比例支付的工资。

（4）实行岗位技能工资制的单位支付给职工的技能工资及岗位（职务）工资。

（5）职工个人按规定比例缴纳的社会保险费、职工受处分期间的工资、浮动升级的工资等。

（6）机关工作人员的职务工资、级别工资、基础工资；工人的岗位工资、技术等级（职务）工资。

（二）计件工资

（1）实行超额累进计件、直接无限计件、限额计件、超定额计件等工资制，按劳动部门或主管部门批准的定额和计件单价付给个人的工资。

（2）按工作任务包干方法支付给个人的工资。

（3）按营业额提成或利润提成办法支付给个人的工资。

（三）奖金

（1）生产（业务）奖包括超产奖、质量奖、安全（无事故）奖、考核各项经济指标的综合奖、提前竣工奖、外轮速遣奖、年终奖（劳动分红）等。

（2）节约奖包括各种动力、燃料、原材料等节约奖。

（3）劳动竞赛奖包括发给劳动模范、先进个人的各种奖金。

（4）机关、事业单位各类人员的年终一次性奖金、机关工人的奖金、体育运动员的平时训练奖金。

（5）其他奖金包括从兼课酬金和业余医疗卫生服务收入提成中支付的奖金，运输系统的堵漏保收奖金，学校教师的教学工作量超额酬金，从各项收入中以提成的名义发给职工的奖金等。

（四）津贴

（1）补偿职工特殊或额外劳动消耗的津贴及岗位性津贴。包括高空津贴、井下津贴、流动施工津贴、高温作业临时补贴、艰苦气象台（站）津贴、微波站津贴、冷库低温津贴、邮电人员外勤津贴、夜班津贴、中班津贴、班（组）长津贴、环卫人员岗位津贴、广播电视天线工岗位津贴、盐业岗位津贴、废品回收人员岗位津贴、殡葬特殊行业津贴、城市社会福利事业岗位津贴、环境监测津贴、课时津贴、班主任津贴、科研辅助津贴、卫生临床津贴和防检津贴、农业技术推广服务津贴、护林津贴、林业技术推广服务津贴、野生动物保护工作津贴、水利防汛津贴、气象服务津贴、地震预测预防津贴、技术监督工作津贴、口岸鉴定检验津贴、环境污染监控津贴、社会服务津贴、特殊岗位津贴、会计岗位津贴、野外津贴、水上作业津贴、艺术表演档次津贴、演出场次津贴、艺术人员工种补贴、运动队班（队）干部驻队津贴、教练员培训津贴、运动员成绩津贴、运动员突出贡献津贴、责任目标津贴、领导职务津贴、岗位目标管理津贴、专业技术职务津贴、专业技术岗位津贴、技术等级岗位津贴、技术工人岗位津贴、普通工人作业津贴及其他为特殊行业和苦脏累险等特殊岗位设立的津贴。

机关工作人员岗位津贴。包括公安干警值勤津贴、警衔津贴、交通民警保健津贴、海关工作人员岗位津贴、审计人员外勤工作补贴、税务人员的税务征收津贴（包括农业税收）、工商行政管理人员外勤津贴、人民法院干警岗位津贴、人民检察院干警岗位津贴、司法助理员岗位津贴、监察、纪检部门办案人员补贴、人民武装部工作人员津贴、监狱劳教所干警健康补贴等。

（2）保健性津贴。包括卫生防疫津贴、医疗卫生津贴、科技保健津贴、农业事业单位发放的有毒有害保健津贴以及其他行业职工的特殊保健津贴等。

（3）技术性津贴。包括特级教师津贴、科研课题津贴、研究生导师津贴、工人技师津贴、中药老药工技术津贴、特殊教育津贴、高级知识分子特殊津贴（政府特殊津贴）等。

（4）年功性津贴。包括工龄工资、工龄津贴、教龄津贴和护士护龄津贴等。

（5）地区津贴。包括艰苦边远地区津贴和地区附加津贴等。

（6）其他津贴。例如支付给个人的伙食津贴（火车司机和乘务员的乘务津贴、航行和空勤人员伙食津贴、水产捕捞人员伙食津贴、汽车司机行车津贴、体育运动员和教练员伙食补助费、少数民族伙食津贴、小伙食单位补贴、单位按月发放的伙食补贴、补助或提供的工作餐等）、上下班交通补贴、洗理卫生费、书报费、工种粮补贴、过节费、干部行车补贴、私车补贴等。

（五）补贴

为保证职工工资水平不受物价上涨或变动影响而支付的各种补贴，如副食品价格补贴，粮、油、蔬菜等价格补贴，煤价补贴，水电补贴，住房补贴，房改补贴等。

（六）加班加点工资

加班加点工资是指按规定支付的加班工资和加点工资。

（七）其他工资

如附加工资、保留工资以及调整工资补发的上年工资等。

（八）特殊情况下支付的工资

（1）发放给本单位职工的“技术交易奖酬金”。

（2）住房补贴或房改补贴。房改一次性补贴款，如补贴发放到个人，可自行支配的计入工资总额内；如补贴为专款专用存入专门的账户，不计入工资总额统计［国家统计局《关于房改补贴统计方法的通知》（统制字〔1992〕80号）］。

（3）单位发放的住房提租补贴、通信工具补助、住宅电话补助［国家统计局《关于印发1998年年报劳动统计新增指标解释及问题解答的通知》（国统办字〔1998〕120号）］。

（4）单位给职工个人实报实销的职工个人家庭使用的固定电话话费、职工个人使用的手机费（不含因工作原因产生的通信费，如不能明确区分公用、私用均计入工资总额）、职工个人购买的服装费（不包括工作服）等各种费用［国家统计局《关于印发2002年劳动统计年报新增指标解释及问题解答的通知》（国统办字〔2002〕20号）］。

（5）为不休假的职工发放的现金或补贴［国家统计局《关于印发2002年劳动统计年报新增指标解释及问题解答的通知》（国统办字〔2002〕20号）］。

（6）以下属单位的名义给本单位职工发放的现金或实物（无论是否计入本单位财务账目）［国家统计局《关于印发2002年劳动统计年报新增指标解释及问题解答的通知》（国统办字〔2002〕20号）］。

（7）单位为职工缴纳的各种商业性保险［国家统计局《关于印发2002年劳动统计年报新增指标解释及问题解答的通知》（国统办字〔2002〕20号）］。

（8）试行企业经营者年薪制的经营者，其工资正常发放部分和年终结算后补发的部分［国家统计局《关于印发2002年劳动统计年报新增指标解释及问题解答的通知》（国统办字〔2002〕20号）］。

（9）商业部门实行的柜组承包，交通运输部门实行的车队承包、司机个人承包等，这部分人员一般只需定期上交一定的所得，其余部分归己。对这些人员的缴费基数原则上采取全部收入扣除各项（一定）费用支出后计算［国家统计局《关于印发劳动统计问题解答的通知》（制司字〔1992〕39号）］。

（10）使用劳务输出机构提供的劳务工，其人数和工资按照“谁发工资谁统计”的原则，如果劳务工的使用方不直接支付劳务工的工资，而是向劳务输出方支付劳务费，再由劳务输出方向劳务工支付工资，应由劳务输出方统计工资和人数；如果劳务工的使用方直接向劳务工支付工资，则应由劳务使用方统计工资和人数。输出和使用劳务工单位的缴费基数以谁发工资谁计算缴费基数的原则执行［国家统计局《关于印发2004年劳动统计年报新增指标解释及问题解答的通知》（国统办字〔2004〕48号）］。

（11）企业销售人员、商业保险推销人员等实行特殊分配形式参保人员的缴费基数原则上由各地依据国家统计局有关规定根据实际情况确定。

三、不列入缴费工资总额项目

根据国家统计局的规定，下列项目不计入工资总额，在计算缴费基数时应予剔除：

（1）根据国务院发布的有关规定发放的创造发明奖、国家星火奖、自然科学奖、科学技术进步奖和支付的合理化建议和技术改进奖以及支付给运动员在重大体育比赛中的重奖。

（2）有关劳动保险和职工福利方面的费用。职工保险福利费用包括医疗卫生费、职工死亡丧葬费及抚恤费、职工生活困难补助、文体宣传费、集体福利事业设施费和集体福利事业补贴、探亲路费、计划生育补贴、冬季取暖补贴、防暑降温费、婴幼儿补贴（即托儿补助）、独生子女牛奶补贴、独生子女费、“六一”儿童节给职工的独生子女补贴、工作服洗补费、献血员营养补助及其他保险福利费。

（3）劳动保护的各种支出。包括工作服、手套等劳动保护用品，解毒剂、清凉饮料，以及按照国务院1963年7月19日劳动部等七单位规定的范围对接触有毒物质、矽尘作业、放射线作业和潜水、沉箱作业、高温作业等五类工种所享受的由劳动保护费开支的保健食品待遇。

（4）有关离休、退休、退职人员待遇的各项支出。

（5）支付给外单位人员的稿费、讲课费及其他专门工作报酬。

（6）出差补助、误餐补助。指职工出差应购卧铺票实际改乘座席的减价提成归己部分；因实行住宿费包干，实际支出费用低于标准的差价归己部分。

（7）对自带工具、牲畜来企业工作的从业人员所支付的工具、牲畜等的补偿费用。

（8）实行租赁经营单位的承租人的风险性补偿收入。

（9）职工集资入股或购买企业债券后发给职工的股息分红、债券利息以及职工个人技术投入后的税前收益分配。

（10）劳动合同制职工解除劳动合同时由企业支付的医疗补助费、生活补助费以及一次性支付给职工的经济补偿金。

（11）劳务派遣单位收取用工单位支付的人员工资以外的手续费和管理费。

（12）支付给家庭工人的加工费和按加工订货办法支付给承包单位的发包费用。

（13）支付给参加企业劳动的在校学生的补贴。

（14）调动工作的旅费和安家费中净结余的现金。

（15）由单位缴纳的各项社会保险、住房公积金。

（16）支付给从保安公司招用的人员的补贴。

（17）按照国家政策为职工建立的企业年金和补充医疗保险，其中单位按政策规定比例缴纳部分。

（2002年12月17日，鲁劳社〔2002〕54号，《山东省劳动和社会保障厅关于缴纳社会保险费工资总额基数有关问题的通知》；

2006年11月15日，劳社险中心函〔2006〕60号，劳动和社会保障部社会保险事业管理中心《关于规范社会保险缴费基数有关问题的通知》）

第三节　社会保险关系转移接续

一、基本养老保险关系转移接续

（一）省内转移接续

自2021年12月31日起，参保人员在省内流动就业的，不再转移基本养老保险关系和基金。按照国家相关政策确定待遇领取地在我省的参保人员，达到法定退休年龄前由养老保险归集地（即待遇领取地）社保经办机构，通过全省通办系统查验参保人员在省内不同参保地的缴费情况，并对参保人员的个人账户进行归集，归集完成后按规定办理退休手续，计发基本养老金。归集前，参保人员在各地保留的个人账户由相应的社保经办机构按规定计息。

（2021 年 9 月 17 日，鲁人社规〔2021〕4 号，《山东省人力资源和社会保障厅 关于进一步规范企业职工基本养老保险有关政策的通知》）

（二）跨省转移接续

参保人员跨省流动就业的，由原参保所在地社会保险经办机构（以下简称社保经办机构）开具参保缴费凭证，其基本养老保险关系应随同转移到新参保地。参保人员达到基本养老保险待遇领取条件的，其在各地的参保缴费年限合并计算，个人账户储存额（含本息，下同）累计计算；未达到待遇领取年龄前，不得终止基本养老保险关系并办理退保手续；其中出国定居和到香港地区、澳门地区、台湾地区定居的，按国家有关规定执行。

1.资金计算转移

（1）个人账户储存额：1998年1月1日之前按个人缴费累计本息计算转移，1998年1月1日后按计入个人账户的全部储存额计算转移。

（2）统筹基金（单位缴费）：以本人1998年1月1日后各年度实际缴费工资为基数，按12%的总和转移，参保缴费不足1年的，按实际缴费月数计算转移。

2.转移接续程序

（1）参保人员在新就业地按规定建立基本养老保险关系和缴费后，由用人单位或参保人员向新参保地社保经办机构提出基本养老保险关系转移接续的书面申请。

（2）新参保地社保经办机构在15个工作日内，审核转移接续申请，对符合本办法规定条件的，向参保人员原基本养老保险关系所在地的社保经办机构发出同意接收函，并提供相关信息；对不符合转移接续条件的，向申请单位或参保人员作出书面说明。

（3）原基本养老保险关系所在地社保经办机构在接到同意接收函的15个工作日内，办理好转移接续的各项手续。

（4）新参保地社保经办机构在收到参保人员原基本养老保险关系所在地社保经办机构转移的基本养老保险关系和资金后，应在15个工作日内办结有关手续，并将确认情况及时通知用人单位或参保人员。

（2009年12月28日，国办发〔2009〕66号，《国务院办公厅关于转发人力资源社会保障部 财政部城镇企业职工基本养老保险关系转移接续暂行办法的通知》）

3.多重养老保险关系的处理

参保人员流动就业，同时在两地以上存续基本养老保险关系的，在办理转移接续基本养老保险关系时，应按照“先转后清”的原则，由转入地社会保险经办机构与本人协商确定保留其中一个基本养老保险关系和个人账户，同期其他关系予以清理，个人账户储存额退还本人，相应的个人缴费年限不重复计算。

参保人员在流动就业转移基本养老保险关系时，曾办理一次性预缴养老保险费的，先按规定比例计算转移金额；余额部分由转出地暂时保留封存，待本人达到待遇领取条件时再按有关规定处理。

国办发〔2009〕66号实施之前已经重复领取基本养老金的参保人员，由社会保险经办机构与本人协商确定保留其中一个基本养老保险关系并继续领取待遇，其他的养老保险关系应予清理，个人账户剩余部分一次性退还本人，已领取的基本养老金不再清退。

（2010年8月29日，鲁政办发〔2010〕50号，《山东省人民政府办公厅关于转发省人力资源社会保障厅 省财政厅山东省企业职工基本养老保险关系转移接续实施办法的通知》）

4.退休待遇领取地的确定

跨省流动就业的参保人员达到待遇领取条件时，按下列规定确定其待遇领取地：

（1）基本养老保险关系在户籍所在地的，由户籍所在地负责办理待遇领取手续，享受基本养老保险待遇。

（2）基本养老保险关系不在户籍所在地，而在其基本养老保险关系所在地累计缴费年限满10年的，在该地办理待遇领取手续，享受当地基本养老保险待遇。

（3）基本养老保险关系不在户籍所在地，且在其基本养老保险关系所在地累计缴费年限不满10年的，将其基本养老保险关系转回上一个缴费年限满10年的原参保地办理待遇领取手续，享受基本养老保险待遇。

（4）基本养老保险关系不在户籍所在地，且在每个参保地的累计缴费年限均不满10年的，将其基本养老保险关系及相应资金归集到户籍所在地，由户籍所在地按规定办理待遇领取手续，享受基本养老保险待遇。

（2009年12月28日，国办发〔2009〕66号，《国务院办公厅关于转发人力资源社会保障部 财政部城镇企业职工基本养老保险关系转移接续暂行办法的通知》）

自2021年12月31日起，按照国家相关政策确定待遇领取地在我省的参保人员，达到法定退休年龄前由养老保险归集地（即待遇领取地）社保经办机构，通过全省通办系统查验参保人员在省内不同参保地的缴费情况，并对参保人员的个人账户进行归集，归集完成后按规定办理退休手续，计发基本养老金。归集前，参保人员在各地保留的个人账户由相应的社保经办机构按规定计息。

原则上，参保人员在省内的最后一个参保地作为其养老保险归集地；省内参保缴费期间曾有一次性补缴超过3年（含3年）的情况，且补缴地不能提供国家和省政策规定的补缴所需材料的，原补缴地作为归集地。

（2021年9月17日，鲁人社规〔2021〕4号，《山东省人力资源和社会保障厅 关于进一步规范企业职工基本养老保险有关政策的通知》）

二、基本医疗保险关系转移接续

参保人员跨统筹地区流动，不得重复参保和重复享受待遇，转出地已中止参保，在转入地按规定参加职工医保的应按规定办理基本医疗保险关系转移接续。

参保职工在不同统筹地区参加职工医保的缴费年限（含视同缴费年限和实际缴费年限）互认，并累计计算。参保职工重复参保期间的缴费年限不重复计算，医保待遇不重复享受。

（2020年6月30日，鲁医保发〔2020〕47号，《山东省医疗保障局 山东省财政厅 山东省退役军人事务厅关于做好职工基本医疗保险关系转移接续有关工作的通知》；

2021年11月1日，医保办发〔2021〕43号，《国家医保局办公室 财政部办公厅关于印发〈基本医疗保险关系转移接续暂行办法〉的通知》）

第四节　社会保险费缴费核定

一、缴费基数核定

（一）个人缴费基数

中央驻鲁企业职工个人以本人上年度月工资收入（按国家统计局规定的“工资总额”口径计算）为基数缴费。职工月工资收入低于全口径城镇单位就业人员平均工资60%的，按60%计算缴费工资基数；高于全口径城镇单位就业人员平均工资300%的，按300%计算缴费工资基数。

（1999年6月21日，〔1999〕鲁社统字第4号，《关于中央驻鲁企业基本养老保险费收缴和发放有关问题的通知》；

2019年4月25日，鲁政办发〔2019〕14号，《山东省人民政府办公厅关于印发山东省降低社会保险费率综合实施方案的通知》）

（二）新招职工的缴费基数

新招职工（包括研究生、大学生、大中专毕业生等）以起薪当月工资收入作为缴费工资基数；从第二年起，按上一年实发工资的月平均工资作为缴费工资基数。

（三）长期脱产学习、请长假人员的缴费基数

单位派出的长期脱产学习人员、经批准请长假的职工，保留工资关系的，以脱产或请假的上年月平均工资作为缴费工资基数。

（四）外派人员的缴费基数

单位派到境外、国外工作的职工，按本人出境（国）上年在本单位领取的月平均工资作为缴费基数；次年的缴费工资基数按上年本单位平均工资增长率进行调整。

（1997年12月22日，劳办发〔1997〕116号，《关于印发〈职工基本养老保险个人账户管理暂行办法〉的通知》）

（五）单位缴费基数

自2020年起，统一按个人缴费工资之和核定单位缴费工资。

（2019年11月19日，鲁政字〔2019〕220号，《山东省人民政府关于实行企业职工基本养老保险基金省级统收统支的意见》）

二、缴费比例

（一）1996—2019年各险种缴费比例

表1-1　1996—2019年各险种缴费比例

年度	养老		医疗		失业		工伤	生育
	个人	单位	个人	单位	个人	单位		
2019年5—12月	8%	16%	2%	8%	0.3%	0.7%	0.5%	0.5%
2019年1—4月	8%	18%	2%	8%	0.3%	0.7%	1%	0.5%
2018年	8%	18%	2%	8%	0.3%	0.7%	1%	0.5%
2017年	8%	18%	2%	6.5%	0.3%	1%	1%	05%
2016年	8%	18%	2%	6.5%	0.5%	1%	1%	0.5%
2015年	8%	18%	2%	6%	0.5%	1%	1%	1%
2014年	8%	18%	2%	6%	0.5%	1%	1%	1%
2013年	8%	18%	2%	6%	0.5%	1%	1%	1%
2012年10—12月	8%	18%	2%	6%	0.5%	1%	1%	1%
2012年1—9月	8%	18%	2%	6%	1%	2%	1%	1%
2011年9—12月	8%	18%	2%	6%	0.5%	1%	1%	1%
2011年7—8月	8%	18%	2%	6%	1%	2%	1%	1%
2011年1—6月	8%	19%	2%	6%	1%	2%	1%	1%
2010年7—12月	8%	19%	2%	6%	0.5%	1%	1%	1%
2010年1—6月	8%	20%	2%	6%	0.5%	1%	1%	1%
2009年4—12月	8%	20%	2%	6%	0.5%	1%	1%	1%
2009年1—3月	8%	20%	2%	6%	1%	2%	1%	1%
2008年	8%	20%	2%	6%	1%	2%	1%	1%

续表

年度	养老		医疗		失业		工伤	生育
	个人	单位	个人	单位	个人	单位		
2007 年	8%	20%	2%	6%	1%	2%	1%	1%
2006 年	8%	20%	2%	6%	1%	2%	1%	1%
2005 年	8%	20%	2%	6%	1%	2%	1%	1%
2004 年	7%	20%	2%	6%	1%	2%	1%	1%
2003 年	7%	20%	2%	6%	1%	2%	1%	1%
2002 年	6%	20%	2%	6%	1%	1%	1%	1%
2001 年	6%	20%	2%	6%	1%	2%	1%	1%
2000 年	5%	18%	2%	10%	1%	2%	1%	1%
1999 年	5%	16.5%	7 元 / 月 6 元 / 月	10%	1%	2%	1%	1%
1998 年	4%	15.35%	—	10%	—	1%	1%	1%
1997 年	2%	15.35%	—	—	—	—	—	—
1996 年	2%	20%	—					

（二）2020 年各险种缴费比例

表 1-2　2020 年各险种缴费比例

险种	单位缴费比例												个人缴费比例
	1 月	2 月	3 月	4 月	5 月	6 月	7 月	8 月	9 月	10 月	11 月	12 月	1—12 月
职工养老	16%	8%	8%	8%	8%	8%	16%	16%	16%	16%	16%	16%	8%
基本医疗	8%	6%	5%	5%	5%	5%	7%	7%	7%	7%	7%	7%	2%
生育保险	0.5%	0.5%	0.5%	0.5%	0.5%	0.5%	0.5%	0.5%	0.5%	0.5%	0.5%	0.5%	—
企业补充	2.3%	2.3%	—	—	—	—	—	—	—	—	—	—	—
企业特待	0.7%	0.7%	0.7%	0.7%	0.7%	0.7%	0.7%	0.7%	0.7%	0.7%	0.7%	0.7%	—
失业保险	0.7%	—	—	—	—	—	0.7%	0.7%	0.7%	0.7%	0.7%	0.7%	0.3%
工伤保险	0.5%	—	—	—	—	—	0.5%	0.5%	0.5%	0.5%	0.5%	0.5%	—

（三）2021年（含）后各险种缴费比例

表1-3　2021年（含）后各险种缴费比例

年度	养老		医疗（含生育）		失业		工伤
	个人	单位	个人	单位	个人	单位	
2021年1月	8%	16%	2%	8.5%	0.3%	0.7%	0.5%

（四）企业补充医疗保险

单位缴费比例：2.3%（2023年4月起调整为3.3%）。

（五）特殊待遇人员医疗保险

单位缴费比例：0.7%。

三、应收核定

（一）增员核定

用人单位应当自用工之日起30日内为其职工向社会保险经办机构申请办理社会保险登记。增员时间核定为用工当月，用工当月即开始缴纳社会保险费。

（二）减员核定

劳动者与用人单位解除或终止劳动关系，用人单位应在15日内为劳动者办理减员手续。减员时间核定为解除或终止劳动关系当月，解除或终止劳动关系当月应继续缴纳社会保险费，从次月起停止缴纳社会保险费。

（三）应收核定

单位应收核定用于计算单位月应缴额及参与单位统一征收的补缴、补退缴费额。

四、企业补充医疗保险费缴费核定

企业补充医疗保险费由单位按基本医疗保险费缴费方式和缴费基数的3.3%

缴纳，个人不缴费。根据企业发展和资金收支情况，经补充医保委员会研究，并报集团公司批准后，缴费比例可做适当调整。

（2023 年 10 月 23 日，胜油保字工单〔2023〕4 号，《关于调整胜利油田医疗保险参保单位缴费费率的通知》）

五、特殊待遇人员医疗保险费缴费核定

离休人员、建国前老工人、一级至六级革命残疾军人（原二等乙级以上革命伤残军人）的医疗费用按基本医疗保险缴费基数的0.7%由单位缴纳。

（2021 年 2 月 7 日，胜油局发〔2021〕39 号，《胜利石油管理局有限公司 胜利油田分公司企业补充医疗保险实施办法》）

六、非全日制用工工伤保险费缴费核定

（一）投保范围

管理局、有限公司所属各二级单位、局控股公司以及投资兴办的多种经营企业，按国家非全日制用工规定使用油田失业人员（包括失业人员、待业子女），并签订1年（含1年）以上劳动合同的，均可参加油田工伤保险。

（二）缴纳工伤保险费

工伤保险申报和工伤保险费缴纳，由符合投保范围的用人单位统一办理，工伤保险费由用人单位按非全日制用工工资总额缴费基数的0.5%的比例缴纳。参保单位每月足额缴纳工伤保险费。

（2004 年 7 月 5 日，胜油保发〔2004〕17 号，《关于油田非全日制用工工伤保险有关问题的通知》；

2019 年 4 月 25 日，鲁政办发〔2019〕14 号，《山东省人民政府办公厅关于印发山东省降低社会保险费率综合实施方案的通知》）

七、一至六级残疾军人基本医疗保险缴费核定

一至六级残疾军人参加城镇职工基本医疗保险，并同步参加大额医疗费用

补助。有工作单位的，其单位缴费部分和个人缴费部分由所在单位缴纳。

（2007年8月1日，省政府令第198号，《山东省抚恤定补优抚对象医疗保障办法》）

八、领取失业保险金期间的失业人员基本医疗保险缴费核定

（1）领取失业保险金人员应按规定参加其失业前失业保险参保地的职工医保，缴费基数可参照统筹地区上年度职工平均工资的一定比例确定，最低比例不低于60%，缴费率按照统筹地区的缴费率确定。

（2）领取失业保险金人员参加职工医保应缴纳的基本医疗保险费从失业保险基金中支付，个人不缴费。失业保险经办机构为领取失业保险金人员缴纳基本医疗保险费的期限与领取失业保险金期限相一致。

（2011年7月25日，鲁人社发〔2011〕61号，《关于领取失业保险金期间的失业人员参加职工基本医疗保险有关问题的通知》）

第五节　社会保险费补缴核定

一、连续工龄补缴

（一）补缴范围

连续工龄补缴适用于1995年1月《中华人民共和国劳动法》实施之前的两种情况：一是根据《山东省劳动和社会保障厅关于企业原临时性用工基本养老保险费缴纳有关问题的通知》（鲁劳社函〔2006〕121号）规定，企业原招用的计划内临时工和其他形式用工转招为劳动合同制工人，符合按规定计算为连续工龄期间的养老保险费补缴。二是劳动合同制工人符合按规定计算为连续工龄期间的养老保险费补缴。

（二）缴费基数

（1）原企业招用的计划内临时工等转招为劳动合同制工人的，补缴转招前

按规定计算为连续工龄期间的养老保险费时，缴费基数的认定分为三种情况：

a. 1991年之前转招的，能提供转招当月或次月缴费基数证明材料的，根据证明材料确定缴费基数（首次缴费基数为固定额的，按个人缴费比例推算缴费基数）。无法提供证明材料的，按照1991年省直社平工资的60%确定缴费基数。

b. 1991年（含）之后转招的，能提供转招当月或次月缴费基数证明材料的，根据证明材料确定缴费基数（首次缴费基数为固定额的，按个人缴费比例推算缴费基数）。无法提供证明材料的，按照转招当年省直社平工资的60%确定缴费基数（即哪一年转招就用哪一年省直社平工资的60%确定）。

c.补缴转招后合同制阶段的缴费，能够提供缴费基数证明材料的，根据证明材料确定缴费基数；不能提供缴费基数证明材料的，以补缴时间段省直社平工资的60%确定缴费基数（1991年之前的时间段统一按照1991年省直社平工资的60%确定）。

（2）合同制工人补缴，能够提供缴费基数证明材料的，根据证明材料确定缴费基数；不能提供缴费基数证明材料的，以补缴时间段省直社平工资的60%确定缴费基数（1991年之前的时间段统一按照1991年省直社平工资的60%确定）。

（三）缴费比例

根据参保地历年缴费比例确定。

二、依据劳动关系补缴（三年以下）

（一）补缴范围

依据劳动关系补缴（三年以下）适用于1995年1月《中华人民共和国劳动法》实施之后，用人单位与职工存续劳动（人事）关系期间应保未保或应缴未缴养老保险费，且补缴时间段不超过36个月的情况。

（二）缴费基数

缴费基数依据本人补缴时间段上一年的工资收入等因素确定，无法确定本人工资收入的，以补缴时间段省直社平工资的60%确定。

（三）缴费比例

根据参保地历年缴费比例确定。

三、依据劳动关系补缴（三年及以上）

（一）补缴范围

依据劳动关系补缴（三年及以上）主要适用于1995年1月《中华人民共和国劳动法》实施之后，用人单位与职工存续劳动（人事）关系期间应保未保或应缴未缴养老保险费，且补缴时间段超过36个月的情况。

（二）缴费基数

依据本人历年工资收入等因素确定缴费基数，无法确定本人历年工资收入的，以补缴时间段省直社平工资的60%确定。

（三）缴费比例

根据参保地历年缴费比例确定。

四、退费补缴

（一）退费范围

参保单位因参保职工退休、死亡、服刑、违规缴费、上学等误缴费的，需办理退费申报。

（二）缴费基数和比例

按照需退费时间段和险种确定。

（省直管企业补缴业务流程——2022年3月20日版本）

第六节　基本养老保险延长缴费

延长缴费是指参保人员达到法定退休年龄时累计缴费年限（含按规定确认的视同缴费年限，下同）不满15年的，可以申请延长缴费至满15年。

一、确定缴费地

（1）《国务院办公厅关于转发人力资源社会保障部　财政部城镇企业职工基本养老保险关系转移接续暂行办法的通知》（国办发〔2009〕66号）、《山东省人民政府办公厅关于转发省人力资源社会保障厅　省财政厅山东省企业职工基本养老保险关系转移接续实施办法的通知》（鲁政办发〔2010〕50号）实施后，没有再跨省或省内跨市（指设区的市，下同）流动就业转移基本养老保险关系的人员，继续缴费地为其当前基本养老保险关系所在地。

（2）国务院办公厅国办发〔2009〕66号、省政府办公厅鲁政办发〔2010〕50号文件实施后，跨省或省内跨市流动就业转移基本养老保险关系的人员，基本养老保险关系在户籍地的，继续缴费地为户籍地；基本养老保险关系不在户籍地的，继续缴费地为缴费年限满10年所在地；每个参保地的缴费年限均不满10年的，继续缴费地为户籍地。

二、缴费主体

参保人员延长缴费，若符合条件、在企业继续就业参保的，按照国家和省有关规定由企业和个人共同缴纳基本养老保险费；未在企业继续就业参保的，可以申请在继续缴费地参照当地灵活就业人员的办法缴纳基本养老保险费。

三、办理办法

（1）参保人员应当在达到法定退休年龄前3个月内，提出延长缴费的申请，并自达到法定退休年龄的次月起按时足额缴纳基本养老保险费。

本人未及时申请或者因各种原因，在延长缴费期间未按时足额缴费的，可按省有关规定补缴；也可不再补缴，继续延长缴费直至缴费满15年。

（2）《中华人民共和国社会保险法》实施前（即2011年6月30日前）参保的人员，延长缴费5年后仍不满15年的，可以一次性缴费至满15年（以下简称“一次性缴费”）。具体缴费数额，按照缴费当年的基数和比例确定。一次性缴费后，相应计算缴费年限，缴费指数统一按照缴费当年的指数确定。

参保人员延长缴费，应当由本人提出书面申请，报继续缴费地社会保险经办机构审核。其中，符合条件、在企业继续就业参保的，须经用人单位同意，报当地人力资源社会保障行政部门审核备案。

（2015年5月12日，鲁人社发〔2015〕30号，《关于参加企业职工基本养老保险人员延长缴费有关问题的通知》）

第七节 职工医疗保险补缴规定

一、基本医疗保险

（一）缴费年限确认

参保职工享受退休人员医保待遇的累计缴费年限最低为男职工30年、女职工25年。累计缴费年限含基本医疗保险实际缴费年限和视同缴费年限。医疗保险实行后个人实际缴费年限是指用人单位和职工共同足额缴纳基本医疗保险费的年限。医疗保险视同缴费年限是指医疗保险实行前养老保险实际缴费年限与养老保险视同缴费年限（养老保险制度实行前国家规定的连续工龄或工作年限）之和。尚未实行养老保险制度的机关、事业单位职工，凡符合国家和省规定的连续工龄或工作年限，经核定后视同缴费年限。

（二）达不到最低缴费年限的补缴

职工由在职转退休时，达不到最低缴费年限的，须由个人和用人单位按规定的缴费基数和比例一次性补缴基本医疗保险费和大额医疗补助资金，享受退休人员基本医保待遇；也可继续按月缴费至最低缴费年限，期间按在职人员享受基本医保待遇。个人一次性补缴的金额全部计入个人账户，单位一次性补缴的金额不再记入个人账户。

1.基本医疗保险费的补缴

一次性补缴基本医疗保险费金额=单位一次性补缴金额+个人一次性补缴金额

单位一次性补缴金额=补缴人上年度月平均缴费工资之和×单位缴费比例×差额月数

个人一次性补缴金额=本人上年度月平均缴费工资×个人缴费比例×差额月数

2.大额医疗补助金的补缴

一次性补缴大额医疗补助金金额=10元×差额月数

（三）欠费补缴

用人单位及其职工欠缴基本医疗保险费期间，职工办理在职转退休手续，并经审核已达到基本医疗保险最低缴费年限的，须由用人单位和个人补缴其本人欠费后，方可按规定享受退休人员有关待遇。对于达不到基本医疗保险最低缴费年限的，单位和个人在足额补缴其本人欠费的同时，还需补齐最低缴费年限所差费用。

（2012年12月7日，鲁社保发〔2012〕33号，《山东省社会保险事业局关于省属驻济机关事业单位医疗保险参保缴费等有关问题的通知》；

2019年4月20日，胜油医保发〔2019〕3号，《关于执行山东省直基本医疗保险政策的通知》；

2021年12月15日，鲁医保发〔2021〕54号，《关于进一步规范基本医疗保险参保缴费与待遇支付有关问题的通知》）

二、补充医疗保险

达到法定退休年龄的参保职工，累计缴费年限（含视同缴费年限）等达到山东省直基本医疗保险规定条件的，退休后不再缴纳基本和补充医疗保险费，按规定享受医疗保险待遇；达不到最低缴费年限的，应补缴基本和补充医疗保险费。

（2022年5月31日，胜油局发〔2022〕81号，《胜利油田企业补充医疗保险管理细则》）

[附] 业务经办流程二维码

— 基金征缴 —

单位参保登记

参保单位
参保信息变更

职工参保登记

个人关键参保
信息变更

缴费基数申报

社会保险费应缴
核定-油田社保系统

社会保险费应缴
核定-省医保系统

社会保险费应缴
核定-市工伤系统

社会保险缴费
基数上下限调整

非全日制工伤缴费

协解人员
养老保险缴费

协解人员
医疗保险缴费

减员原因变更

养老保险个人
账户信息变更

养老保险欠费
补缴-连续工龄补缴

社会保险欠费补缴-
依据劳动关系补缴

养老保险延长缴费
至满15年

退费

补齐医疗缴费年限

在职转退休
医疗待遇审批

在职转退休医疗
待遇审批（协解）

1—6级革命伤残
军人医疗待遇核定

失业人员
医疗待遇核定

重复参保数据治理

预发养老金人员
在职转退休

在职人员参保
单位信息维护

养老账户记账
利率维护

补打养老账户
对账单

个人参保
证明打印

职工医疗保险
关系转出

职工医疗保险
关系转入

基本养老保险
关系转入

基本养老保险
关系转出

在职职工基本养老保险
一次性待遇申领

第二章　职工养老保险

第一节　养老保险个人账户管理

一、个人账户建立

（一）建立时间

个人账户建立时间从各地按社会统筹与个人账户相结合的原则，建立个人账户时开始；之后新参加工作的人员，从参加工作当月起建立个人账户。

（1997年12月22日，劳办发〔1997〕116号，《关于印发〈职工基本养老保险个人账户管理暂行办法〉的通知》）

胜利石油管理局正式职工建立养老保险个人账户时间是1996年1月，胜利石油管理局集体职工、内聘职工建立养老保险个人账户时间是1997年1月。

（1996年9月25日，胜油局发〔1996〕222号，《关于印发〈胜利石油管理局正式职工养老保险制度改革实施办法〉等三个办法的通知》）

从1998年1月1日起，原行业统筹企业职工统一按本人缴费工资11%的数额调整或建立基本养老保险个人账户，移交前后的个人账户储存额合并计算。其中，1998年以前个人账户的建账时间，从行业按国家规定建立个人账户之日起计算；建立个人账户前的职工个人缴费不并入个人账户。

（1999年4月30日，鲁劳发〔1999〕46号，《关于原行业统筹企业1999年以后退休人员基本养老金计发问题的通知》）

（二）个人账户计息

1.1996年至1997年在职人员个人账户计息

个人账户本年记账额利息=本年记账额金额×（保值率/2）

至本年底止个人账户累计储存额=上年底止个人账户累计储存额×（1+保值率）+个人账户本年记账额+个人账户本年记账额利息

（1996年9月25日，胜油劳字〔1996〕37号，《关于印发〈职工养老保险个人账户手册管理办法〉的通知》）

2.1998年至2000年在职人员个人账户计息

个人账户本年记账额利息=本年记账额金额×本年记账利率×1.083/2

至本年底止个人账户累计储存额=上年底止个人账户累计储存额×（1+本年记账利率）+个人账户本年记账额+个人账户本年记账额利息

（1997年12月22日，劳办发〔1997〕116号，《关于印发〈职工基本养老保险个人账户管理暂行办法〉的通知》）

3.2001年至今在职人员个人账户计息

基本养老保险个人账户储存额计息办法，应按省劳动厅鲁劳发〔1996〕33号文件执行。即：个人账户上年末滚存金额（本息之和）乘以省公布的记账利率计算利息。当年的个人账户计入额，按银行居民零存整取存款利率计息。

个人账户计息日期，应按企业与职工缴纳的养老保险费实际到达社会保险机构在银行开设的账户之日起算，并逐笔记入个人账户管理台账和个人账户清单。

（1997年5月16日，鲁劳发〔1997〕142号，《山东省劳动厅关于基本养老保险个人账户利息计算问题的通知》）

4.退休人员个人账户余额计息办法

月积数法。即离退休人员个人账户余额生成的利息在每个支付年度内按月计算（支付年度内各月支付的养老金数额不同时适用此方法）。年利息计算公式如下：

年利息=个人账户年初余额×本年记账利率−本年度支付月积数×本年记账利率÷12

本年度支付月积数= $\sum$［n月份支付额 ×（12−n+1）］

（n为本年度各支付月份，且$1 \leqslant n \leqslant 12$）

（1997年12月22日，劳办发〔1997〕116号，《关于印发〈职工基本养老保险个人账户管理暂行办法〉的通知》）

二、个人账户支付

（一）出国定居个人账户支付

职工到达法定退休年龄前，出国定居并取得居住国国籍，经职工本人申请，可将职工基本养老保险个人账户储存额的本息一次性支付给本人，并终止基本养老保险关系。

［2000年7月13日，鲁劳社发〔2000〕182号，《山东省劳动和社会保障厅关于出国定居人员基本养老保险个人账户处理问题的批复》（答复济南市劳动和社会保障局）］

（二）在职死亡一次性支付

职工在职期间死亡时，其继承额为其死亡时个人账户全部储存额中的个人缴费部分本息。

（1997年12月22日，劳办发〔1997〕116号，《关于〈职工基本养老保险个人账户管理暂行办法〉的通知》）

个人死亡的，个人账户余额可以继承。

（2010年10月28日，中华人民共和国主席令第35号，中华人民共和国社会保险法）

（三）离退休人员个人账户的继承

离退休人员死亡时，继承额按如下公式计算：继承额=离退休人员死亡时个人账户余额 × 离退休时个人账户中个人缴费本息占个人账户全部储存额的比例。

（1997年12月22日，劳办发〔1997〕116号，《关于印发〈职工基本养老保险个人账户管理暂行办法〉的通知》）

第二节　退休审批

一、退休条件

（一）正常退休

（1）党政机关、群众团体、企业、事业单位的干部，男年满60周岁，女年满55周岁；全民所有制企业、事业单位和党政机关、群众团体的工人，男年满60周岁，女年满50周岁。

（1978年6月2日，国发〔1978〕104号，《国务院关于颁发〈国务院关于安置老弱病残干部的暂行办法〉和〈国务院关于工人退休、退职的暂行办法〉的通知》）

（2）缴费年限（含视同缴费年限）满15年。缴费年限是指单位和职工共同缴纳养老保险费的累计时间。缴费年限与连续工龄有联系，但也有区别。根据现行规定，缴费年限分为视同缴费年限和实际缴费年限。视同缴费年限是指实行个人缴费制度前，职工的连续工龄视作缴纳养老保险费的年限（后同）。

（2006年8月28日，鲁政发〔2006〕92号，《山东省人民政府关于印发山东省完善企业职工基本养老保险制度实施意见的通知》）

（3）超过正常退休年龄。

企业职工达到国家规定的正常退休年龄应及时办理退休手续，超过正常退休年龄而未办理退休手续的，仍以其达到国家规定的正常退休年龄的时间计发养老保险金。确因工作需要按规定缓退的，须报经劳动保障部门审核同意，并继续缴纳养老保险费。达到正常退休年龄或缓退年龄办理退休手续的人员，其退休时间从其达到正常退休年龄或缓退年龄之月起计算。职工到达正常退休年龄或缓退年龄后，单位未及时申报的，其养老金从单位正式申报的次月起纳入统筹。

（2001年6月5日，鲁劳社〔2001〕29号，《山东省劳动和社会保障厅关于当前养老保险工作中若干具体政策问题的通知》）

（二）特殊工种退休

（1）从事井下、高空、高温、特别繁重体力劳动或者其他有害身体健康的工作，男年满55周岁、女年满45周岁。本项规定也适用于工作条件与工人相同的基层干部。

（1978年6月2日，国发〔1978〕104号，《国务院关于颁发〈国务院关于安置老弱病残干部的暂行办法〉和〈国务院关于工人退休、退职的暂行办法〉的通知》）

（2）从事井下、高空、高温、特别繁重体力劳动或者其他有害身体健康工作的工人，无论现在或过去从事这类工作，凡符合下列条件之一者，均可以按照《国务院关于工人退休、退职的暂行办法》第一条第（二）款的规定办理退休：

a.从事高空和特别繁重体力劳动工作累计满10年的；

b.从事井下、高温工作累计满9年的；

c.从事其他有害身体健康工作累计满8年的。

常年在海拔3500米以上高山、高原地区和常年在零摄氏度以下的冷库、生产车间等低温场所工作的工人退休时，可以参照从事井下、高温作业工人的有关规定办理；常年在海拔4500米以上高山、高原地区工作的工人退休时，可以参照从事其他有害身体健康工作工人的规定办理。

（1985年3月4日，劳人护〔1985〕6号，《劳动人事部关于改由各主管部门审批提前退休工种的通知》）

（3）缴费年限（含视同缴费年限）满15年。

（2006年8月28日，鲁政发〔2006〕92号，《山东省人民政府关于印发山东省完善企业职工基本养老保险制度实施意见的通知》）

（4）超过特殊工种退休年龄。

符合病退或特殊工种退休条件的人员，办理退休手续时超过国发〔1978〕104号文件规定的病退或特殊工种退休年龄，但尚未达到正常退休年龄的，其超出病退或特殊工种退休年龄的缴费年限应予以承认，并相应计算有关退休待遇，其退休时间从审批机关批准之月计算，养老金从批准的次月起纳入统筹。

（2001年6月5日，鲁劳社〔2001〕29号，《山东省劳动和社会保障厅关于当前养

老保险工作中若干具体政策问题的通知》）

（5）过去从事特殊工种现不在特殊工种岗位的人员退休。

职工过去从事符合规定的特殊工种，原始档案记载清楚，且从事特殊工种的年限累计已符合国家有关规定，退休前调离特殊工种岗位，但仍为企业工人或工作条件与工人相同的基层干部的，可按特殊工种办理退休。职工原在国有或集体企业工作且符合特殊工种退休的年限条件，与原单位解除劳动关系后，在从事非公有制经济或失业期间达到退休年龄的，亦可按特殊工种的规定办理退休。在原行业从事某特殊工种，调入新的行业后继续从事这一工种，但新的行业中不作特殊工种对待的，前后不能累加计算。

（2001 年 6 月 5 日，鲁劳社〔2001〕29 号，《山东省劳动和社会保障厅关于当前养老保险工作中若干具体政策问题的通知》）

（6）特殊工种退休资格公示的规定。

为进一步维护和保障企业职工合法权益，防控违规办理特殊工种提前退休骗取养老金行为，进一步规范特殊工种提前退休资格审核工作，省社保中心按照人社部发〔2018〕73号文件相关要求，对特殊工种提前退休实行双公示制度。即企业在申报特殊工种岗位职工提前退休前，应按照指定格式要求，在职工工作场所进行不少于5个工作日的公示，并注明人力资源社会保障部门“12333”举报方式；公示结论须由申报企业、工会组织、企业人力资源（劳动人事）部门负责人和具体经办人签字并加盖企业公章，与其他退休申请材料一并提交；人力资源社会保障部门在作出审批决定之前，将通过政府部门官网进行公示，公示期不少于5个工作日。

（2020 年 7 月 13 日，鲁社保函〔2020〕28 号，《关于进一步规范省直管企业职工退休资格审核工作的通知》）

（三）因病退休

（1）党政机关、群众团体、企业、事业单位的干部，男年满50周岁，女年满45周岁；全民所有制企业、事业单位和党政机关、群众团体的工人，男年满50周岁，女年满45周岁。由医院证明，并经劳动鉴定委员会确定，完全丧失劳动能力的。

（1978年6月2日，国发〔1978〕104号，《国务院关于颁发〈国务院关于安置老弱病残干部的暂行办法〉和〈国务院关于工人退休、退职的暂行办法〉的通知》）

（2）缴费年限（含视同缴费年限）满15年。

（2006年8月28日，鲁政发〔2006〕92号，《山东省人民政府关于印发山东省完善企业职工基本养老保险制度实施意见的通知》）

（四）退职

（1）企业职工中未达到国家规定的退休年龄，但因病或非因工致残经劳动鉴定委员会认定完全丧失劳动能力的人员，经本人申请，可按国发〔1978〕104号文件规定办理退职手续。

（2001年6月5日，鲁劳社〔2001〕29号，《山东省劳动和社会保障厅关于当前养老保险工作中若干具体政策问题的通知》）

（2）缴费年限（含视同缴费年限）满15年。

（2006年8月28日，鲁政发〔2006〕92号，《山东省人民政府关于印发山东省完善企业职工基本养老保险制度实施意见的通知》）

（五）女职工退休

原干部身份的女职工，退休前在工人岗位工作，达到50周岁时在工人岗位连续工作已满5年的，其退休年龄按50周岁执行；达到50周岁时在工人岗位连续工作不满5年的，退休年龄按55周岁执行，如达到55周岁之前符合在工人岗位连续满5年这一条件时，也可根据本人申请，按其满5年时的实际年龄办理退休。原干部身份的女职工，曾经在工人岗位工作，但退休前又回到管理岗位工作的，其退休年龄按55周岁执行。

原工人身份的女职工，退休前在管理岗位连续工作满10年的，其退休年龄按55周岁执行；在管理岗位连续工作不满10年的，按50周岁执行。原工人身份的女职工，曾经在管理岗位工作，但退休前又回到工人岗位工作的，其退休年龄按50周岁执行。

企业内部退养的女职工，在办理退休时，内退期间原则上按内退时的岗位认定。根据本人申请，内退期间也可视同为在工人岗位的时间。

（2006年8月1日，鲁劳社函〔2006〕311号，《山东省劳动和社会保障厅关于执行鲁劳社〔2004〕7号文件有关具体问题的通知》）

二、出生及工作时间认定

（一）出生时间的认定

实行居民身份证与职工档案相结合的办法。当本人身份证与档案记载的出生时间不一致时，以本人档案最先记载的出生时间为准。

（1999年3月9日，劳社部发〔1999〕8号，《关于制止和纠正违反国家规定办理企业职工提前退休有关问题的通知》；

1999年5月11日，鲁政办发〔1999〕32号，《关于进一步做好国有企业下岗职工基本生活保障和企业离退休人员养老金发放工作有关问题的通知》）

（二）工作时间的认定

主要依据招、录用工手续，大中院校、技校毕业生派遣证等材料，报到起薪日期认定为参加工作时间。无招、录用工手续及派遣证的人员，结合档案记载记录的转正定级表中填写的入厂时间或其他辅助证明参加工作材料来认定。任何情况下参加工作时间的认定，必须有可以认定为企业职工连续工龄的对应文件。

三、退休公示制度

职工退休资格和退休待遇审核完毕后，在正式审批前，应由劳动保障部门或由劳动保障部门委托企业劳资人事部门对拟审批退休人员的有关情况予以公示。委托企业公示的，企业纪检、工会部门要对公示情况给予监督。

公示内容一般包括拟退休人员的姓名、性别、职务、出生年月、参加工作时间、申报退休类别、拟审批退休的时间、拟审批的养老金数额等。对于从事特殊工种的，还应包括特殊工种名称和从事特殊工种的累计年限；病退的，包括劳动能力鉴定级别等。

公示期一般为10天。公示期内，如发现公示内容与实际情况不符的，可向负责审批的劳动保障部门举报。

（2000年12月27日，鲁劳社发〔2000〕351号，《山东省劳动和社会保障厅关于建立企业职工退休审批公示制度的通知》）

第三节　养老保险待遇构成

一、基本养老金

（一）基础养老金

基础养老金月标准以退休时上年度省或市在岗职工月平均工资和本人指数化月平均缴费工资的平均值为基数，缴费（含视同缴费）每满1年发给1%，上不封顶。缴费年限不满整年的月数，换算成年，保留两位小数。

（二）个人账户养老金

个人账户养老金月标准为本人账户储存额除以计发月数，计发月数按国务院的规定执行（见《个人账户养老金计发月数表》）。在确定按新办法计算个人账户养老金的计发月数时，对退休（退职）年龄不满整年的余数，按1整年计算。对不满40周岁退职的人员，在国家作出统一规定前，暂按40周岁确定计发月数。

表2-1　个人账户养老金计发月数表

退休年龄/岁	计发月数/月
40	233
41	230
42	226
43	223
44	220
45	216
46	212
47	208

续表

退休年龄/岁	计发月数/月
48	204
49	199
50	195
51	190
52	185
53	180
54	175
55	170
56	164
57	158
58	152
59	145
60	139
61	132
62	125
63	117
64	109
65	101
66	93
67	84
68	75
69	65
70	56

（三）过渡性养老金

省政府鲁政发〔1997〕109号文件实施前参加工作，本意见实施后退休且缴费年限累计满15年的人员，按照待遇水平合理衔接、新老政策平稳过渡的原则，在发给基础养老金和个人账户养老金的基础上，再发给过渡性养老金。过渡性养老金按照职工建立个人账户前的缴费年限每满1年发给本人指数化月平均缴费工资的1.3%。

（2006年8月28日，鲁政发〔2006〕92号，《山东省人民政府关于印发山东省完善企业职工基本养老保险制度实施意见的通知》）

指数化月平均缴费工资的计算办法：

指数化月平均缴费工资是指：职工历年缴费工资占当年本省社会平均工资比重的平均值，与退休上一年本省月平均工资的乘积。

指数化月平均缴费工资的计算公式为：

$$S=\frac{C_0}{N}\left(\frac{X_1}{C_1}+\frac{X_2}{C_2}+\frac{X_3}{C_3}+\cdots+\frac{X_n}{C_n}\right)$$

式中 S——指数化月平均缴费工资；

C_0——国家确定的计发基数；

N——参保人员参与指数计算的缴费月数；

X_1，X_2，X_3，…，X_n——参保人员参与缴费指数计算月份缴费工资；

C_1，C_2，C_3，…，C_n——职工上年度月平均工资。

参保人员在山东省省内缴费时段的实际缴费指数，以参保职工各月份缴费工资占缴费时所在参保地执行的月平均工资比重确定；省外转入人员在省外缴费时段的实际缴费指数，仍按《国务院办公厅关于转发人力资源社会保障部财政部城镇企业职工基本养老保险关系转移接续暂行办法的通知》（国办发〔2009〕66号）规定，根据本人各年度缴费工资和待遇领取地对应的各年度平均工资计算。实际缴费指数从其建立基本养老保险个人账户起计算。同时，全省企业职工基本养老保险参保人员计发基本养老金时，其缴费工资指数统一按"月指数"法计算。

（2021年9月17日，鲁人社规〔2021〕4号，《山东省人力资源和社会保障厅 关于进一步规范企业职工基本养老保险有关政策的通知》）

2019年及之后到龄退休人员的基本养老金计发办法有细微调整。由于同时存在全口径的全省城镇单位就业人口平均工资（65383元）和小口径的省直管企业在岗职工平均工资（78783元），计算缴费工资指数时，使用全口径的全省城镇单位就业人员平均工资，即：2019年度缴费工资指数=2019年度职工个人缴费工资/65383元；计算基本养老金时，使用小口径的省直管企业在岗职工平均工资（78783元）。

（2020年6月30日，《关于做好2019年度省直管企业退休人员基本养老金计发工作的通知》）

二、临时养老待遇

经人力资源社会保障部门认定符合退休条件，因退休当年养老保险缴费及计发待遇基数（上年度在岗职工平均工资）和当年养老保险个人账户记账利率等基本养老金计发参数公布滞后，暂无法核定基本养老金的企业及机关事业单位退休人员。

参照《山东省人民政府关于印发山东省完善企业职工基本养老保险制度实施意见的通知》（鲁政发〔2006〕92号）和原省劳动保障厅《关于执行省政府鲁政发〔2006〕92号文件有关问题的通知》（鲁劳社〔2006〕51号）有关基本养老金计发的规定，暂按上年度养老保险缴费及计发待遇基数、上年度个人账户累计储存额计算临时待遇标准，自核准退休的次月起，实行按月发放。

（2019年4月8日，鲁人社字〔2019〕77号，《山东省人力资源和社会保障厅关于做好职工养老保险退休人员临时养老待遇计发工作的通知》）

三、山东省取暖补贴

从2010年起将企业退休（退职）人员取暖补贴标准调整为每人每年1100元，企业离休人员取暖补贴标准比照当地机关标准执行，当地机关执行的取暖补贴标准低于1100元的，按每人每年1100元执行。

（2010年7月14日，鲁人社办发〔2010〕38号，《关于调整企业退休人员取暖补贴标准的通知》）

企业退休、退职人员（含按省政府办公厅鲁政办发〔2011〕64号文件等省有关规定办理一次性补缴参保的人员，下同）取暖补贴标准每人每年增加600元。

按本通知调整取暖补贴的退职人员，是指按《劳动保险条例》第13条丙款和原鲁革发〔1972〕143号、国发〔1978〕104号文件规定办理退职手续并按月领取退职生活费的人员。

参加企业职工基本养老保险的企业退休、退职人员，发放取暖补贴所需资金从基本养老保险统筹基金中支付；未参加企业职工基本养老保险的，所需资金由原渠道解决。

本通知自2013年度起执行。

（2013年12月15日，鲁人社办发〔2013〕106号，《关于调整企业退休人员取暖补贴标准的通知》）

四、统筹外待遇

（一）退休人员企业补贴

（1）2011年1月1日前退休人员：

基础部分：每人每月按230元的标准发放。

比例部分：按《企业职工退休核准表》中确定的月基本养老金的10.2%的比例发放。

按参加工作时间确定的部分：1949年12月31日前参加工作的，每人每月70元，此后参加工作的每5年一段减少10元，1970年1月1日及其以后参加工作的每人每月20元。

水电补贴：70元。

住房补贴：按《企业职工退休核准表》中确定的月基本养老金的15%的比例发放。

（2008年1月11日，胜油局发〔2008〕32号，中国石化集团胜利石油管理局、胜利油田有限公司《关于印发〈进一步规范离退休人员企业补贴实施方案〉的通知》）

（2）2011年（含2011年）1月1日后退休人员：按退休前住房补贴标准发放。

（二）物业补贴

按职级、职位、职称、技能等级及工作年限对应标准进行发放。

第四节　养老保险待遇发放

一、养老金发放的起止时间

干部、工人退休、退职时，当月工资照发，从下月起改发退休费、退职生活费。离休、退休、退职干部、工人去世后，从去世下月起停发离休工资、退休费、退职生活费。

［1979年4月3日，〔79〕鲁劳薪便字第11号，《山东省劳动局关于贯彻执行〈国务院关于工人退休、退职的暂行办法〉的若干具体问题的处理意见（试行稿）》］

二、停发基本养老金的情形

离退休人员发生下列情形之一，社会保险经办机构应停发或暂时停发其基本养老金：

（1）无正当理由不按规定提供本人居住证明或其他相关证明材料的。

（2）下落不明超过6个月，其亲属或利害关系人申报失踪或户口登记机关暂时注销其户口的。

（3）被判刑收监执行或被劳动教养期间的。

（4）法律、法规规定的其他情形。

发生以上第（1）、（2）、（4）项情形的离退休人员，经社会保险经办机构确认仍具有领取基本养老金资格的，应从停发之月起补发并恢复发放基本养老金；发生以上第（3）项情形的离退休人员，服刑或劳动教养期满后可按服刑或劳动教养前最后一次领取的标准继续发给基本养老金。

（2001年12月21日，劳社厅发〔2001〕8号，《关于进一步规范基本养老金社会化发放工作的通知》）

三、养老保险待遇终止

已纳入社区管理的企业离退休人员死亡后，其亲属和户籍所在地（或常年居住地）的街道社区服务组织要在7日内向负责支付其基本养老金的社会保险经办机构报告；尚未纳入社区管理的企业离退休人员死亡后，其亲属要在3日内向死亡者原单位报告，原单位应在4日内向社会保险经办机构报告；异地居住的离退休人员死亡后，其亲属要在7日内向负责支付其基本养老金的社会保险经办机构报告。社会保险经办机构在接到报告并审核死亡证明材料有效后，应及时办理支付丧葬补助等各项费用的手续，同时终止死亡离退休人员的基本养老保险关系。

（2001年12月21日，劳社厅发〔2001〕8号，《关于进一步规范基本养老金社会化发放工作的通知》）

四、养老金发放特殊情形的处理

（一）离退休人员出国定居

获准出国定居的退休人员，加入外国籍后，根据劳动保险条例“凡在实行劳动保险的企业内工作的工人与职员（包括学徒），不分民族、年龄、性别和国籍，均适用本条例”的精神，可以继续享受国家对获准出国定居的退休人员规定的退休待遇。

（1985年9月18日，〔85〕侨政政字第119号，《国务院侨办侨政司、劳动人事部保险福利局关于获准出国定居的退休人员加入外国籍后仍可享受退休待遇的规定》）

出国定居的离退休人员，经向社会保险经办机构申请并办理相关手续后，其基本养老金可以委托亲属或他人代领，若国内无亲属或他人代领，本人要求社会保险经办机构将款寄汇至国外的，汇费由其个人负担。出国定居的离退休人员每年向负责支付其基本养老金的社会保险经办机构提供一次由我国驻该国使领馆出具的居住证明（未与我国建立外交关系的国家，由当地公证机关出具）。

（2001年12月21日，劳社厅发〔2001〕8号，《关于进一步规范基本养老金社会化发放工作的通知》）

（二）离退休人员失踪

退休职工失踪，下落不明在6个月以内的，其退休待遇可继续发给；超过6个月的，从其户主、亲属或利害关系人申报失踪，户口登记机关暂时注销其户口的下月起，暂时停发其退休待遇。但对其供养直系亲属因此而发生生活困难的，由发给退休待遇的单位酌情给予生活困难补助。下落不明满4年和因意外事故下落不明，从事故发生之日起满2年依法被宣告死亡的，改按死亡有关待遇处理。上述人员重新出现或者确知其下落，经本人或者利害关系人申请，可按有关规定补发和恢复其应享受的待遇，但应扣还下落不明期间（包括被宣告失踪、宣告死亡期间）停发退休待遇后发给其供养直系亲属的生活困难补助和死亡待遇。

［1990 年 1 月 26 日，劳办险字〔1990〕1 号，《关于退休职工下落不明期间待遇问题的批复》（复南京市劳动局）］

基本养老金是离退休人员基本生活的保障。离退休人员因失踪等原因被暂停发放基本养老金的，之后被人民法院宣告死亡，期间被暂停发放的基本养老金不再予以补发；离退休人员被人民法院宣告死亡后，其家属应按规定领取丧葬补助费和一次性抚恤金。当离退休人员再次出现或家属能够提供其仍具有领取养老金资格证明的，经社会保险经办机构核准后，应补发其被暂停发放的基本养老金，在被暂停发放基本养老金期间国家统一部署调整基本养老金的，也应予以补调。

［2010 年 4 月 12 日，人社厅函〔2010〕159 号，《关于因失踪被人民法院宣告死亡的离退休人员养老待遇问题的函》（答复安徽省人力资源社会保障厅）］

（三）离退休人员判刑

退休人员被判处拘役、有期徒刑及以上刑罚或被劳动教养的，服刑或劳动教养期间停发基本养老金，服刑或劳动教养期满后可以按服刑或劳动教养前的标准继续发给基本养老金，并参加以后的基本养老金调整。退休人员在服刑或劳动教养期间死亡的，其个人账户储存额中的个人缴费部分本息可以继承，但遗属不享受相应待遇。退休人员被判处管制、有期徒刑宣告缓刑和监外执行的，可以继续发给基本养老金，但不参与基本养老金调整。退休人员因涉嫌犯罪被通缉或在押未定罪期间，其基本养老金暂停发放。如果法院判其无罪，被通缉或羁押期间的基本养老金予以补发。

［2001 年 3 月 8 日，劳社厅函〔2001〕44 号，《劳动和社会保障部办公厅关于退休人员被判刑后有关养老保险待遇问题的复函》（答复黑龙江省劳动和社会保障厅）］

退休人员被判刑后暂予监外执行、假释期间，可以按被判刑前的标准继续发给基本养老金，但不参与基本养老金调整。被撤销假释继续服刑的，从撤销之月起停止发放基本养老金；假释期满被宣告原判刑罚执行完毕的，继续按判刑前的标准发给基本养老金并参与下一年度的基本养老金调整。

（2003年7月7日，劳社厅函〔2003〕315号，《关于对劳社厅〔2001〕44号补充说明的函》）

第五节　历年退休待遇调整政策

一、1999年待遇调整

（一）调整范围

1999年6月底前离退休、退职人员。

（二）调整标准

1.离休、建国前老工人

固定部分每人每月70元，活的部分按本人月养老金的9.5%进行调整，不足120元的按120元增加。本次增加的养老金可作为计发离休人员1至2个月工资额的基数，但不作为基本养老金10%的基数。

2.退休人员

固定部分每人每月40元，活的部分按本人月养老金的7%进行调整。

3.退职人员

固定部分每人每月35元，活的部分按本人月养老金的5%进行调整。

执行时间：1999年7月1日。

（1999年9月8日，鲁劳社发〔1999〕82号，山东省劳动和社会保障厅、山东省财政厅《关于提高企业离退休人员养老金水平的通知》）

二、2001年待遇调整

（一）调整范围

2000年12月31日前离退休、退职人员；2001年9月30日前离休人员、建国前老工人。

（二）调整标准

1.建国前老工人

红军时期参加革命工作的，每人每月增加163元，抗日战争时期参加革命工作的，每人每月增加140元，解放战争时期参加革命工作的每人每月增加121元。

离休干部和按劳人险〔1983〕3号文规定退休的建国前老工人增加的基本养老金，作为计发每年1至2个月工资额生活补贴的基数。

执行时间：2001年1月1日。

（2001年11月8日，鲁劳社〔2001〕52号，《山东省劳动和社会保障厅、山东省财政厅关于提高企业离休人员基本养老金水平的通知》）

红军时期参加革命工作的，每人每月增加150元；抗日战争时期参加革命工作的，每人每月增加130元；解放战争时期参加革命工作的，每人每月增加110元。

符合计发1至2个月工资额生活补贴条件的企业离休干部和按劳人险〔1983〕3号文规定退休的建国前老工人，这次增加的基本养老金作为计发每年1至2个月工资额生活补贴的基数。

执行时间：2001年10月1日。

（2002年3月18日，鲁劳社〔2002〕12号，《山东省劳动和社会保障厅、山东省财政厅关于从2001年10月1日起增加企业离休人员基本养老金的通知》）

2.退休（含退职）人员

按2000年12月本人月基本养老金的7%调整，其中退休人员低于50元的按50元增加，退职人员低于40元的按40元增加。

执行时间：2001年7月1日。

（2002年3月18日，鲁劳社〔2002〕13号，《山东省劳动和社会保障厅、山东省财政厅关于2001年调整企业退休人员基本养老金的通知》）

三、2002年待遇调整

（一）调整范围

2001年12月31日前退休、退职人员。

（二）调整标准

1.普遍调整

按2001年12月本人基本养老金的5.5%增加，退休人员低于30元的按30元增加。退职人员低于24元的按24元增加。

2.在普遍调整的基础上，再适当提高下列人员的养老金

1949年1月1日至9月30日期间参加革命工作、享受当地人民政府制定的薪金制待遇的退休干部，每人每月再提高40元，普遍调整加适当提高后低于80元的，按80元增加。

1949年1月1日至9月30日期间参加革命工作、享受当地人民政府制定的薪金制待遇的退休工人，每人每月再提高80元，普遍调整加适当提高后低于120元的，按120元增加。

1953年12月31日前参加工作的退休人员，每人每月再提高40元，普遍调整加适当提高后低于80元的，按80元增加。

企业军转干部中的退休人员，每人每月再提高35元，普遍调整加适当提高后低于75元的，按75元增加。同时，鲁劳社〔2002〕40号文件第一条规定改按本《通知》规定执行。

原工商业者中的退休人员，每人每月再提高30元，普遍调整加适当提高后低于70元的，按70元增加。

同时符合上述两项以上的，只能按其中标准较高的一项执行，不得重复享受。

按上述1、2项规定调整后，月基本养老金达不到300元的，按300元执行。

执行时间：2002年7月1日。

（2002年11月1日，鲁劳社〔2002〕50号，山东省劳动和社会保障厅、山东省

财政厅《关于2002年调整企业退休人员基本养老金水平的通知》）

四、2003年待遇调整

（一）调整范围

2003年6月30日前离休人员、建国前老工人。

（二）调整标准

1.建国前老工人

红军时期参加革命工作的，每人每月增加90元；抗日战争时期参加革命工作的，每人每月增加70元；解放战争时期参加革命工作的，每人每月增加55元。

符合计发1至2个月工资额生活补贴条件的企业离休干部和按劳人险〔1983〕3号文规定退休的建国前老工人，这次增加的基本养老金作为计发每年1至2个月工资额生活补贴的基数。

执行时间：2003年7月1日。

（2004年4月25日，鲁劳社〔2004〕6号，山东省劳动和社会保障厅、山东省财政厅《关于调整企业离休人员基本养老金水平的通知》）

五、2004年待遇调整

（一）调整范围

2003年12月31日前退休、退职人员。

（二）调整标准

1.普遍调整

第一部分，省直管企业每人每月增加33.5元；第二部分按2003年12月本人月基本养老金的3.6%增加。

2.在普遍调整的基础上，再适当提高下列人员的养老金

1953年12月31日前参加工作的退休人员，每人每月再提高25元。

1993年9月30日前退休的人员（不含1953年底前参加工作的），每人每月再提高15元。

1999年7月1日至1999年12月31日之间退休的人员，每人每月再提高15元。

1、2部分增加养老金后，月基本养老金达不到320元的，调整增加到320元。

执行时间：2004年7月1日。

（2005年1月11日，鲁劳社〔2004〕51号，山东省劳动和社会保障厅、山东省财政厅《关于调整企业退休人员基本养老金水平的通知》）

六、2005年待遇调整

（一）调整范围

2004年12月31日前退休、退职人员。

（二）调整标准

1.退休人员

第一部分每人每月40元；第二部分按2004年12月份本人月基本养老金的3.1%进行调整。

2.退职人员

第一部分，按退休人员的80%增加；第二部分与退休人员相同。

执行时间：2005年7月1日。

（2006年8月28日，鲁劳社〔2006〕46号，山东省劳动和社会保障厅、山东省财政厅《关于2005年、2006年调整企业退休人员基本养老金的通知》）

七、2006年待遇调整

（一）调整范围

2005年12月31日前退休、退职人员，2006年6月30日前离休人员、建国前老工人。

（二）调整标准

1.退休人员

（1）普遍调整：第一部分每人每月增加70元；第二部分按2005年12月份本人月基本养老金的5.8%增加。

（2）在普遍调整的基础上，再适当提高下列人员的养老金：

具有高级职称的退休人员，每人每月提高60元。

1953年12月31日前参加工作的退休人员，每人每月提高40元，其中1949年1月1日至9月30日期间参加革命工作、享受当地人民政府制定的薪金制待遇的退休人员，每人每月再提高80元。

1993年9月30日前退休的人员（不含1953年底前参加工作的），每人每月提高20元。

2005年12月31日前，年满70周岁不满75周岁、年满75周岁不满80周岁、年满80周岁及以上的退休人员，每人每月分别提高30元、45元、60元。

同时符合两项以上的可重复享受。

2.退职人员

按退休人员普遍调整的办法增加，第一部分，按退休人员的80%增加；第二部分与退休人员相同。

执行时间：2006年7月1日。

（2006年8月28日，鲁劳社〔2006〕46号，山东省劳动和社会保障厅、山东省财政厅《关于2005年、2006年调整企业退休人员基本养老金的通知》）

3.建国前老工人

红军时期参加革命工作的，每人每月增加480元；抗日战争时期参加革命工作的，每人每月增加410元；解放战争时期参加革命工作的每人每月增加340元。

符合计发1至2个月工资额生活补贴条件的企业离休干部和按劳人险〔1983〕3号文规定退休的建国前老工人，这次增加的基本养老金从2006年度起作为计发每年1至2个月工资额生活补贴的基数。

执行时间：2006年7月1日。

（2007年2月9日，鲁劳社〔2007〕11号，《山东省劳动和社会保障厅、山东省财政厅关于调整企业离休人员基本养老金水平的通知》）

八、2007年待遇调整

（一）调整范围

2006年12月31日前退休、退职人员。

（二）调整标准

1.退休人员

（1）普遍调整：第一部分，每人每月增加60元；第二部分按2006年12月份本人月基本养老金的5.2%增加。

（2）在普遍调整的基础上，再适当提高下列人员的养老金：

正高级职称的退休人员每人每月提高150元，副高级职称的每人每月提高100元。

1953年12月31日前参加工作的退休人员，每人每月提高60元。

1993年9月30日前退休的人员（不含1953年12月31日前参加工作的），每人每月提高40元。

自这次调整待遇起，凡退休人员年龄上年满70周岁的，从次年7月1日起，基本养老金每人每月提高30元；上年满75周岁的提高15元，达到45元；上年满80周岁的提高15元，达到60元。

同时符合两项以上的可重复享受。

2.退职人员

按退休人员普遍调整的办法分两部分增加养老金，第一部分，按退休人员的80%增加；第二部分与退休人员相同。同时，对符合退休人员适当提高中规定的年龄条件的退职人员，参照该款对退休人员的规定执行。

执行时间：2007年7月1日。

（2007年8月15日，鲁劳社〔2007〕48号，《山东省劳动和社会保障厅、山东省财政厅关于2007年调整企业退休人员基本养老金的通知》）

九、2008年待遇调整

（一）调整范围

2007年12月31日前退休的建国前老工人、退休、退职人员。

（二）调整标准

1.建国前老工人

红军时期参加革命工作的，每人每月增加380元；抗日战争时期参加革命工作的，每人每月增加280元；解放战争时期参加革命工作的每人每月增加180元。

执行时间：2008年1月1日。

（2008年1月8日，鲁劳社〔2008〕4号，《山东省劳动和社会保障厅、山东省财政厅关于适当增加企业建国前老工人退休待遇的通知》）

2.退休人员

（1）普遍调整：第一部分，每人每月增加60元；第二部分按2007年12月份本人月基本养老金的4.6%增加。

（2）在普遍调整的基础上，再适当提高下列人员的养老金：

正高级职称的退休人员每人每月提高80元，副高级职称的每人每月提高60元。

1953年12月31日前参加工作的退休人员，每人每月提高40元，其中1949年1月1日至9月30日期间参加革命工作、享受当地人民政府制定的薪金制待遇的退休人员，每人每月再提高60元。

原工商业者中的退休人员，每人每月提高60元。

对基本养老金偏低的退休军转干部，每人每月提高50元，提高后不超过当地基本养老金平均水平。

继续对年满70周岁以上退休人员予以倾斜。2007年12月31日前，年满70周岁不满75周岁、年满75周岁不满80周岁和年满80周岁的，每人每月分别提高20元、35元、60元，其中2007年1月1日至2007年12月31日期间刚达到70周岁、75周岁、80周岁的，每人每月再分别提高30元、15元、15元。鲁劳社〔2007〕48号文件第二项第（二）条第四款的规定，改按本通知规定执行。

同时符合两项以上的可重复享受。

3.退职人员

按退休人员普遍调整的办法分两部分增加养老金，第一部分，按退休人员的80%增加；第二部分与退休人员相同。同时，对符合退休人员适当提高中规定的年龄条件的退职人员，参照该款对退休人员的规定执行。

执行时间：2008年1月1日。

（2008年1月8日，鲁劳社〔2008〕3号，《山东省劳动和社会保障厅、山东省财政厅关于2008年调整企业退休人员基本养老金的通知》）

十、2009年待遇调整

（一）调整范围

2008年12月31日前退休的建国前老工人、退休、退职人员。

（二）调整标准

1.建国前老工人

红军时期参加革命工作的，每人每月增加500元；抗日战争时期参加革命工作的，每人每月增加400元；解放战争时期参加革命工作的每人每月增加300元。

执行时间：2009年1月1日。

（2009年1月8日，鲁劳社〔2009〕6号，《山东省劳动和社会保障厅、山东省财政厅关于适当增加企业建国前老工人退休待遇的通知》）

2.退休人员

（1）普遍调整：第一部分，每人每月增加95元；第二部分按2008年12月份本人月基本养老金的3.7%增加。

（2）在普遍调整的基础上，再适当提高下列人员的养老金：

正高级职称的退休人员每人每月提高60元，副高级职称的每人每月提高40元。

1953年12月31日前参加工作的退休人员，每人每月提高40元，其中1949年1月1日至9月30日期间参加革命工作、享受当地人民政府制定的薪金制待遇的退休人员，每人每月再提高60元。

原工商业者中的退休人员，每人每月提高40元。

继续对年满70周岁以上退休人员予以倾斜。2008年12月31日前，年满70周岁不满75周岁、年满75周岁不满80周岁和年满80周岁的，每人每月分别提高20元、30元、50元。其中2008年1月1日至2008年12月31日期间刚达到70周岁、75周岁、80周岁的，每人每月再分别提高50元、30元、40元。

同时符合两项以上的可重复享受。

3.退职人员

按退休人员普遍调整的办法分两部分增加养老金，第一部分，按退休人员的80%增加；第二部分与退休人员相同。同时，对符合退休人员适当提高中规定的年龄条件的退职人员，参照该款对退休人员的规定执行。

执行时间：2009年1月1日。

（2009年1月8日，鲁劳社〔2009〕5号，《山东省劳动和社会保障厅、山东省财政厅关于2009年调整企业退休人员基本养老金的通知》）

十一、2010年待遇调整

（一）调整范围

2009年12月31日前退休的建国前老工人、退休、退职人员。

（二）调整标准

1.建国前老工人

红军时期参加革命工作的，每人每月增加700元；抗日战争时期参加革命工作的，每人每月增加600元；解放战争时期参加革命工作的每人每月增加500元。

执行时间：2010年1月1日。

（2010年1月27日，鲁劳社〔2010〕6号，山东省人力资源和社会保障厅、山东省财政厅《关于适当增加企业建国前老工人退休待遇的通知》）

2.退休人员

（1）普遍调整：第一部分，每人每月增加105元；第二部分按2009年12月份本人月基本养老金的4.4%增加。

（2）在普遍调整的基础上，再适当提高下列人员的养老金：

正高级职称的退休人员每人每月提高70元，副高级职称的每人每月提高50元。

1953年12月31日前参加工作的退休人员，每人每月提高40元，其中1949年1月1日至9月30日期间参加革命工作、享受当地人民政府制定的薪金制待遇的退休人员，每人每月再提高60元。

原工商业者中的退休人员，每人每月提高40元。

继续对年满70周岁以上退休人员予以倾斜。2009年12月31日前，年满70周岁不满75周岁、年满75周岁不满80周岁和年满80周岁的，每人每月分别提高20元、30元、50元。其中2009年1月1日至2009年12月31日期间刚达到70周岁、75周岁、80周岁的，每人每月再分别提高70元、40元、60元。

同时符合两项以上的可重复享受。

3.退职人员

按退休人员普遍调整的办法分两部分增加养老金，第一部分，按退休人员的80%增加；第二部分与退休人员相同。同时，对符合退休人员适当提高中规定的年龄条件的退职人员，参照该款对退休人员的规定执行。

执行时间：2010年1月1日。

（2010年1月27日，鲁劳社〔2010〕5号，《山东省人力资源和社会保障厅、山东省财政厅关于2010年调整企业退休人员基本养老金的通知》）

十二、2011年待遇调整

（一）调整范围

2010年12月31日前已按规定办理退休、退职手续并按月领取基本养老金的企业退休、退职人员。

（二）调整标准

1.建国前老工人

红军时期参加革命工作的，每人每月增加900元；抗日战争时期参加革命工作的，每人每月增加800元；解放战争时期参加革命工作的，每人每月增加700元。

（2011年1月13日，鲁人社发〔2011〕5号，《山东省人力资源和社会保障厅、山东省财政厅关于适当增加企业建国前老工人退休待遇的通知》）

2.退休人员

（1）普遍调整。

对符合条件的退休人员，按以下两部分计算增加养老金：

第一部分每人每月按统筹所在市（省直管企业）的调整系数乘以110元计算增加。各市（省直管企业）调整系数根据当地企业在岗职工平均工资水平、养老金替代率和养老保险基金支撑能力等因素确定。

第二部分按2010年12月份本人月基本养老金的4.5%计算增加。

（2）在普遍调整的基础上，再适当提高下列人员的养老金：

①具有高级职称的退休科技人员，1999年12月31日以前退休的，正高级职称每人每月提高260元，副高级职称每人每月提高220元；2000年1月1日以后退休的，正高级职称每人每月提高70元，副高级职称每人每月提高50元。

②1953年12月31日前参加工作的退休人员，每人每月提高40元。其中，1949年1月1日至9月30日期间参加革命工作、享受当地人民政府制定的薪金制待遇的退休人员，每人每月再提高160元。

③原工商业者中的退休人员，每人每月提高40元。

④继续对年满70周岁以上退休人员予以倾斜。2010年12月31日前，年满70周岁不满75周岁（以办理退休手续时按规定确定的出生年月计算，下同）、年满75周岁不满80周岁和年满80周岁的，每人每月分别提高60元、80元和130元。其中，2010年1月1日至12月31日期间达到70周岁、75周岁和80周岁的，每人每月再分别提高90元、50元和80元。

同时具备上述两项以上（含两项）条件的退休人员，可重复享受。

3.退职人员

对符合条件的退职人员，按退休人员普遍调整的办法分两部分增加养老金。第一部分按统筹所在市（省直管企业）退休人员标准的80%计算增加，第二部分按与退休人员相同的办法增加。

同时，对符合本通知第二条第（二）款第4项规定的年龄条件的退职人员，参照该项对退休人员的规定执行。

（2011年1月13日，鲁人社发〔2011〕4号，《山东省人力资源和社会保障厅、山东省财政厅关于2011年调整企业退休人员基本养老金的通知》）

十三、2012年待遇调整

（一）调整范围

2011年12月31日前已按规定办理退休、退职手续并按月领取基本养老金的企业退休、退职人员。

（二）调整标准

1.建国前老工人

红军时期参加革命工作的，每人每月增加900元；抗日战争时期参加革命工作的，每人每月增加800元；解放战争时期参加革命工作的，每人每月增加700元。

本次增加的待遇，不作为计发一至三个月生活补贴的基数。

（2012年3月29日，鲁人社发〔2012〕17号，《山东省人力资源和社会保障厅、山东省财政厅关于适当增加企业建国前老工人退休待遇的通知》）

2.退休人员

（1）普遍调整。

对符合条件的退休人员，按以下两部分计算增加养老金：

第一部分每人每月按统筹所在市（省直管企业）的调整系数乘以160元计算增加。各市（省直管企业）调整系数根据当地企业在岗职工平均工资水平、养老金替代率和养老保险基金支撑能力等因素确定（附件1）。

第二部分按2011年12月份本人月基本养老金的4%计算增加。

（2）适当倾斜。

在普遍调整的基础上，对下列人员再给予适当倾斜：

①具有高级职称的退休科技人员，正高级职称每人每月提高490元，副高级职称每人每月提高290元。

②1949年1月1日至9月30日期间参加革命工作、享受当地人民政府制定的薪金制待遇的退休人员，每人每月提高200元。

③2011年12月31日前，年满70周岁不满75周岁（以办理退休手续时按规定确定的出生年月计算，下同）、年满75周岁不满80周岁和年满80周岁的退休人员，每人每月分别提高40元、70元和140元。其中，2011年1月1日至12月31日期间达到70周岁、75周岁和80周岁的，每人每月再分别提高150元、70元和130元。

同时具备上述两项以上（含两项）条件的退休人员，可重复享受。

3.退职人员

对符合条件的退职人员，按退休人员普遍调整的办法分两部分增加养老金。第一部分按统筹所在市（省直管企业）退休人员标准的80%计算增加，第二部分按与退休人员相同的办法增加。

同时，对符合本通知第二条第（二）款第3项规定的年龄条件的退职人员，参照该项对退休人员的规定执行。

（2012年3月29日，鲁人社发〔2012〕15号，《山东省人力资源和社会保障厅、

山东省财政厅关于2012年调整企业退休人员基本养老金的通知》)

4.军转干部

对2011年12月31日前已按规定办理退休手续的企业退休军转干部，按每人每月50元提高基本养老金，自2012年1月1日起执行。

(2012年4月1日，鲁人社发〔2012〕16号,《山东省人力资源和社会保障厅、山东省财政厅关于2012年调整企业退休人员基本养老金向基本养老金偏低的企业退休军转干部倾斜问题的通知》)

十四、2013年待遇调整

(一)调整范围

2012年12月31日前已按规定办理退休、退职手续并按月领取基本养老金的企业退休、退职人员。

(二)调整标准

1.建国前老工人

红军时期参加革命工作的，每人每月增加900元；抗日战争时期参加革命工作的，每人每月增加800元；解放战争时期参加革命工作的，每人每月增加700元。

本次增加的待遇，不作为计发1至3个月生活补贴的基数。

(2013年4月8日，鲁人社发〔2013〕16号,《山东省人力资源和社会保障厅、山东省财政厅关于适当增加企业建国前老工人退休待遇的通知》)

2.退休人员

(1)普遍调整。

对符合条件的退休人员，按以下两部分计算增加养老金：

第一部分每人每月按统筹所在市(省直管企业)的调整系数乘以160元计算增加。各市(省直管企业)调整系数根据当地企业在岗职工平均工资水平、养老金替代率和养老保险基金支撑能力等因素确定。

第二部分按2012年12月份本人月基本养老金的3.1%计算增加。

（2）适当倾斜。

在普遍调整的基础上，对下列人员再给予适当倾斜：

①具有高级职称的退休科技人员，正高级职称每人每月提高300元，副高级职称每人每月提高150元。

②1949年1月1日至9月30日期间参加革命工作、享受当地人民政府制定的薪金制待遇的退休人员，每人每月提高160元。

③2012年12月31日前，年满70周岁不满75周岁（以办理退休手续时按规定确定的出生年月计算，下同）、年满75周岁不满80周岁和年满80周岁的退休人员，每人每月分别提高30元、60元和100元。其中，2012年1月1日至12月31日期间达到70周岁、75周岁和80周岁的，每人每月再分别提高190元、100元和200元。

同时具备上述两项以上（含两项）条件的退休人员，可重复享受。

3.退职人员

对符合条件的退职人员，按退休人员普遍调整的办法分两部分增加养老金。第一部分每人每月按统筹所在市（省直管企业）退休人员标准的80%增加，第二部分按与退休人员相同的办法增加。

同时，对符合本通知第二条第（二）款第3项规定的年龄条件的退职人员，参照该项对退休人员的规定执行。

（2013年4月8日，鲁社人发〔2013〕14号，《山东省人力资源和社会保障厅山东省财政厅关于2013年调整企业退休人员基本养老金的通知》）

4.军转干部

对2012年12月31日前已按规定办理退休手续的企业退休军转干部，按每人每月50元提高基本养老金，自2013年1月1日起执行。

（2013年4月8日，鲁人社发〔2013〕15号，《山东省人力资源和社会保障厅、山东省财政厅关于2012年调整企业退休人员基本养老金向基本养老金偏低的企业退休军转干部倾斜问题的通知》）

十五、2014年待遇调整

（一）调整范围

2013年12月31日前已按规定办理退休、退职手续并按月领取基本养老金的企业退休、退职人员。

（二）调整标准

1.建国前老工人

红军时期参加革命工作的，每人每月增加500元；抗日战争时期参加革命工作的，每人每月增加400元；解放战争时期参加革命工作的，每人每月增加300元。

本次增加的待遇，不作为计发1至3个月生活补贴的基数。

（2014年5月28日，鲁人社发〔2014〕28号，《山东省人力资源和社会保障厅、山东省财政厅关于适当增加企业建国前老工人退休待遇的通知》）

2.退休人员

（1）普遍调整。

对符合条件的退休人员，按以下两部分计算增加养老金：

第一部分每人每月按统筹所在市（省直管企业）的调整系数乘以170元计算增加。各市（省直管企业）调整系数（见附件1）根据当地企业在岗职工平均工资水平、养老金替代率和养老保险基金支撑能力等因素确定。

第二部分按2013年12月份本人月基本养老金的4.8%计算增加。

（2）适当倾斜。

在普遍调整的基础上，对下列人员再给予适当倾斜：

①1949年1月1日至9月30日期间参加革命工作、享受当地人民政府制定的薪金制待遇的退休人员，每人每月提高100元。

②2013年12月31日前，年满70周岁不满75周岁（以办理退休手续时按规定确认的出生年月计算，下同）、年满75周岁不满80周岁和年满80周岁的退休人员，每人每月分别提高30元、50元和90元。其中，2013年1月1日至12月31

日期间达到70周岁、75周岁和80周岁的，每人每月再分别提高220元、130元和240元。

同时具备上述两项条件的退休人员，可重复享受。

③退职人员调整标准：对符合条件的退职人员，按退休人员普遍调整的办法分两部分增加养老金。第一部分按统筹所在市（省直管企业）退休人员标准的80%计算增加，第二部分按与退休人员相同的办法增加。

同时，对符合本通知第二条第（二）款第2项规定的年龄条件的退职人员，参照该项的规定执行。

（2014年5月28日，鲁人社发〔2014〕27号，《山东省人力资源和社会保障厅、山东省财政厅关于2014年调整企业退休人员基本养老金的通知》）

3.军转干部

对2013年12月31日前已按规定办理退休手续的企业退休军转干部，按每人每月50元提高基本养老金，自2014年1月1日起执行。

（2014年5月28日，鲁人社发〔2014〕29号，《山东省人力资源和社会保障厅、山东省财政厅关于2014年调整企业退休人员基本养老金向基本养老金偏低的企业退休军转干部倾斜问题的通知》）

十六、2015年待遇调整

（一）调整范围

2014年12月31日前已按规定办理退休、退职手续并按月领取基本养老金的企业退休、退职人员。

（二）调整标准

1.建国前老工人

红军时期参加革命工作的，每人每月增加555元；抗日战争时期参加革命工作的，每人每月增加475元；解放战争时期参加革命工作的，每人每月增加395元。

本次增加的待遇，作为计发1至3个月生活补贴的基数。

（2015年4月29日，鲁人社发〔2015〕26号，《山东省人力资源和社会保障厅、山东省财政厅关于适当增加企业建国前老工人退休待遇的通知》）

2.退休人员

（1）普遍调整。

对符合条件的退休人员，按以下三部分计算增加养老金：

①定额调整。每人每月增加125元。

②与缴费年限挂钩调整。根据退休人员缴费年限长短划分为7个档次，月增加额为30至90元（具体见表2-2）。

表2-2　与缴费年限挂钩调整标准　　单位：元/月

缴费年限	增加额
15年及以下	30
16—20年	40
21—25年	50
26—30年	60
31—35年	70
36—40年	80
41年以上	90

缴费年限含视同缴费年限，但不含特殊工种折算增加的年限。缴费年限不足1年的，按1年计算。

③与本人养老金水平挂钩调整。按2014年12月本人月基本养老金的3.3%计算增加。

（2）适当倾斜。

在普遍调整的基础上，对下列人员再给予适当倾斜：

2014年12月31日前，年满70周岁不满75周岁（以办理退休手续时按规定确定的出生年月计算，下同）、年满75周岁不满80周岁和年满80周岁以上的退休人员，每人每月分别提高20元、40元和80元。其中，2014年1月1日至12月31日期间达到70周岁、75周岁和80周岁的，每人每月再分别提高250元、150元和280元。

3.退职人员

对符合条件的退职人员，按退休人员普遍调整的办法分三部分增加养老金。第一部分按退休人员标准的80%计算增加，即每人每月增加100元；第二部分和第三部分按与退休人员相同的办法增加。

同时，对符合本通知第二条第（二）款规定的年龄条件的退职人员，参照该项规定执行。

（2015年4月29日，鲁人社发〔2015〕25号，《山东省人力资源和社会保障厅、山东省财政厅关于2015年调整企业退休人员基本养老金的通知》）

十七、2016年待遇调整

（一）调整范围

2015年12月31日前已按规定办理退休、退职手续并按月领取基本养老金的企业退休、退职人员。

（二）调整标准

1.建国前老工人

抗日战争时期及以前参加革命工作的，每人每月增加430元；解放战争时期参加革命工作的，每人每月增加360元。

本次增加的待遇，作为计发1至3个月生活补贴的基数。

（2016年12月5日，鲁人社发〔2016〕49号，《山东省人力资源和社会保障厅、山东省财政厅关于适当增加企业建国前老工人退休待遇的通知》）

2.退休人员

（1）普遍调整。

对符合条件的退休人员，按以下三部分计算增加养老金：

①定额调整。每人每月增加70元。

②与缴费年限挂钩调整。根据退休人员缴费年限长短划分为8个档次，月增加额为25~107元（具体见表2-3）。

表 2-3　与缴费年限挂钩调整标准　　单位：元 / 月

缴费年限	增加额
15 年及以下	25
16—20 年	41
21—25 年	52
26—30 年	63
31—35 年	74
36—40 年	85
41—45 年	96
46 年及以上	107

缴费年限含视同缴费年限，但不含特殊工种折算增加的年限。缴费年限不足1年的，按1年计算。

③与本人养老金水平挂钩调整。按2015年12月本人月基本养老金的1.8%计算增加。

（2）适当倾斜。

在普遍调整的基础上，对下列人员再给予适当倾斜：

2015年12月31日前，年满70周岁不满75周岁（以办理退休手续时按规定确定的出生年月计算，下同）、年满75周岁不满80周岁和年满80周岁以上的退休人员，每人每月分别提高20元、40元和80元。其中，2015年1月1日至12月31日期间达到70周岁、75周岁和80周岁的，每人每月再分别提高270元、170元和320元。

（2016年9月8日，鲁人社发〔2016〕33号，山东省人力资源和社会保障厅、山东省财政厅《关于2016年调整退休人员基本养老金的通知》）

十八、2017年待遇调整

（一）调整范围

2016年12月31日前已按规定办理退休、退职手续并按月领取基本养老金的企业退休、退职人员。

（二）调整标准

1.建国前老工人

抗日战争时期及以前参加革命工作的，每人每月增加210元；解放战争时期参加革命工作的，每人每月增加180元。

本次增加的待遇，作为计发1至3个月生活补贴的基数。

（2017年7月10日，鲁人社发〔2017〕30号，山东省人力资源和社会保障厅、山东省财政厅《关于适当增加企业建国前老工人退休待遇的通知》）

2.退休人员

（1）普遍调整。

对符合条件的退休人员，按以下三部分计算增加养老金：

①定额调整。每人每月增加55元。

②与缴费年限挂钩调整。每满1年月增加1.7元。

缴费年限含视同缴费年限，但不含特殊工种折算增加的年限。缴费年限不足1年的，按1年计算。

③与本人养老金水平挂钩调整。按2016年12月本人月基本养老金的2.1%计算增加。

（2）适当倾斜。

在普遍调整的基础上，对下列人员再给予适当倾斜：

2016年12月31日前，年满70周岁不满75周岁（以办理退休手续时按规定确定的出生年月计算，下同）、年满75周岁不满80周岁和年满80周岁以上的退休人员，每人每月分别提高15元、30元和60元。其中，2016年1月1日至12月31日期间达到70周岁、75周岁和80周岁的，每人每月再分别提高290元、190元和360元。

（2017年7月10日，鲁人社发〔2017〕26号，山东省人力资源和社会保障厅、山东省财政厅《关于2017年调整退休人员基本养老金的通知》）

十九、2018年待遇调整

（一）调整范围

2017年12月31日前已按规定办理退休、退职手续并按月领取基本养老金的企业退休、退职人员。

（二）调整标准

1.普遍调整

对符合条件的退休人员，按以下三部分计算增加养老金：

（1）定额调整。每人每月增加50元。

（2）与缴费年限挂钩调整（见表2-4）。

表2-4　与缴费年限挂钩调整标准

缴费年限	增加额
15年及以下	每满1年月增加1.5元
16—25年	每满1年月增加1.8元
26—35年	每满1年月增加2.1元
36—45年	每满1年月增加2.4元
46年及以上	每满1年月增加2.7元

缴费年限含视同缴费年限，但不含特殊工种折算增加的年限。缴费年限不足1年的，按1年计算。

（3）与本人养老金水平挂钩调整。按2017年12月本人月基本养老金的1.7%计算增加。

2.适当倾斜

在普遍调整的基础上，对下列人员再给予适当倾斜：

2017年12月31日前，年满70周岁不满75周岁（以办理退休手续时按规定确定的出生年月计算，下同）、年满75周岁不满80周岁和年满80周岁以上的退休人员，每人每月分别提高15元、30元和60元。其中，2017年1月1日至12月31日期间达到70周岁、75周岁和80周岁的，每人每月再分别提高290元、190元和360元。

（2018年7月20日，鲁人社发〔2018〕28号，山东省人力资源和社会保障厅、

山东省财政厅《关于2018年调整退休人员基本养老金的通知》）

二十、2019年待遇调整

（一）调整范围

2018年12月31日前已按规定办理退休、退职手续并按月领取基本养老金的企业退休、退职人员。

（二）调整标准

1.建国前老工人

抗日战争时期及以前参加革命工作的，每人每月增加260元；解放战争时期参加革命工作的，每人每月增加210元。

本次增加的待遇，作为计发1至3个月生活补贴的基数。

（2019年1月10日，鲁人社发〔2019〕3号，山东省人力资源和社会保障厅、山东省财政厅《关于适当增加企业和机关事业单位建国前老工人退休待遇的通知》）

抗日战争时期及以前参加革命工作的，每人每月增加230元；解放战争时期参加革命工作的，每人每月增加200元。

本次增加的待遇，作为计发1至3个月生活补贴的基数。

（2019年7月23日，鲁人社发〔2019〕25号，山东省人力资源和社会保障厅、山东省财政厅《关于适当增加企业建国前老工人退休待遇的通知》）

2.退休人员

（1）普遍调整。

对符合条件的退休人员，按以下三部分计算增加养老金：

①定额调整。每人每月增加50元。

②与缴费年限挂钩调整（见表2–5）。

表2–5　与缴费年限挂钩调整标准

缴费年限	增加额
15年及以下	每满1年月增加1.5元

续表

缴费年限	增加额
16—25 年	每满 1 年月增加 2 元
26—35 年	每满 1 年月增加 2.5 元
36—45 年	每满 1 年月增加 3 元
46 年及以上	每满 1 年月增加 3.5 元

缴费年限含视同缴费年限，但不含特殊工种折算增加的年限。缴费年限不足1年的，按1年计算。

③与本人养老金水平挂钩调整。按2018年12月本人月基本养老金的1.7%计算增加。

（2）适当倾斜。

在普遍调整的基础上，对下列人员再给予适当倾斜：

2018年12月31日前，年满70周岁不满75周岁（以办理退休手续时按规定确定的出生年月计算，下同）、年满75周岁不满80周岁和年满80周岁以上的退休人员，每人每月分别提高15元、30元和60元。其中，2018年1月1日至12月31日期间达到70周岁、75周岁和80周岁的，每人每月再分别提高290元、190元和360元。

（2019年7月12日，鲁人社发〔2019〕21号，山东省人力资源和社会保障厅、山东省财政厅《关于2019年调整退休人员基本养老金的通知》）

二十一、2020年待遇调整

（一）调整范围

2019年12月31日前已按规定办理退休、退职手续并按月领取基本养老金的企业退休、退职人员。

（二）调整标准

1.普遍调整

对符合条件的退休人员，按以下三部分计算增加养老金：

（1）定额调整。每人每月增加52元。

（2）与缴费年限挂钩调整（见表2–6）。

表 2-6　与缴费年限挂钩调整标准

缴费年限	增加额
15 年及以下	每满 1 年月增加 1.5 元
16—25 年	每满 1 年月增加 2 元
26—35 年	每满 1 年月增加 2.5 元
36—45 年	每满 1 年月增加 3 元
46 年及以上	每满 1 年月增加 3.5 元

缴费年限含视同缴费年限，但不含特殊工种折算增加的年限。缴费年限不足1年的，按1年计算。

（3）与本人养老金水平挂钩调整。按2019年12月本人月基本养老金的1.7%计算增加。

2.适当倾斜

在普遍调整的基础上，对下列人员再给予适当倾斜：

2019年12月31日前，年满70周岁不满75周岁（以办理退休手续时按规定确定的出生年月计算，下同）、年满75周岁不满80周岁和年满80周岁以上的退休人员，每人每月分别提高20元、40元和60元。其中，2019年1月1日至12月31日期间达到70周岁、75周岁和80周岁的，每人每月再分别提高290元、190元和360元。

（2020年7月17日，鲁人社发〔2020〕9号，山东省人力资源和社会保障厅、山东省财政厅《关于2020年调整退休人员基本养老金的通知》）

二十二、2021年待遇调整

（一）调整范围

2020年12月31日前已按规定办理退休、退职手续并按月领取基本养老金的企业退休、退职人员。

（二）调整标准

1.建国前老工人

抗日战争时期及以前参加革命工作的，每人每月增加260元；解放战争时期参加革命工作的，每人每月增加210元。

本次增加的待遇，作为计发1至3个月生活补贴的基数。

（2021年1月19日，鲁人社发〔2021〕3号，山东省人力资源和社会保障厅、山东省财政厅《关于适当增加企业建国前老工人退休待遇的通知》）

2.退休人员

（1）普遍调整。

对符合条件的退休人员，按以下三部分计算增加养老金：

①定额调整。每人每月增加65元。

②与缴费年限挂钩调整（见表2-7）。

表2-7　与缴费年限挂钩调整标准

缴费年限	增加额
15年及以下	每满1年月增加1元
16—25年	每满1年月增加1.3元
26—35年	每满1年月增加1.6元
36—45年	每满1年月增加1.9元
46年及以上	每满1年月增加2.2元

缴费年限含视同缴费年限，但不含特殊工种折算增加的年限。缴费年限不足1年的，按1年计算。

③与本人养老金水平挂钩调整。按2020年12月本人月基本养老金的1.2%计算增加。

（2）适当倾斜。

在普遍调整的基础上，对下列人员再给予适当倾斜：

2020年12月31日前，年满70周岁不满75周岁（以办理退休手续时按规定确定的出生年月计算，下同）、年满75周岁不满80周岁和年满80周岁以上的退休人员，每人每月分别提高15元、30元和60元。其中，2020年1月1日至12月31日期间达到70周岁、75周岁和80周岁的，每人每月再分别提高290元、190元和360元。

（2021年6月25日，鲁人社发〔2021〕8号，山东省人力资源和社会保障厅、山东省财政厅《关于2021年调整退休人员基本养老金的通知》）

二十三、2022年待遇调整

（一）调整范围

2021年12月31日前已按规定办理退休、退职手续并按月领取基本养老金的企业退休、退职人员。

（二）调整标准

1.建国前老工人

抗日战争时期及以前参加革命工作的，每人每月增加260元；解放战争时期参加革命工作的，每人每月增加210元。

本次增加的待遇，作为计发2至4个月生活补贴的基数。

（2022年7月15日，鲁人社发〔2022〕18号，山东省人力资源和社会保障厅、山东省财政厅《关于调整企业和机关事业单位建国前老工人退休待遇的通知》）

2.退休人员

（1）普遍调整。

对符合条件的退休人员，按以下三部分计算增加养老金：

①定额调整。每人每月增加43元。

②与缴费年限挂钩调整（见表2-8）。

表2-8　与缴费年限挂钩调整标准

缴费年限	增加额
15年及以下	每满1年月增加1.3元
16—25年	每满1年月增加1.5元
26—35年	每满1年月增加1.7元
36—45年	每满1年月增加1.9元
46年及以上	每满1年月增加2.1元

缴费年限含视同缴费年限，但不含特殊工种折算增加的年限。缴费年限不足1年的，按1年计算。

③与本人养老金水平挂钩调整。按2021年12月本人月基本养老金的1.26%

计算增加。

（2）适当倾斜。

在普遍调整的基础上，对下列人员再给予适当倾斜：

2021年12月31日前，年满70周岁不满75周岁（以办理退休手续时按规定确定的出生年月计算，下同）、年满75周岁不满80周岁和年满80周岁以上的退休人员，每人每月分别增加15元、30元和60元。其中，2021年1月1日至12月31日期间达到70周岁、75周岁和80周岁的，每人每月再分别提高290元、190元和360元。

（2022年7月15日，鲁人社发〔2022〕16号，山东省人力资源和社会保障厅、山东省财政厅《关于2022年调整退休人员基本养老金的通知》）

二十四、2023年待遇调整

（一）调整范围

2022年12月31日前已按规定办理退休、退职手续并按月领取基本养老金的企业退休、退职人员。

（二）调整标准

1.建国前老工人

抗日战争时期及以前参加革命工作的，每人每月增加260元；解放战争时期参加革命工作的，每人每月增加210元。

本次增加的待遇，作为计发2至4个月生活补贴的基数。

（2022年7月20日，鲁人社发〔2023〕8号，山东省人力资源和社会保障厅、山东省财政厅《关于调整企业和机关事业单位建国前老工人退休待遇的通知》）

2.退休人员

（1）普遍调整。

对符合条件的退休人员，按以下三部分计算增加养老金：

①定额调整。每人每月增加41元。

②与缴费年限挂钩调整（见表2-9）。

表 2-9 与缴费年限挂钩调整标准

缴费年限	增加额
15 年及以下	每满 1 年月增加 1.2 元
16—25 年	每满 1 年月增加 1.4 元
26—35 年	每满 1 年月增加 1.6 元
36—45 年	每满 1 年月增加 1.8 元
46 年及以上	每满 1 年月增加 2.0 元

缴费年限含视同缴费年限，但不含特殊工种折算增加的年限。缴费年限不足1年的，按1年计算。

③与本人养老金水平挂钩调整。按2022年12月本人月基本养老金的1.25%计算增加。

（2）适当倾斜。

在普遍调整的基础上，对下列人员再给予适当倾斜：

2022年12月31日前，年满70周岁不满75周岁（以办理退休手续时按规定确定的出生年月计算，下同）、年满75周岁不满80周岁和年满80周岁以上的退休人员，每人每月分别提高15元、30元和60元。其中，2022年1月1日至12月31日期间达到70周岁、75周岁和80周岁的，每人每月再分别提高290元、190元和360元。

（2023年7月20日，鲁人社发〔2023〕6号，《山东省人力资源和社会保障厅 山东省财政厅关于2023年调整退休人员基本养老金的通知》）

第六节 基本养老保险遗属待遇

一、2021年9月1日之前去世人员的遗属待遇

（一）丧葬补助费和一次性救济金

1.在职、退休人员

（1）企业职工（含离退休人员）逝世后，不分职务级别，丧葬补助费的标准

调整为每人1000元。按《劳动保险条例》第13条丙款和鲁革发〔1972〕143号、国发〔1978〕104号文件规定办理退职手续并按月领取退职生活费的人员，亦按照本通知规定执行。本通知自2003年9月1日起执行。

（2003年10月21日，鲁劳社〔2003〕53号，《山东省劳动和社会保障厅 山东省财政厅关于调整企业职工丧葬补助费标准的通知》）

（2）职工（含退休人员）死亡后，有直系亲属的，发给一次性救济费。其标准为：职工因病或非因工死亡的，发给10个月全省上年度职工月平均工资的救济费。

（1993年7月29日，鲁劳发〔1993〕343号，《关于调整国有企业因工与非因工死亡职工供养直系亲属生活困难补助标准的通知》）

（3）参保人员未达到按月领取基本养老金条件时，因病或非因工死亡（以下统称在职死亡）的，按下列规定将有关死亡待遇纳入基本养老保险统筹基金支付：

按鲁劳社〔2003〕53号文件规定的丧葬补助费1000元，全额纳入统筹。

按鲁劳发〔1993〕343号文件第一条第（二）项规定的一次性救济费，根据本人缴费年限（含视同缴费年限，下同），满15年的，全额纳入统筹；不满15年的，缴费年限每满1年（不满1年按1年计算），按十五分之一纳入统筹；其余部分，仍按原渠道列支。

执行时间：2011年7月1日起。

（2013年9月2日，鲁人社办发〔2013〕92号，山东省人力资源和社会保障厅 山东省财政厅《关于参加企业职工基本养老保险人员因病或非因工死亡有关待遇纳入统筹的通知》）

（二）供养直系亲属定期生活困难补助

企业职工（含离退休人员）因病或非因工死亡，符合领取遗属生活困难补助条件的供养直系亲属，每人每月补助标准按企业所在地调整为3类：460元（胜利油田执行该标准）、410元、360元。同时下列人员再适当提高：

（1）建国前参加革命工作职工遗属的补助标准，在上述补助标准的基础上提高20%。

（2）职工遗属为孤寡一人者，在上述补助标准基础上提高10%。

（3）兼有（1）、（2）项情况的，补助标准在上述补助标准基础上提高30%。

自2012年8月7日起实行。

（2012年8月7日，鲁人社办发〔2012〕74号，《关于调整企业职工因病或非因工死亡后供养直系亲属生活困难补助标准的通知》）

自2018年10月1日起调整供养遗属生活困难补助，东营地区每人每月补助标准为530元。①建国前参加革命工作职工的遗属补助标准，在补助标准的基础上提高20%。②职工遗属为孤寡一人者，在补助标准基础上提高10%。③兼有①、②项情况的，在补助标准基础上提高30%。

（2018年11月13日，鲁人社发〔2018〕56号，《山东省人力资源和社会保障厅 山东省总工会 山东省财政厅关于调整企业职工因病或非因工死亡后供养直系亲属生活困难补助标准的通知》）

二、2021年9月1日（含）之后去世人员的遗属待遇

（一）在职人员

1.丧葬补助金标准

按照参保人员死亡时山东省上一年度城镇居民月人均可支配收入的2倍计算。

2.抚恤金标准

以死亡时山东省上一年度城镇居民月人均可支配收入为基数，根据参保人员缴费年限（包括实际缴费年限和视同缴费年限）确定发放月数。

缴费年限不满5年的，发放月数为3个月；

缴费年限满5年不满10年的，发放月数为6个月；

缴费年限满10年不超过15年（含15年）的，发放月数为9个月；

缴费年限15年以上的，每多缴费1年，发放月数增加1个月。缴费年限30年以上的，按照30年计算，发放月数最高为24个月。

（二）退休人员（含退职人员）

1.丧葬补助金标准

按照参保人员死亡时山东省上一年度城镇居民月人均可支配收入的2倍计算。

2.抚恤金标准

以死亡时山东省上一年度城镇居民月人均可支配收入为基数，根据参保人员缴费年限（包括实际缴费年限和视同缴费年限）确定发放月数。

缴费年限满10年不超过15年（含15年）的，发放月数为9个月；

缴费年限15年以上的，每多缴费1年，发放月数增加1个月。缴费年限30年以上的，按照30年计算，发放月数最高为24个月。

每领取1年基本养老金减少1个月，发放月数最低为9个月。

（2021年9月3日，鲁人社字〔2021〕109号，《山东省人力资源和社会保障厅 山东省财政厅关于转发人社部发〔2021〕18号文件做好企业职工基本养老保险遗属待遇相关工作的通知》；

2021年12月17日，鲁社保函〔2021〕29号，《关于进一步做好企业职工基本养老保险遗属待遇申报发放工作的通知》）

（三）供养直系亲属定期生活困难补助

死亡日期在2021年9月1日（含）之后的退休人员，其供养直系亲属不再享受定期生活困难补助。

国家出台离休人员、建国前老工人供养直系亲属定期生活困难补助新规定前，仍按现行规定执行。

（2021年9月3日，鲁人社字〔2021〕109号，《山东省人力资源和社会保障厅 山东省财政厅关于转发人社部发〔2021〕18号文件做好企业职工基本养老保险遗属待遇相关工作的通知》；

2021年12月17日，鲁社保函〔2021〕29号，《关于进一步做好企业职工基本养老保险遗属待遇申报发放工作的通知》）

［附］业务经办流程二维码

职工养老保险

退休资格预审核

拟退休人员缴费信息审核

基本养老金预发申报

退休办理

养老保险待遇暂停

养老保险待遇恢复

养老保险待遇终止

供养直系
亲属待遇终止

统筹内待遇发放
账号变更

统筹内养老
待遇申报

统筹外养老
待遇申报

退休人员基本信息
更正–不涉及养老金
重新核定

退休人员基本信息
更正–涉及养老金
重新核定

退休待遇更正

待遇领取人员
疑点信息核实

多发待遇追回

离退休人员
收入证明

退休人员个人账户
一次性待遇申领

供养直系亲属定期
生活困难补助申报

第三章　职工医疗保险

第一节　职工基本医疗保险

城镇所有用人单位及其职工都要参加基本医疗保险，实行属地管理，基本医疗保险费由用人单位和职工双方共同负担，基本医疗保险基金实行社会统筹和个人账户相结合。自2019年1月1日起，胜利油田职工基本医疗保险移交山东省省本级管理，执行省本级政策。

一、资金筹集

基本医疗保险费由用人单位和职工个人共同按月缴纳。其中，用人单位以本单位上年度职工月平均工资总额为缴费基数，按7%的比例缴纳，职工以上年度本人月平均工资为缴费基数，按2%的比例缴纳。在实施基本医疗保险制度的同时，建立大额医疗费用补助制度，用于解决参保职工基本医疗保险统筹基金最高支付限额以上的医疗费用。大额医疗费用补助资金按每人每月20元的标准筹集，其中从职工和退休人员的医疗保险个人账户中划拨10元，另外10元从基本医疗保险基金划拨。

（2019年4月20日，胜油医保发〔2019〕3号，《关于执行山东省直基本医疗保险政策的通知》；

2023年10月23日，胜油保字工单〔2023〕4号，《关于调整胜利油田医疗保险参保单位缴费费率的通知》；

2023年11月2日，《关于印发〈关于规范统一全省职工基本医疗保险待遇保障政策的实施方案〉的通知》）

二、个人账户计入

（1）在职职工个人缴纳的基本医疗保险费，全部划入本人个人账户。

（2）退休人员个人账户金由基本医保统筹按定额划入，70周岁以下退休人员每月划入100元，70周岁及以上的退休人员每月划入125元。

（3）在执行省直基本医疗保险个人账户资金划入标准的基础上，省直基本医疗保险划入额高于油田原划入额的，按省直政策执行；低于油田原划入额的，补齐差额部分，所需资金从补充医疗保险解决，并封定在2019年1月的水平，后期对在职职工基本医保减计金额不再补计。

（2019年4月20日，胜油医保发〔2019〕3号，《关于执行山东省直基本医疗保险政策的通知》；

2023年11月28日，鲁医保发〔2023〕47号，《山东省医疗保障局　山东省财政厅　山东省卫生健康委员会关于进一步优化完善职工基本医疗保险门诊共济保障机制有关政策的通知》）

三、待遇类别

（一）普通门诊统筹

参保职工本地就医可在胜利油田门诊统筹定点医疗机构范围内，根据病情自主选择医疗机构就诊，在选定医疗机构就医发生的门诊医疗费用，统筹基金支付设立起付标准和最高支付限额。一个医疗年度内起付标准，三级医院为800元，二级及以下医疗机构为200元，不同级别医疗机构起付标准累计计算，起付标准以下的费用由个人账户支付或个人自付。起付标准以上至最高支付限额的费用，在三级医疗机构发生的医疗费用在职职工负担25%，退休人员负担20%；在二级及以下医疗机构发生的医疗费用个人负担比例分别比三级医疗机构降低5个百分点。一个医疗年度内，统筹基金支付门诊费用最高限额为12000元，超过最高支付限额的费用通过大额医疗费补助资金和补充医疗保险资金解决。

（2019年4月20日，胜油医保发〔2019〕3号，《关于执行山东省直基本医疗保险政策的通知》；

2022 年 12 月 28 日，鲁医保发〔2022〕43 号，《关于调整完善省级直管单位职工基本医疗保险有关政策的通知》；

2023 年 11 月 30 日，鲁医保发〔2023〕48 号，《关于进一步完善省级直管单位职工基本医疗保险有关政策的通知》）

（二）门诊慢特病

需要在门诊进行恶性肿瘤（含白血病）放化疗、尿毒症透析、器官移植后抗排异治疗、精神病患者治疗，使用雷珠单抗、康柏西普、阿柏西普、地塞米松（玻璃体内植入剂）眼内注射治疗黄斑病变以及使用特立氟胺治疗多发性硬化症属于门诊慢特病范围。一个医疗年度按一次住院管理，不设起付线。

（2019 年 4 月 20 日，胜油医保发〔2019〕3 号，《关于执行山东省直基本医疗保险政策的通知》）

（三）住院

参保职工住院发生的医疗费用，统筹基金支付设立起付标准和最高支付限额。起付标准按医疗机构级别分别确定：一个医疗年度内，参保职工首次住院，三级医疗机构为1000元，二级及以下医疗机构为400元，第二次住院起付标准减半，中医医疗机构住院年度起付标准，较同级别综合医院降低20%，纳入统筹金额达不到起付线的按一次住院核算，自第三次住院起不再设立起付标准。起付标准以下的费用由个人账户支付或个人自付。起付标准以上至最高支付限额的住院医疗费用，三级医疗机构在职职工负担15%，退休人员负担 10%；二级及以下医疗机构在职职工负担10%，退休人员负担 5%。一个医疗年度内，统筹基金支付住院费用的最高限额为50万元。最高支付限额以上的费用通过大额医疗费用补助资金和补充医疗保险资金解决。

（2019 年 4 月 20 日，胜油医保发〔2019〕3 号，《关于执行山东省直基本医疗保险政策的通知》；

2022 年 12 月 28 日，鲁医保发〔2022〕43 号，《关于调整完善省级直管单位职工基本医疗保险有关政策的通知》；

2023年11月30日，鲁医保发〔2023〕48号，《关于进一步完善省级直管单位职工基本医疗保险有关政策的通知》）

（四）大额医疗费用补助

参保职工的门诊医疗费统筹基金最高支付限额以上的部分，大额医疗费用补助资金给予50%的补助，最高补助2000元。参保职工的住院医疗费统筹基金最高支付限额以上的部分，大额医疗费用补助资金给予95%的补助，上不封顶。对住院、普通门诊、门诊慢特病（含门诊单独支付药品）发生的政策范围内费用，经基本医疗保险（含大额医疗费用补助）、补充医疗保险报销后个人负担超过20000元的费用，给予60%的补助。

（2019年4月20日，胜油医保发〔2019〕3号，《关于执行山东省直基本医疗保险政策的通知》；

2022年12月28日，鲁医保发〔2022〕43号，《关于调整完善省级直管单位职工基本医疗保险有关政策的通知》）

第二节　职工补充医疗保险

企业补充医疗保险是指单位和职工参加基本医疗保险后，由单位按照需求和可能原则，适当增加医疗保险项目，提高医疗保障水平的一种补充性保险，企业补充医疗保险制度实行统一政策，统一管理、统一资金使用。

一、资金筹集

资金来源包括参保单位缴纳补充医疗保险费、资金利息及运营收入、其他收入。筹集方式与基本医疗保险缴费一致。由单位按基本医疗保险缴费基数的4%缴纳，个人不缴费。根据企业发展和资金收支情况，经补充医保委员会研究，并报经集团公司批准后，缴费比例可做适当调整。当年的企业补充医疗保险资金结余可结转下年使用。达到法定退休年龄的参保职工，累计缴费年限（含视同缴费年限）等达到山东省直基本医疗保险规定条件的，退休后不再缴纳基本和补充医疗保险费，按规定享受医疗保险待遇；达不到最低缴费年限的，应补缴基本和补充医疗保险费。

（2022年5月31日，胜油局发〔2022〕81号,《胜利油田企业补充医疗保险管理细则》；

2023年10月23日，胜油保字工单〔2023〕4号,《关于调整胜利油田医疗保险参保单位缴费费率的通知》）

二、支付项目

（一）基本医疗保险支付后由个人负担的医疗费用补助

1.门诊医疗费用补助

一个医疗年度内发生的符合基本医疗保险支付范围的普通门诊、门诊慢特病医疗费用，起付标准以上的个人负担部分给予80%补助。

（2019年12月30日，鲁医保发〔2019〕112号,《关于调整省级直管单位补充医疗保险有关政策的通知》）

2.住院医疗费用补助

一个医疗年度内发生的符合基本医疗保险支付范围的住院医疗费用，起付标准以上的个人负担部分给予90%补助。

3.职工重疾补助

一个医疗年度内发生的住院及门诊慢特病医疗费用经医疗保险报销后，1万元以上的个人负担部分给予90%补助。

（2018年6月27日，胜油保发〔2018〕12号,《关于试行职工医保重疾补助有关事宜的通知》；

2019年5月20日，胜油保发〔2019〕9号,《关于调整2018 年度重疾补助起付标准的通知》；

2020年11月27日，鲁医保发〔2020〕73号,《进一步完善我省大病保险制度的通知》）

4.特药补助

符合山东省大病保险使用范围的特殊药品费用，按药品费用的90%给予补助。

（2022年5月31日，胜油局发〔2022〕81号,《胜利油田企业补充医疗保险管理细则》）

（二）职工家庭重疾补助

参保人员配偶及子女参加城镇居民基本医疗保险的，一个医疗年度内发生的符合基本医疗保险支付范围的住院医疗费经医疗保险报销后自负费用，1万元以上的个人承担费用给予70%补助。

（2022年5月31日，胜油局发〔2022〕81号,《胜利油田企业补充医疗保险管理细则》）

（三）离退休职工疾病筛查、计划生育特殊家庭住院护理补贴

（2022年5月31日，胜油局发〔2022〕81号,《胜利油田企业补充医疗保险管理细则》）

（四）离休人员、建国前老工人、一级至六级革命残疾军人（原二等乙级以上革命伤残军人）发生的符合基本医疗保险支付范围内的门诊及住院费用，按100%支付

（2022年5月31日，胜油局发〔2022〕81号,《胜利油田企业补充医疗保险管理细则》）

第三节　职工医疗保险管理规定

一、参保缴费

（一）首次参保

用人单位应当按照国家规定依法办理职工基本医疗保险参保登记，参保职工自缴费的次月起，享受职工基本医疗保险待遇。

（二）中断缴费

参保单位因故中断缴纳基本医疗保险费的，自中断缴费的次月起暂停支付其职工的基本医疗保险待遇；参保单位从补齐欠费和滞纳金的次月起，恢复其

职工的基本医疗保险待遇。补缴中断缴费期间费用的，只计算基本医疗保险缴费年限，欠费期间发生的医疗费用不纳入医疗保险统筹基金支付，对中断缴费不超过2个月且中断缴费前缴费记录信用良好的，补齐欠费后，补缴期间发生的医疗费用可以补报。

（三）转移接续

参保职工省内跨统筹地区转移接续基本医疗保险关系的，基本医疗保险待遇享受至转出地缴费之月底。参保职工自转出地办理减员当月起，3个月内接续基本医疗保险关系并补缴中断缴费期间费用的，自参保缴费的当月起享受职工医疗保险待遇，转入地（胜利油田）按规定支付其补缴费期间发生的医疗费用；超过3个月接续基本医疗保险关系并参保缴费的，自参保缴费的次月起享受职工基本医疗保险待遇，补缴中断缴费期间费用的，只计算基本医疗保险缴费年限，欠费期间发生的医疗费用不纳入医疗保险统筹基金支付。

（四）退休最低缴费年限

参保职工累计缴费年限（含视同缴费年限，视同缴费年限具体认定参照养老保险、医疗保险相关政策确定）达到男满30 年、女满25年的，退休后不再缴纳基本医疗保险费，按规定享受基本医疗保险待遇。职工符合退休条件办理退休时，达不到最低缴费年限的，可由个人和用人单位按规定的缴费基数和比例一次性补缴基本医疗保险费和大额医疗补助资金，享受退休人员基本医保待遇；也可继续按月缴费至最低缴费年限，期间按在职人员享受基本医保待遇。

（2020 年 6 月 30 日，鲁医保发〔2020〕47 号，《山东省医疗保障局 山东省财政厅 山东省退役军人事务厅关于做好职工基本医疗保险关系转移接续有关工作的通知》；

2021 年 12 月 15 日，鲁医保发〔2021〕54 号，《关于进一步规范基本医疗保险参保缴费与待遇支付有关问题的通知》；

2022 年 8 月 8 日，《山东省医疗保障局对〈关于对鲁医保发〔2021〕54 号文件贯彻执行中有关问题的请示〉回复》）

二、待遇支付

（一）个人账户

职工医疗保险个人账户除可用于职工本人的门诊消费、药店消费及医保统筹基金报销后需个人负担的费用外，可用于支付近亲属（配偶、子女、本人的父母、配偶的父母，下同）参加居民基本医疗保险、长期护理保险的个人缴费部分；经基本医疗保险、大病保险、长期护理保险报销后按规定需个人负担的费用；本人和近亲属健康检查及在定点零售药店购买药品。职工医疗保险个人账户本金和利息归个人所有，可以结转使用和继承。

（2019年4月20日，胜油医保发〔2019〕3号，《关于执行山东省直基本医疗保险政策的通知》；

2019年12月30日，鲁医保发〔2019〕110号，《关于规范完善职工医疗保险个人账户支付有关问题的通知》）

自2019年1月1日起，为特殊待遇人员建立医疗保险个人账户，其中抗日战争时期参加革命的离休干部和建国前老工人计入标准为18000元/人·年，解放战争时期参加革命的离休干部和建国前老工人为15000元/人·年，1—6级革命伤残军人计入标准为12000元/人·年，每年1月份按全年额度计入。特殊待遇人员实行个人账户结余奖励制度，年度内发生的门诊医疗费用小于个人账户标准的部分，可一次性划入本人社会保障卡的金融账户。因各种原因未联网结算的合规医疗费用应在年度内及时报销，未报销且已经提取本年度个人账户结余奖励金的，已提取额从后续报销医疗费中扣除。

（2019年5月22日，胜油保发〔2019〕10号，《关于调整油田特殊待遇人员门诊医疗保障有关问题的通知》）

（二）统筹基金

1.基本医保药品报销规定

基本医疗保险用药范围按《国家基本医疗保险、工伤保险和生育保险药品目录（2023年）》（以下简称《2023年药品目录》）执行，《2023年药品目录》收载西药和中成药共3088种，其中西药1698种，中成药1390种。另外，还有基金可以支付的中药饮片892种。基本医疗保险基金支付药品费用时，区分甲类、乙类。属于《2023年药品目录》范围内的药品，所发生的费用按以下原则支付：

（1）使用甲类药品发生的费用，按基本医疗保险的规定支付。

（2）使用乙类药品发生的费用，先由个人自付5%，其中部分限定适用范围的药品个人负担10%后，再按照基本医疗保险的有关规定支付。医院自制西药制剂个人先自付费用的5%、中药制剂个人先自付10%后，再按照基本医疗保险有关规定支付。

（3）第四代头孢菌素、β内酰胺酶抑制剂、青霉素类复方制剂（含β内酰胺酶抑制剂）、三唑类衍生物、胃肠外营养液、肠内营养剂、其他营养剂、中成药中的肿瘤辅助用药等个人自付比例为15%。

（4）药品目录中符合基本医疗保险支付范围的中药免煎颗粒，门诊和住院就医使用时个人先自付15%后，再按基本医疗保险有关规定支付。中药膏方制剂不纳入基本医疗保险支付范围。

以下药品费用不予支付：

（1）使用超出《2023年药品目录》范围外的西药和中成药所发生的费用，基本医疗保险基金不予支付。

（2）《2023年药品目录》中所列基本医疗保险基金不予支付的中药饮片目录，药品目录内规定自费的中药饮片所发生的费用，基本医疗保险基金不予支付。

（3）不能纳入基本医疗保险用药范围的药品：①主要起营养滋补作用的药品。②部分可以入药的动物及动物脏器，干（水）果类。③用中药材和中药饮片泡制的各类酒制剂。④各类药品中果味制剂、口服泡腾剂。⑤血液制品、蛋白类制品（特殊适应与急救、抢救除外）。⑥国家和省规定的基本医疗保险基金不予支付的其他药品。

2.诊疗项目费用报销规定

（1）对目录范围内单价在200元以内的诊疗项目，按基本医疗保险政策有关规定执行，超过200元的，个人先负担10%后再按基本医疗保险有关规定支付。

（2）在符合转诊条件下，采用网络远程会诊发生的费用，个人先负担20%，再按基本医疗保险有关规定支付。

（3）普通病房床位费和门急诊简易床位费，按物价部门规定的收费标准进行支付；监护病房（CCU、ICU）和层流病房床位费个人先负担20%，再按基本医疗保险有关规定支付。

（4）采用微创技术治疗、细胞免疫技术治疗、干细胞移植技术治疗、氩氦靶向治疗、立体定向放射治疗（γ-刀、X-刀、质子刀）、人工肝支持系统治疗的项目及其他新技术、新方法等治疗项目，单次治疗费超过5000元的，个人先自付20%治疗费后，再按基本医疗保险有关规定支付。

基本医疗保险不予支付的诊疗项目：

（1）服务项目类。

院外会诊费、会诊医务人员的差旅费、病历工本费，复印费；出诊费、检查治疗加急费、点名手术附加费、优质优价费、自请特别护士费、特约上门服务费、请专家诊治费等特需医疗服务费。

（2）非疾病治疗项目类。

各类美容、健美项目以及非功能性整容、矫形手术及生理缺陷的检查治疗的医药费用以及个人使用矫形、健美器具的费用。①治疗粉刺，雀斑，痤疮疤痕，色素沉着，黑斑。②口吃，打鼾。③兔唇，鞍鼻。④对眼，斜视矫治，单眼皮改双眼皮。⑤脱痣，穿耳，平疣，腋臭。⑥护肤，面膜，倒膜。⑦冷烫睫毛，文眉，纹眼线，洗眉，修眉，祛黑头，脱毛，植发，染发。⑧洁牙，牙列不齐矫治，义齿修复（包括桩冠、套冠、全口义齿、局部义齿），种植牙，色斑牙治疗，镶牙。⑨验光配眼镜，装配假眼、假发、假肢，助听器，助行器，各种治疗鞋。⑩各种家用治疗仪器的费用。各种减肥、增胖、增高项目的一切费用。

预防、保健项目：①各种健康体检、婚前检查、出境体检等费用。②各类预防的费用。包括预防服药、预防注射、疾病普查普治、社会调查、疾病跟踪、随访的各种费用。

各种非治疗性咨询、鉴定费用：①心理咨询（精神病医疗咨询除外）费、营养咨询费、婚育咨询费、性咨询费、健康咨询费。②气功费、食疗费、体疗费、各种保健按摩费。③中风预测、健康预测、疾病预测等各种预测费。④人体信息诊断仪检查费、药浴费。⑤司法医疗鉴定、医疗事故鉴定、劳动医疗鉴定费用。

（3）诊疗设备及医用材料类。

应用正电子发射断层扫描装置（PET）、超高速CT、眼科准分子激光治疗仪。各种自用的保健、按摩、检查和治疗器械。①磁疗胸罩、磁疗裤、磁疗褥、磁疗背心、磁疗鞋、磁疗项链等。②降压手表、药枕、药垫等。③各种牵引带、拐杖等。④皮钢背心、腰围、钢头颈等。⑤胃托、护膝带、提睾带等。⑥肾托、子宫托、阴囊托、人工肛袋。

本省物价部门规定不可单独收费的一次性医用材料。

（4）治疗项目类。

①各类器官或组织移植的器官源或组织源。

②除心脏、肝脏、肺、肾脏、角膜、皮肤、血管、骨、骨髓移植外的其他器官或组织移植。

参保人员为亲属或他人无偿提供组织器官供体者，其发生的手术、检查治疗等符合医保支付范围的费用（不含器官组织源费用、器官组织源贮存费用）纳入基本医疗保险支付范围。

③近视眼矫形术。

④音乐疗法，保健性的营养疗法。

⑤戒烟、戒毒治疗，各种教学科研和临床验证的一切费用。

（5）其他。

①各种不育（孕）症、性功能障碍的检查、治疗费用，避孕药器及用具费用。②为各类会议提供医疗服务的医药费。③用于环境卫生、防暑降温、预防保健的药品费用。④不属于《山东省医疗机构收费项目及收费标准》范围内的诊疗项目。

3.医用耗材费用报销规定

（1）将符合基本医保政策规定的医用耗材纳入支付范围，对单价超过1000元的医用耗材纳入高值医用耗材管理，个人先行自付比例为15%。对单价在1000元以下的医用耗材个人先行自付比例为0%，其中，对集采非中选医用耗材，个人先行自付比例为10%。

（2）对国家和省集中带量采购中选的医用耗材，个人先行自付比例为0%。

（三）基本医疗保险不予支付的费用范围

（1）应当从工伤保险基金中支付的。

（2）应当由第三人负担的。

（3）应当由公共卫生负担的。

（4）在境外就医的。

（5）不符合基本医疗保险用药范围、诊疗项目、医疗服务设施范围和支付标准的医疗费用。

（6）其他按照国家和省规定不属于支付范围的费用。

三、就医管理

（一）本地就医联网结算

普通门诊统筹：参保职工本地就医可在胜利油田门诊统筹定点医疗机构范围内，根据病情自主选择医疗机构就诊。

门诊慢特病：患者在局内定点医疗机构就医不限定点医院，只要山东省医疗保障信息平台存在慢特病登记信息，在局内开通慢特病结算业务的定点医疗机构均可结算。

住院就医：参保人员可在定点范围内所有综合医院、专科医院根据病情需要自主选择就医。

（二）异地就医联网结算

参保人省内跨市临时外出就医不需办理备案手续，就医费用持卡（码）直接联网结算。省内、省外异地长期居住、省外临时外出就医需先办理备案手续，再持卡（码）联网结算。

1.人员分类

（1）异地长期居住人员。

将异地安置退休人员、常驻异地工作人员、长期异地居住人员，统一整合简化为“异地长期居住人员”。异地长期居住人员一般指异地居住、生活、工作6个月以上的人员。

（2）临时外出就医人员。

将转诊转院人员，自行外出就医人员，因出差、探亲、旅游等临时在外就医人员，统一简化整合为“临时外出就医人员”。

2.异地就医医保政策

（1）“异地长期居住人员”办理备案后在长期居住地就医，一次备案长期有效，享受与参保地就医相同的医保报销比例；在备案的长期居住地以外就医，按临时外出就医政策执行。

办理了“异地长期居住人员”备案后，未在备案地发生医疗费用的，可随时变更或取消备案；发生费用的在备案有效期内（备案未满6个月）确需回参保地就医的，按以下原则处理：通过提交备案就医地户籍证明、居住证或单位工作证明等材料，申请将长期异地就医备案变更回参保地的，享受与参保地同等的医保待遇；未提供上述有关证明材料，单纯采用个人承诺方式备案的，按“临时外出就医人员”医保待遇政策执行。

办理了“异地长期居住人员”备案超过6个月需变更长期异地就医地的，可申请终止原长期异地就医备案，根据实际就医需求重新办理异地就医备案。异地长期居住人员、临时外出就医人员备案后，因故申请终止备案，但终止备案前已办理异地入院手续的，办理出院结算时可直接联网结算。

（2）参保职工临时异地就医联网结算的，省内异地就医个人首先自付5%，省外异地就医个人首先自付10%。“异地长期居住人员”单纯采用个人承诺方式备案的，在备案有效期内回胜利油田及山东省内其他统筹区就医的，执行临时外出就医首先自付比例5%政策。

（3）参保职工省内跨市、跨省异地就医不受签约基层医疗机构范围和等级限制，均可享受普通门诊、住院、门诊慢特病待遇并实现联网结算，异地报销金额与本地报销金额合并计算。

（4）异地就医直接备案到就医地，不备案到具体医疗机构，参保人可在备案的就医地所有联网的普通门诊、住院以及开通相关门诊慢特病病种结算的定点医疗机构中自主选择就医，并实现直接结算。

（5）现已实现门诊慢特病异地联网结算的病种有恶性肿瘤门诊治疗、尿毒症透析、肾移植抗排异治疗、骨髓移植抗排异治疗、心移植抗排异治疗、肝移植抗排异治疗、肺移植抗排异治疗、肝肾移植抗排异治疗、精神疾病。

（6）无第三方责任外伤参保人员享受异地就医直接结算服务。符合就医地管理规定的无第三方责任外伤费用可纳入异地就医直接结算范围，对于符合就医地基本医疗保险支付范围，参保人员主诉无第三方责任的医疗费用，异地定点医疗机构可结合接诊及参保人员病情等实际情况，由参保人员填写《外伤无第三方责任承诺书》，可办理异地就医直接结算。

（7）因急诊抢救异地就医未办理备案可直接结算。参保人员因急诊抢救就医的，未办理异地就医备案的视同已备案，参保人员可按“临时外出就医人员”待遇标准直接结算相关门诊、住院医疗费用。

（8）住院期间外院检查治疗或定点药店购药相关费用纳入本次住院费用直接结算。对于异地就医患者住院期间确因病情需要到其他定点医疗机构检查治疗或到定点药店购药的，提供《住院期间外院检查治疗或定点药店购药单》，加盖定点医疗机构医疗保险办公室章，相关费用纳入本次住院费用直接结算。

（2021 年 10 月 28 日，鲁医保发〔2021〕46 号，《山东省医疗保障局　山东省财政厅关于调整我省参保人员异地就医政策有关问题的通知》；

2021 年 12 月 7 日，鲁医保函〔2021〕82 号，《关于落实鲁医保发〔2021〕46 号文件有关问题的通知》；

2022 年 9 月 9 日，鲁医保发〔2022〕26 号，山东省医疗保障局　山东省财政厅《关于转发〈国家医保局　财政部关于进一步做好基本医疗保险跨省异地就医直接结算工作的通知〉的通知》）

（三）手工报销

在已开通联网结算的定点医疗机构就医应当直接联网结算，特殊情况无法联网结算的，可申请零星报销。门诊医疗费需提供，①收费有效票据。②费用清单。住院医疗费需提供，①收费有效票据。②费用清单。③出院诊断证明。④属于意外伤害情形的，按需提供病历复印件、第三方赔付材料（或个人书面承诺书）。

四、定点结算管理

（一）区域点数法总额预算和按病种分值付费结算

（1）按病种分值付费遵循“总额预算、病种赋值、月预结算、年度清算”的原则，实行统一总额预算管理，将医保基金年度住院按病种分值可使用资金总额，以月度预拨付，年度结合监管考核进行清算支付。

（2）在油田医保基金住院总额预算范围内，全面推行住院按病种分值付费，医疗机构住院病例发生的医疗费用符合按病种分值付费管理的，纳入按病种分值付费结算。肿瘤类疾病中的放疗、化疗、射频消融治疗、介入治疗、靶向治疗等治疗方式，精神类疾病，长期护理范围内疾病和国家、省、胜利油田规定按其他方式结算的病种以及尚不具备DIP条件的，不纳入DIP付费管理。

（3）DIP分值付费统筹预算基金支出总额在提取风险调剂金的基础上，经基本医疗保险统筹基金扣除普通门诊支出、门诊慢特病支出、异地联网结算支出和零星报销支出、长期护理保险支出、集采结余留用支出及病种分值结算外的住院支出后确定。

（4）胜利医保中心与医疗机构按照“基金预拨付、月度预结算、年预清算、年度清算”的方式与定点医疗机构结算。

（2022年8月25日，胜油医保发〔2022〕7号，《关于印发〈胜利油田城镇职工基本医疗保险区域点数法总额预算和按病种分值付费结算试行办法〉的通知》）

（二）按项目付费结算

普通门诊、门诊慢特病及不纳入DIP付费管理的住院费用按项目付费据实结算，经审核扣除不合理费用后，拨付给定点医疗机构。

第四节　生育保险

生育保险是国家通过立法，在职工因生育子女而暂时中断劳动时，由国家和社会及时给予生活保障和物质帮助的一项社会保险制度。

一、缴费标准

生育保险费根据“以支定收、收支平衡”的原则，生育保险和职工医疗保险合并实施后按照用人单位参加生育保险和职工基本医疗保险的缴费比例之和确定新的职工医疗保险费缴费比例。用人单位以本单位上年度在职职工工资总额为缴费基数，按0.5%的比例缴纳。职工个人不缴纳生育保险费。

（2019年12月23日，胜油医保发〔2019〕8号，《关于印发〈胜利油田全面推进生育保险和职工医疗保险合并实施方案〉的通知》）

二、享受条件

用人单位依法参加生育保险并按时足额缴纳生育保险费的，其职工按照规定享受生育保险待遇。

（2021年1月30日，山东省人民政府令第339号，《山东省企业职工生育保险规定》）

三、享受待遇

生育医疗费用和生育津贴。

（2019年4月18日，胜油医保发〔2019〕2号，《关于调整生育保险相关待遇支付标准的通知》）

四、待遇标准

（一）生育医疗费

（1）产前检查费。门诊产前检查费定额支付，支付标准：

①35周岁以下怀孕的，1390元/人·每个孕期。

②超过35周岁（含）怀孕的，1800元/人·每个孕期。

（2）住院生育医疗费结算（报销）标准：

三级医疗机构：平产3000元，剖宫产6400元；

二级及以下医疗机构：平产2700元，剖宫产5500元。

因生育并发症等原因住院生育的，其符合规定的住院医疗费超过结算（报销）标准150%（三级医疗机构：平产4500元，剖宫产9600元；二级及以下医疗机构：平产4050元，剖宫产8250元）以上的费用，据实结算。

（二）生育津贴

1.计发标准

（1）参保职工的生育津贴，按照职工所在用人单位上年度职工月平均工资除以30天乘以产假天数计发。

（2）社会保险业务委托单位参保职工的生育津贴，按照职工生育时所在单位上年度职工月平均工资除以30天乘以产假天数计发。

2.产假天数确定

计发生育津贴的产假天数为158天；难产的增加15天；多胞胎生育的每多生育一个子女增加15天。

女职工妊娠不满4个月流产的，产假为15天；妊娠4个月以上流产、引产的，产假为42天。

（2019年4月18日，胜油医保发〔2019〕2号，《关于调整生育保险相关待遇支付标准的通知》）

（三）部分计划生育手术医疗费限额支付标准

1.纳入生育保险的计划生育手术范围：职工实施放置（取出）宫内节育器、流产术、引产术、绝育及复通手术。

2.支付标准：

（1）放置或取出宫内节育器：350元。因病情需要，需住院取宫内节育器（门诊取环失败、节育器嵌顿等）：2000元。

（2）绝育手术费：1200元。

（3）复通手术费：1800元。

上述计划生育手术实际发生费用低于限额支付标准的据实报销。

3.住院保胎医疗费限额支付标准：

妊娠期间进行住院保胎治疗的，其符合规定的医疗费，可按定额3000元给予报销，实际发生额低于定额标准的据实报销；多次住院的只报销一次。

（2019年4月18日，胜油医保发〔2019〕2号，《关于调整生育保险相关待遇支付标准的通知》）

（四）生育补助金限额支付标准

男职工无工作的配偶，按照女职工因怀孕、生育发生的门诊产前检查费、住院生育医疗费的50%支付生育补助金，住院生育医疗费用低于限额标准50%的，按照实际发生费用给予补助。

（2019年4月18日，胜油医保发〔2019〕2号，《关于调整生育保险相关待遇支付标准的通知》）

五、就医管理

（1）女职工进行产检、住院生育，应到胜利油田协议管理定点医疗机构，确需到非胜利油田协议管理定点医疗机构住院生育者，应选择当地协议管理定点机构。

（2）参保男职工无业配偶进行产前检查、住院生育，可就近选择当地协议管理定点机构。

（3）参保女职工计划生育手术、与生育有关疾病治疗应到胜利油田协议管理定点医疗机构。

六、住院生育医疗费定额结算标准

住院生育医疗费定额结算是指在一个结算周期内，参保女职工在定点医疗机构发生的住院生育医疗费用，医保中心按照规定的定额标准与定点医疗机构结算。住院生育医疗费定额结算，遵循定额结算、质量控制、结余归己、超支不补的基本原则。

（1）住院生育医疗费定额结算标准，根据生育临床理论、《山东省医疗机构收费项目及收费标准》以及省直生育保障待遇，结合定点医疗机构住院生育医疗费发生情况，在双方沟通、协商的基础上，按照医院等级，分平产、剖宫产两种生育方式进行确定。

（2）在一个结算周期内，实际平均住院生育医疗费用低于定额标准85%的，按实际发生费用结算；实际平均住院生育医疗费用达到或者高于定额标准85%的，按定额标准予以结算。

（3）因生育并发症等原因住院生育的，其符合规定的住院医疗费超过定额标准150%的费用，不纳入定额结算范围，单独审核，据实结算。

（2019年5月20日，胜油医保发〔2019〕7号，《关于印发〈胜利油田生育保险住院生育医疗费定额结算管理办法〉的通知》）

第五节　职工长期护理保险

长期护理保险是指为年老、疾病、伤残等原因导致的长期失能人员提供基本生活照料和与基本生活密切相关的医疗护理资金和服务保障的医疗保险制度。

一、参保范围

参加胜利油田职工基本医疗保险的职工（含退休人员。以下统称“参保人员”）全部纳入胜利油田职工长期护理保险覆盖范围。正常享受胜利油田职工基本医疗保险待遇的参保人员，符合长期护理条件的，自核准之日起享受长期护理保险待遇。

（2021年11月12日，鲁医保发〔2021〕47号，《山东省医疗保障局 山东省民政厅 山东省财政厅 山东省卫生健康委员会中国银保监会山东监管局关于建立省直职工长期护理保险制度的通知》）

二、筹资标准

长期护理保险资金按照以收定支、收支平衡、略有结余原则筹集，实行按年缴费机制，由参保单位、参保人员个人合理分担。起步阶段参保单位缴费部分从职工医保统筹基金划转，个人缴费部分从职工医保个人账户资金中划转。

胜利油田职工长期护理保险资金暂按每人每年115元标准筹集，职工医保统筹基金、个人分别承担100元、15元。2023年起每年1月按上年12月31日参保人数一次性筹集。统一缴费日以后的新增参保人员当年度不缴纳长期护理保险费。

（2021年11月12日，鲁医保发〔2021〕47号，《山东省医疗保障局 山东省民政厅 山东省财政厅 山东省卫生健康委员会中国银保监会山东监管局关于建立省直职工长期护理保险制度的通知》）

三、保险待遇

（一）待遇享受形式

根据失能参保人员护理需求，分别确定不同的护理服务形式：

医疗专护，指定点机构开设医疗专护区，为入住本机构的参保人员提供医疗护理服务。医疗专护的服务内容，参照执行职工医保的药品、诊疗项目、医疗服务设施范围。

医养院护，指定点机构开设医养院护区，为入住本机构的参保人员提供基本生活照料和与基本生活密切相关的医疗护理服务。

居家护理，指定点机构定期指派医疗或照护人员，为符合家护准入条件的参保人员定期提供上门照护或社区日间集中照护等基本生活照料及相关医疗护理服务。

（2021年12月9日，鲁医保中心发〔2021〕52号，《关于做好省直长期护理保险待遇有关工作的通知》；

2021年12月29日，胜油医保发〔2021〕4号，《关于胜利油田职工长期护理保险待遇有关规定的通知》）

（二）待遇享受条件

失能等级按照《长期护理失能等级评估标准（试行）》（医保办发〔2021〕37号）进行评估。失能等级评定为3、4、5级的参保职工，选择定点机构并签订护理服务协议，按规定享受长期护理保险待遇。

（2024 年 7 月 1 日，胜油医保发〔2024〕4 号，《调整优化胜利油田职工长期护理保险有关规定的通知》）

（三）申请失能评定的条件

参保人员根据本人自身情况进行自评，因年老、疾病、伤残等原因长年卧床已达或预期达六个月以上，生活不能自理，病情基本稳定，经自评达到以下条件之一的，可申请失能评定：

（1）参保人员因年老、疾病、伤残等导致人身某些功能全部或部分丧失，长年生活无法自理，需要入住定点机构长期提供24小时连续医疗护理服务的。

（2）参保人员因年老、疾病、伤残等导致人身某些功能全部或部分丧失，长年生活无法自理，需要入住定点医养院护机构护理30天以上的。

（3）参保人员因年老、疾病、伤残等导致人身某些功能全部或部分丧失，长年生活无法自理，需要医护人员上门提供长期护理服务30天以上的。

（2021 年 12 月 9 日，鲁医保中心发〔2021〕52 号，《关于做好省直长期护理保险待遇有关工作的通知》；

2021 年 12 月 29 日，胜油医保发〔2021〕5 号，《关于胜利油田职工长期护理保险失能评定有关工作的通知》）

四、其他规定

（1）医疗专护的支付范围为省直基本医疗保险药品目录、诊疗项目目录、医疗服务设施范围及《胜利油田职工长期护理保险护理服务项目》；医养院护、居家护理的支付范围为《胜利油田职工长期护理保险护理服务项目》。

（2）居家护理超出支付范围、服务时间、每小时结算标准或支付限额的费用护理保险资金不予支付。

（3）医疗专护、医养院护的定额包干结算标准，由定点机构统筹使用，不得分解到个人。

（4）参保人员在享受医疗专护待遇期间，不得同时享受应由医疗保险统筹基金支付的住院、门诊慢特病、普通门诊统筹待遇；享受医养院护、居家护理人员待遇期间，可以继续按规定在本人定点医疗机构享受门诊慢特病、普通门诊统筹待遇。

（5）按照现行国家法律法规已享受相关护理待遇，以及应由第三方支付的护理费用，长期护理保险资金不再支付。

（6）对失能参保人员评估，由胜利医保中心或委托的相关机构和人员组织实施，评估费用按每人次不超过300元标准安排，从长期护理保险资金中列支。

（2021年12月9日，鲁医保中心发〔2021〕52号，《关于做好省直长期护理保险待遇有关工作的通知》；

2021年12月29日，胜油医保发〔2021〕4号，《关于胜利油田职工长期护理保险待遇有关规定的通知》；

2024年7月1日，胜油医保发〔2024〕4号，《调整优化胜利油田职工长期护理保险有关规定的通知》）

五、结算标准

（1）参保人员发生的符合规定的基本生活照料和相关的医疗护理费用，由长期护理保险资金支付90%，个人负担10%。不符合长期护理保险规定的服务费用由参保人员承担。

（2）医疗专护、医养院护实行“定额包干”的结算办法。医疗专护每床日总费用包干标准为：一级综合医疗机构、护理院、专科医院220元，二级及以上综合医疗机构260元。医养院护每床日总费用包干标准为70元。

（3）居家护理实行按项目付费和按小时付费相结合的结算办法，日均支付限额为60元。

居家护理服务包括亲情照护服务和机构照护服务，符合条件的参保职工可同时享受两项服务。

①亲情照护。失能参保职工居家享受家人、朋友、师徒等人提供的亲情照护，亲情照护主要包括饮食照料、卫生清洁、移动协助、情感交流等家庭日常生活照护。

②机构照护。机构照护服务实行服务包模式，包括洁康、护康、专业助浴等7个服务包，参保职工或亲属与定点机构协商选定服务包，选定的服务包如无特殊原因三个月内不得变更。

③亲情照护实行购买服务，补助标准为每人每天18元。机构照护服务日均限额40元。

（2021年12月9日，鲁医保中心发〔2021〕52号，《关于做好省直长期护理保险待遇有关工作的通知》；

2021年12月29日，胜油医保发〔2021〕4号，《关于胜利油田职工长期护理保险待遇有关规定的通知》；

2024年7月1日，胜油医保发〔2024〕4号，《调整优化胜利油田职工长期护理保险有关规定的通知）

第六节　职工家庭互助医疗保险

职工家庭互助医疗保险是指通过个人缴费、企业补充医疗保险补助等方式，适度提升油田职工家庭医疗保险待遇水平的一种普惠型补充保险。

一、参保范围

在胜利油田正常参加医疗保险的职工及其参加城乡居民医疗保险的配偶、子女和其他符合条件的人员。

二、资金筹集

参保人员按50元/人·年标准缴费，补充医疗保险基金按照参保职工100元/人·年的标准补助，以及工会专项费用及社会捐助等。

三、保险待遇

（1）参保人员发生的政策范围内住院费用，起付线以上部分经基本和补充医疗保险报销后，统筹报销低于85%的差额部分给予80%补助，其余20%纳入重疾补助范围。

（2）参保人员患《国家罕见病目录》所列疾病发生的相关门诊医疗费，经基本医疗保险和补充医疗保险报销后，实际报销低于85%的差额部分给予80%补助，其余20%纳入重疾补助范围。

（3）特困家庭、多人患重大疾病家庭等特殊情况的，在上述补助标准的基础上增加10%。

四、相关规定

（1）职工家庭互助医疗保险集中缴费期为每年第一季度，待遇享受自当年度1月1日起执行。

（2）职工的参保登记由社会保险中心依据医疗保险的参保登记信息办理。职工配偶和子女的参保登记由职工通过“胜利社保在线”微信公众号自助办理，线上登记不成功的可通过线下办理。

（3）职工的个人缴费由企业补充医疗保险基金统一划转，配偶、子女的个人缴费可由职工使用个人医保账户代缴或者网银缴费等，其中特困人员、孤儿（含事实无人抚养儿童）、70周岁及以上居民、重度残疾人（一级、二级）、符合条件的优抚人员个人不缴费。

（4）新生儿参加城乡居民医疗保险后，自动获取参保资格，当年不缴费即可享受待遇。

（5）参保人员就业、参军等个人情况发生变更，不再符合油田家庭互助医疗保险参保条件的，自下一年度终止参保待遇。

（6）待遇支付方式。

①住院费用补助。在油田参保的职工、居民由社会保险中心定期提取结算数据，采取二次补助的方式完成待遇支付。其他统筹区的参保居民，由个人或委托人持相关资料到社会保险中心办理。

②罕见病费用补助。参保人员或委托人持相关资料到社会保险中心办理。

［附］业务经办流程二维码

— 职工医疗和生育保险 —

参保人医疗保险信息查询

门诊统筹走点医院变更

特殊待遇人员定点医院变更

异地长期就医备案

临时外出就医备案

门诊慢特病病种待遇认定

特待人员个人账户金零星返还

职工长期护理保险待遇申办

离退休人员终止参保

特待人员个人
账户金批量返还

1–6级伤残军人
医保待遇变更

医疗保险待遇
异常情况处理

各类联网结算
报错处理

本地定点医药机构
个人账户金结算

长期护理保险
费用月结算

定点医疗机构生育
住院医疗费结算

离退休职工疾病
筛查费用结算

职工门诊慢特病
医疗费手工报销

职工普通门诊
医疗费手工报销

职工住院医疗费
手工报销

职工重疾补助

职工家庭重疾补助

职工特药补助

参保人员个人医保账户一次性支取

医疗保险定点医疗机构联网费用月结算

定点医疗机构医疗保险不合理费用扣减

异地就医业务协同

医疗保险业务运行报表统计

医保药品国标编码动态维护

医保耗材国标编码动态维护

医保服务项目国标编码动态维护

异地商户刷卡费用结算

职工医疗异地医疗费用联网结算

省内核算检测费用结算

生育津贴和产前检查费联网发放

生育医疗费、津贴支付

因生育引起疾病的医疗费报销

女职工计划生育手术医疗费报销及待遇申领

配偶无业的在职男职工生育补助金申领

第四章　工伤保险

工伤保险是指国家和社会为在生产、工作中遭受事故伤害或患职业病的劳动者及其亲属提供物质帮助的一种社会保障制度。其主要功能是：保障因工作遭受事故伤害或者患职业病的职工获得医疗救治和经济补偿；促进工伤预防和职业康复；分散用人单位的用工风险和经济负担。油田职工工伤保险于2019年1月1日纳入东营市统筹管理，统一执行东营市相关政策和标准，统一在东营市社会保险系统经办，行使东营市社会保险事业中心胜利分中心职能。

第一节　工伤保险基金

一、基金筹集

工伤保险基金由用人单位缴纳的工伤保险费、工伤保险基金的利息和依法纳入工伤保险基金的其他资金构成。

（一）单位缴费

（1）用人单位应当按时缴纳工伤保险费。职工个人不缴纳工伤保险费。用人单位缴纳工伤保险费的数额为本单位职工工资总额乘以单位缴费费率之积。

（2）非全日制用工每月单位要按时缴纳工伤保险费，职工发生工伤时，从工伤保险基金支付工伤保险待遇。标准按上年度山东省全口径城镇单位就业人员平均工资的60%作为缴费基数，费率同步按工伤保险缴费费率执行。

（二）工伤费率

工伤保险费根据“以支定收、收支平衡”的原则，确定费率。

国家根据不同行业的工伤风险程度确定行业的差别费率，并根据工伤保险费使用、工伤发生率等情况在每个行业内确定若干费率档次。

第一阶段：“各省、自治区、直辖市工伤保险费平均缴费率原则上要控制在职工工资总额的1.0%左右。”

（2003年10月29日，劳社部发〔2003〕29号，《关于工伤保险费率问题的通知》）

第二阶段：自2015年10月1日起，调整现行工伤保险费率政策。将行业风险分类调整为八类，费率为0.2%—1.9%。石油和天然气开采业属第七类，费率为1.6%。

（2015年7月22日，人社部发〔2015〕71号，《人力资源社会保障部 财政部关于调整工伤保险费率政策的通知》）

自2024年1月1日起，山东省启动实施工伤保险基金省级统收统支，实现省内统一参保缴费政策。根据以支定收、收支平衡的原则，制定全省统一、行业差别化、可浮动的工伤保险费率政策。

（2023年12月27日，鲁人社发〔2023〕18号，《山东省人力资源和社会保障厅等7部门关于推进完善工伤保险基金省级统筹的实施意见》）

胜利油田参保单位工伤保险缴费费率执行情况：

（1）1996年1月—2019年4月，费率为1%。

（2）2019年5月—2020年1月，实行阶段性降费，费率为0.5%。

（3）2020年2月—2020年6月，因新冠疫情实行阶段性减免，费率为0.25%。

（4）2020年7月—2023年12月，费率为0.5%。

（5）2024年1月至今，一户征收，分户征缴，实行全省统一的浮动行业差别基准费率。

二、预留储备金

工伤保险基金应当留有一定比例的储备金，用于统筹地区重大事故的工伤保险待遇支付；储备金不足支付的，由统筹地区的人民政府垫付。

（2010年12月20日，国务院令第586号，《国务院关于修改〈工伤保险条例〉的决定》）

工伤保险储备金按统筹地区当年工伤保险基金征缴额10%的比例提取，储备金累计结余额不超过当年工伤保险基金征缴额的30%。工伤保险储备金的使用由统筹地区社会保险经办机构提出申请，经同级人力资源社会保障行政部门和财政部门同意，报同级人民政府批准。储备金一经使用，应及时补足差额。储备金不足支付的，由统筹地区人民政府垫付。

（2011年7月1日，鲁政发〔2011〕25号,《山东省贯彻〈工伤保险条例〉实施办法》）

三、基金使用范围

（1）治疗工伤的医疗费用和康复费用。

（2）经确认安装配置伤残辅助器具所需费用。

（3）住院伙食补助费。

（4）经批准到统筹地区以外就医、配置辅助器具的交通食宿费。

（5）生活不能自理的，经劳动能力鉴定委员会确认的生活护理费。

（6）一次性伤残补助金和一级至四级伤残职工按月领取的伤残津贴。

（7）终止或解除劳动合同时，应享受的一次性医疗补助金。

（8）因工死亡的丧葬补助金、一次性工亡补助金和供养亲属抚恤金。

（9）劳动能力鉴定费。

（10）工伤预防的宣传、培训费用。

（11）法律、法规规定的用于工伤保险的其他费用。

第二节　工伤认定、劳动能力鉴定

一、工伤认定

（一）认定范围

职工应当参加工伤保险，职工在生产、工作中受到事故伤害和患职业性疾病属于工伤认定范围。

（二）认定条件

1.职工有下列情形之一的，应当认定为工伤

（1）在工作时间和工作场所内，因工作原因受到事故伤害的。

（2）工作时间前后在工作场所内，从事与工作有关的预备性或者收尾性工作受到事故伤害的。

（3）在工作时间和工作场所内，因履行工作职责受到暴力等意外伤害的。

（4）患职业病的。

（5）因工外出期间，由于工作原因受到伤害或者发生事故下落不明的。

（6）在上下班途中，受到非本人主要责任的交通事故或者城市轨道交通、客运轮渡、火车事故伤害的。

（7）法律、行政法规规定应当认定为工伤的其他情形。

（8）职工有下列情形之一的，视同工伤：

a.在工作时间和工作岗位，突发疾病死亡或者在48小时之内经抢救无效死亡的。

b.在抢险救灾等维护国家利益、公共利益活动中受到伤害的。

c.职工原在军队服役，因战、因公负伤致残，已取得革命伤残军人证，到用人单位后旧伤复发的。

2.有下列情形之一的，不得认定为工伤或者视同工伤

（1）故意犯罪的。

（2）醉酒或者吸毒的。

（3）自残或者自杀的。

（三）认定程序

职工发生事故伤害或者按照职业病防治法规定被诊断、鉴定为职业病，所在单位应当自事故伤害发生之日或者被诊断、鉴定为职业病之日起30日内，向统筹地区社会保险行政部门提出工伤认定申请。遇有特殊情况，经报社会保险行政部门同意，申请时限可以适当延长。

用人单位未按上述规定提出工伤认定申请的，工伤职工或者其近亲属、工会组织在事故伤害发生之日或者被诊断、鉴定为职业病之日起1年内，可以直接向用人单位所在地统筹地区社会保险行政部门提出工伤认定申请。

（2010年12月20日，国务院令第586号，《国务院关于修改〈工伤保险条例〉的决定》）

1.认定申请

（1）单位申请：

①受伤职工或其亲属应向职工所在基层单位提出申请，填写《工伤认定申请表》，并按照单位要求提供相应申报资料。

②基层单位审核书面申请材料并报送直属单位，直属单位组织人事部门负责对申请材料审查核实，并自事故伤害发生之日或者被诊断、鉴定为职业病之日起15日内报送油田人力资源部门。

③油田人力资源部门收到工伤认定申请后，在15日内对提交的材料进行审核。材料完整的，作出受理或者不予受理的决定，并报送东营市人力资源和社会保障局；材料不完整的，一次性书面告知工伤认定申请人需要补正的全部材料。

④申请人按照书面告知要求补正材料后，油田人力资源部门应当在15日内作出受理或不予受理决定。

⑤遇有特殊情况，因交通事故、失踪、因工外出期间发生事故伤害及受到其他不可抗力因素影响，不能在规定时限内上报工伤认定申请的，报经油田人力资源部门同意后，申请时限可以延长15日，但超出30天申报工伤认定的，不再受理单位申请。

（2）个人申请：

①各单位未在规定的期限内报送工伤认定申请的，受伤害职工或者其近亲属、工会组织可以在事故伤害发生之日或者被诊断、鉴定为职业病之日起1年内，个人申报认定工伤，申报材料由单位报送油田人力资源部门；超出一年，不再受理工伤认定申请。

②油田人力资源部门自收到工伤认定申请材料15日内完成复核，作出受理

或不予受理决定，并向东营市人力资源和社会保障局报送。

③自2021年10月起，东营市辖区内在胜利油田参加工伤保险的改制企业，员工工伤认定及劳动能力鉴定执行新规定：在地方已开户参保的员工，其在胜利油田参加工伤保险的员工工伤认定和劳动能力鉴定向地方参保地社会保障行政部门申请；在地方未开户参保的，其在胜利油田参加工伤保险的员工工伤认定和劳动能力鉴定向注册地社会保障行政部门申请。

（2010年12月20日，国务院令第586号，《国务院关于修改〈工伤保险条例〉的决定》；

2011年1月1日，人力资源社会保障部令第8号，《工伤认定办法》；

2021年10月8日，东人社字〔2021〕98号，《东营市人力资源和社会保障局关于在胜利油田参加工伤保险的改制企业和员工工伤认定及劳动能力鉴定有关问题的通知》；

2022年1月1日，《东营市工伤认定办事指南及办理流程》）

2. 申请材料

提出工伤认定申请应当提交下列材料：

（1）工伤认定申请表。

（2）伤者或死者居民身份证复印件。

（3）伤者或死者家属委托律师或其他人代理申请工伤认定的，前者需提交律师事务所函和伤者或死者家属的授权委托书，律师证复印件；后者需提交伤者或死者家属的授权委托书和代理人的居民身份证。

（4）医疗机构出具的受伤后的诊断证明书，或者职业病诊断机构（或鉴定机构）出具的职业病诊断证明书（或职业病诊断鉴定书）。

（5）受伤害职工就医后医院出具的完整病历资料。

（6）与用人单位存在劳动关系（包括事实劳动关系）的证明材料。

（7）申报工伤的公示材料。

（8）受伤经过视频等其他佐证材料。

工伤认定申请表应注明事故者的个人自然信息情况、事故发生的时间、地点、经过、受伤原因以及职工伤害程度等基本情况。

工伤认定申请人提供材料不完整的，社会保险行政部门应当一次性书面告知工伤认定申请人需要补正的全部材料。申请人按照书面告知要求补正材料后，社会保险行政部门应当受理。

（2010年12月20日，国务院令第586号，《国务院关于修改〈工伤保险条例〉的决定》；

2022年1月1日，《东营市工伤认定办事指南及办理流程》）

3.认定结论

社会保险行政部门应当自受理工伤认定申请之日起60日内作出工伤认定的决定，并书面通知申请工伤认定的职工或者其近亲属和该职工所在单位。

社会保险行政部门对受理的事实清楚、权利义务明确的工伤认定申请，应当在15日内作出工伤认定的决定。

作出工伤认定决定需要以司法机关或者有关行政主管部门的结论为依据的，在司法机关或者有关行政主管部门尚未作出结论期间，作出工伤认定决定的时限中止。

二、劳动能力鉴定

劳动能力鉴定是指由劳动能力鉴定机构根据当事人的申请，组织医学专家，依据国家有关标准，对劳动者伤、病情况和供养直系亲属丧失劳动能力情况，进行劳动功能障碍程度和生活自理障碍程度鉴定并作出技术性结论的活动。劳动能力鉴定结论是工伤职工享受工伤保险待遇的依据。

（一）鉴定机构

劳动能力鉴定委员会是劳动能力鉴定的法定机构。

根据《工伤保险条例》规定，省、自治区、直辖市劳动能力鉴定委员会和设区的市级劳动能力鉴定委员会分别由省、自治区、直辖市和设区的市级社会保险行政部门、卫生行政部门、工会组织、经办机构代表以及用人单位代表组成。承担劳动能力鉴定委员会日常工作的机构，其设置方式由各地根据实际情况决定。

劳动能力鉴定委员会履行下列职责：

(1)选聘医疗卫生专家，组建医疗卫生专家库，对专家进行培训和管理。

(2)组织劳动能力鉴定。

(3)根据专家组的鉴定意见作出劳动能力鉴定结论。

(4)建立完整的鉴定数据库，保管鉴定工作档案50年。

(5)法律、法规、规章规定的其他职责。

设区的市级劳动能力鉴定委员会负责本辖区内的劳动能力初次鉴定、复查鉴定。

省、自治区、直辖市劳动能力鉴定委员会负责对初次鉴定或者复查鉴定结论不服提出的再次鉴定。

(2014年4月1日，人力资源社会保障部、国家卫生和计划生育委员会令第21号，《工伤职工劳动能力鉴定管理办法》)

（二）申请主体

劳动能力鉴定由用工单位、工伤职工或者其近亲属向设区的市级劳动能力鉴定委员会提出申请，并提供工伤认定决定和职工工伤医疗的有关资料。申请主体有三种：一是用人单位，即工伤职工所在单位，也是《工伤认定决定书》中载明的用人单位；二是工伤职工本人；三是工伤职工的近亲属。

（三）鉴定内容

鉴定内容主要包括：对工伤职工劳动功能障碍程度和生活自理障碍程度组织进行技术性等级鉴定。根据工伤保险工作的需要，劳动能力鉴定还包括：工伤职工延长停工留薪期鉴定、旧伤复发鉴定、工伤职工工伤导致疾病鉴定、工伤职工辅助器具配置鉴定、因工死亡职工遗属劳动能力鉴定等。

（四）评定标准

职工工伤与职业病致残等级分为十个等级，最重的为一级，最轻的为十级。一级至四级属完全丧失劳动力，五级至六级属大部分丧失劳动能力，七级至十级属部分丧失劳动能力。生活自理障碍分为三个等级：生活完全不能自理、生活大部分不能自理和生活部分不能自理。

（2014年9月3日，GB/T 16180—2014,《劳动能力鉴定职工工伤与职业病致残程度》）

（五）鉴定程序

1.鉴定申请

职工发生工伤，经治疗伤情相对稳定后存在残疾、影响劳动能力的，或者停工留薪期满（含劳动能力鉴定委员会确认的延长期限），工伤职工或者其用人单位应当及时向设区的市级劳动能力鉴定委员会提出（初次）劳动能力鉴定申请。

2.申请材料

申请劳动能力鉴定应当填写劳动能力鉴定申请表，并提交以下材料：

（1）东营市职工劳动能力鉴定申报表，包括初次鉴定、再次鉴定、复查鉴定、辅助器具配置等。

（2）《工伤认定决定书》复印件（加盖单位公章）。

（3）居民身份证复印件检查（签字、手印）。

（4）自受伤之日至申报劳动能力鉴定期间完整有效的病历材料（必须提供受伤后初诊和治疗资料）。

（5）受伤部位5寸彩色照片。

（6）初次鉴定以外的鉴定申请，需提供之前的劳动能力鉴定结论。

单位指导职工填写《劳动能力鉴定申报表》，审核相关材料、编制材料清单、劳动能力鉴定花名册，报送油田人力资源部门。

3.材料审核

劳动能力鉴定委员会收到劳动能力鉴定申请后，应当及时对申请人提交的材料进行审核；申请人提供材料不完整的，劳动能力鉴定委员会应当自收到劳动能力鉴定申请之日起5个工作日内一次性书面告知申请人需要补正的全部资料。

4.专家组鉴定

设区的市级劳动能力鉴定委员会收到劳动能力鉴定申请后，应当视伤情程度从其建立的医疗卫生专家库中随机抽取3名或者5名与工伤职工伤情相关科别的专家组成专家组，由专家组提出鉴定意见。劳动能力鉴定委员会应当提前通知工伤职工进行鉴定的时间、地点以及应当携带的材料。工伤职工应当按照通知的时间、地点参加现场鉴定。对行动不便的职工，劳动能力鉴定委员会可以组织专家上门进行劳动能力鉴定。

专家意见不一致时，按照少数服从多数的原则确定专家组的鉴定意见。

5.鉴定结论

劳动能力鉴定委员会根据专家组的鉴定意见作出劳动能力鉴定结论。劳动能力鉴定结论书应当载明下列事项：

（1）工伤职工及其用人单位的基本信息。

（2）伤情介绍，包括伤残部位、器官功能障碍程度、诊断情况等。

（3）作出鉴定的依据。

（4）鉴定结论。

劳动能力鉴定委员会应当自收到劳动能力鉴定申请之日起60日内作出劳动能力鉴定结论，必要时，作出劳动能力鉴定结论的期限可以延长30日。

（2014年9月3日，GB/T 16180—2014，《劳动能力鉴定职工工伤与职业病致残程度》）

6.鉴定结论送达

劳动能力鉴定委员会应当自作出鉴定结论之日起20日内将劳动能力鉴定结论及时送达工伤职工及其用人单位，并抄送社会保险经办机构。

7.再次鉴定

工伤职工或者其用人单位对初次鉴定结论不服的，可以在收到该鉴定结论之日起15日内向省、自治区、直辖市劳动能力鉴定委员会申请再次鉴定。申请再次鉴定，除提供初次鉴定规定的材料外，还需提交劳动能力初次鉴定结论原件和复印件。省、自治区、直辖市劳动能力鉴定委员会作出的劳动能力鉴定结论为最终结论。

8.复查鉴定

自劳动能力鉴定结论作出之日起1年后，工伤职工、用人单位或者社会保险经办机构认为伤残情况发生变化的，可以向设区的市级劳动能力鉴定委员会申请劳动能力复查鉴定。对复查鉴定结论不服的，可以申请再次鉴定。进行再次鉴定和复查鉴定的期限，依照上面鉴定结论的规定执行。

（2010年12月20日，国务院令第586号，《国务院关于修改〈工伤保险条例〉的决定》）

第三节　因公致残保险待遇

一、工伤医疗待遇

职工因工作遭受事故伤害或者患职业病进行治疗，享受工伤医疗待遇。

（一）政策规定

（1）职工治疗工伤应当在签订服务协议的医疗机构就医，情况紧急时可以先到就近的医疗机构急救。

（2）治疗工伤所需费用符合工伤保险诊疗项目目录、工伤保险药品目录、工伤保险住院服务标准的，从工伤保险基金支付。工伤保险诊疗项目目录、工伤保险药品目录、工伤保险住院服务标准，由国务院社会保险行政部门会同国务院卫生行政部门、食品药品监督管理部门等部门规定。

（3）职工住院治疗工伤的伙食补助费，到统筹地区以外就医所需的交通、住宿费用从工伤保险基金支付，基金支付的具体标准由统筹地区人民政府规定。

（4）工伤职工治疗非工伤引发的疾病，不享受工伤医疗待遇，按照基本医疗保险办法处理。

（5）工伤职工到签订服务协议的医疗机构进行工伤康复的费用，符合规定的，从工伤保险基金支付。

（6）工伤职工工伤复发，确认需要治疗的，享受工伤医疗待遇。

（2010年12月20日，国务院令第586号，《国务院关于修改〈工伤保险条例〉的决定》）

（二）办理程序

（1）参保职工发生工伤后，首次医疗费（门诊、住院）费用实行现金结算，待职工《认定工伤决定书》下达以后，由工伤职工或亲属持就医票据、诊断证明、检查报告等相关资料到所属社保所（医保所）进行报销。原则上职工发生工伤，应在工伤保险协议医疗机构就医，情况紧急时可以先到就近的医疗机构急救，待伤情稳定后转至工伤保险协议机构继续治疗。

（2）参保职工发生工伤事故以后需要再进行治疗的，到医疗费已实现联网结算的工伤保险协议机构就医的，持社保卡等身份证件直接联网结算；到未实现联网结算的工伤保险协议机构就医的，先行现金结算，再持相关资料到所属社保所（医保所）进行报销。

（3）因工伤复发需要治疗的，由用人单位、工伤职工或者其近亲属提出工伤复发治疗申请，由就诊的工伤保险协议机构提出工伤复发的诊断意见，由社保所（医保所）或劳动能力鉴定委员会核准后到工伤保险协议机构就医。对工伤复发有争议的，由劳动能力鉴定委员会确定。

（4）工伤职工因伤情需要康复治疗的，由工伤职工或者其近亲属提出康复申请，填写《工伤职工康复治疗表》，经协议康复机构提供康复治疗建议后，停工留薪期内的，报职工所属社保所（医保所）进行审批；停工留薪期满后的，经市劳动能力鉴定委员会核准后，持《工伤康复期限确认通知书》，到协议康复机构进行康复治疗。

（5）涉及第三人责任的，审核工伤待遇时，还应核查以下民事伤害赔偿法律文书：

①属于交通事故或者城市轨道交通、客运轮渡、火车事故的，需提供相关的事故责任认定书、事故民事赔偿调解书。

②属于遭受暴力伤害的，需提供公安机关出具的遭受暴力伤害证明和赔偿证明资料。

③经人民法院判决或调解的，需提供民事判决书或民事调解书等证明资料。

④省、自治区、直辖市经办机构规定的其他证件和资料。

以上涉及公安交通管理部门或者其他部门出具的道路交通事故责任认定书等证明、公安机关出具的遭受暴力伤害证明，能够通过部门间信息共享获取的，无须重复提供。

根据民事伤害赔偿法律文书确定的医疗费与工伤待遇中的医疗费比较，不足部分予以补足，工伤医疗待遇不得重复享受。未确定赔偿比例或第三人支付的医疗费用金额不明确的，经办机构可要求工伤职工提供其他辅助材料以明确医疗费用分割情况。

（2022 年 6 月 14 日，人社厅发〔2022〕24 号，《人力资源社会保障部办公厅关于印发工伤保险经办规程的通知》）

（三）享受待遇范围

（1）经劳动能力鉴定委员会确认有因果关系的伤病，纳入工伤管理。

（2）用人单位未在规定的时限内提交工伤认定申请的，在此期间发生的费用由用人单位负担。这里用人单位承担工伤待遇等有关费用的期间是指从事故伤害发生之日或职业病确诊之日起到劳动保障行政部门受理工伤认定申请之日（不含申请当日）止。

（3）疑似职业病病人在诊断、医学观察期间的费用，由用人单位承担。职业病病人的社会保障，按照国家有关工伤保险的规定执行。

［2004 年 11 月 1 日，劳社部函〔2004〕256 号，《关于实施〈工伤保险条例〉若干问题的意见》；

2011 年 7 月 1 日，鲁政发〔2011〕25 号，《山东省贯彻〈工伤保险条例〉实施办法》；

2022 年 6 月 14 日，人社厅发〔2022〕24 号，《人力资源社会保障部办公厅关于印发工伤保险经办规程的通知》；

2023 年 12 月 2 日，鲁人社规〔2023〕5 号，《山东省人力资源和社会保障厅关于明确工伤保险若干问题的意见》（自 2024 年 1 月 1 日起执行，有效期至 2028 年 12 月 31 日）］

（4）工伤职工有下列情形之一的，停止享受工伤保险待遇：

①丧失享受待遇条件的。

②拒不接受劳动能力鉴定的。

③拒绝治疗的。

（2010年12月20日，国务院令第586号，《国务院关于修改〈工伤保险条例〉的决定》）

依据《工伤保险条例》规定停止支付工伤保险待遇的，在停止支付待遇的情形消失后，自下月起恢复工伤保险待遇，停止支付的工伤保险待遇不予补发。

（2013年4月25日，人社部发〔2013〕34号，《人力资源社会保障部关于执行〈工伤保险条例〉若干问题的意见》）

（5）工伤职工在享受工伤待遇期间被判刑收监的，其工伤待遇仍按照原渠道支付。

（2022年6月14日，人社厅发〔2022〕24号，《人力资源社会保障部办公厅关于印发工伤保险经办规程的通知》）

（6）社会保险行政部门作出认定为工伤的决定后发生行政复议、行政诉讼的，行政复议和行政诉讼期间不停止支付工伤职工治疗工伤的医疗费用。

（2010年12月20日，国务院令第586号，《国务院关于修改〈工伤保险条例〉的决定》）

（四）执行标准

（1）治疗、康复标准：工伤职工进行工伤治疗和工伤康复所发生的费用，执行《国家基本医疗保险、工伤保险和生育保险药品目录》、诊疗项目目录、住院服务标准目录。工伤保险诊疗项目目录（包括医用耗材）、工伤保险住院服务标准原则上参照基本医疗保险有关规定执行。符合目录规定的，报销比例不区分甲、乙类，全部纳入统筹。

（2）伙食补助费标准：职工住院治疗工伤的住院伙食补助费按照上年度全省城镇居民日人均消费支出额的35%确定，根据住院期间的实际天数计算。异地就医的医院外伙食补助费按职工住院治疗工伤期间的伙食补助费标准执行，限支付2天。

（3）交通、住宿费标准：外出就医的，交通费、院外住宿费按照当地机关事业单位一般工作人员城市间交通费、住宿费标准执行。乘坐公交长途客运汽车（不包括出租汽车）、城市轨道、火车（硬座、硬卧、动车二等座）、轮船（三等舱）的实际费用据实报销，未按规定乘坐交通工具的，超出规定的部分自理。

（2011年12月29日，东政发〔2011〕28号，《东营市人民政府关于印发东营市工伤保险办法的通知》；

2020年3月18日，鲁人社发〔2020〕3号，《山东省人力资源和社会保障厅 山东省财政厅关于明确有关工伤保险待遇标准的通知》；

2022年3月10日，鲁社保函〔2022〕8号，关于明确2022年山东省工伤职工住院伙食补助费标准的通知）

（五）其他情形

1.出国工作人员工伤保险待遇

《工伤保险条例》规定：职工被派遣出境工作，依据前往国家或者地区的法律应当参加当地工伤保险的，参加当地工伤保险，其国内工伤保险关系中止；不能参加当地工伤保险的，其国内工伤保险关系不中止。

油田《派驻海外工作员工薪酬福利管理实施细则》规定：外派员工负伤、患病且不能坚持正常工作的，原则上回国治疗，医疗费用支付等按照国内有关规定执行；对必须在海外治疗的，医疗费用先由海外保险金冲抵，不足部分经派出单位审核后由海外单位承担。

2.先行支付的情形

（1）职工所在用人单位未依法缴纳工伤保险费，发生工伤事故的，由用人单位支付工伤保险待遇。用人单位不支付的，从工伤保险基金中先行支付。

从工伤保险基金中先行支付的工伤保险待遇应当由用人单位偿还。用人单位不偿还的，社会保险经办机构可以依照《社会保险法》的规定追偿。

（2）由于第三人的原因造成工伤，第三人不支付工伤医疗费用或者无法确定第三人的，由工伤保险基金先行支付。工伤保险基金先行支付后，有权向第三人追偿。

（2010 年 10 月 28 日，中华人民共和国主席令第 35 号，《中华人民共和国社会保险法》）

（3）个人由于第三人的侵权行为造成伤病被认定为工伤，第三人不支付工伤医疗费用或者无法确定第三人的，个人或者其近亲属可以持工伤认定决定书和有关材料向社会保险经办机构书面申请工伤保险基金先行支付，并告知第三人不支付或者无法确定第三人的情况。

（2011 年 6 月 29 日，人力资源和社会保障部令第 15 号，《社会保险基金先行支付暂行办法》；

2015 年 3 月 23 日，东人社字〔2015〕81 号，《东营市人力资源和社会保障局关于进一步规范工伤保险有关问题的通知》；

2022 年 6 月 14 日，人社厅发〔2022〕24 号，《人力资源社会保障部办公厅关于印发工伤保险经办规程的通知》；

2022 年 9 月 21 日，东营市社会保险事业中心，关于规范工伤保险医疗（康复）费、辅助器具配置费联网结算有关问题的通知）

二、辅助器具

工伤职工因日常生活或者就业需要，经劳动能力鉴定委员会确认，可以安装假肢、矫形器、假眼、假牙和配置轮椅等辅助器具，所需费用按照国家规定的标准从工伤保险基金支付。

（一）归口管理

（1）监督管理：人力资源社会保障行政部门负责工伤保险辅助器具配置的监督管理工作。

（2）协议管理：社会保险经办机构（以下称经办机构）负责对工伤保险辅助器具配置机构进行协议管理，并按照规定核付配置费用。

（3）配置确认：设区的市级（含直辖市的市辖区、县）劳动能力鉴定委员会（以下称劳动能力鉴定委员会）负责工伤保险辅助器具配置的确认工作。

（4）机构评估：省、自治区、直辖市人力资源社会保障行政部门负责制定工伤保险辅助器具配置机构评估确定办法。

（5）协议机构：经办机构按照评估确定办法，与工伤保险辅助器具配置机构签订服务协议，并向社会公布签订服务协议的工伤保险辅助器具配置机构（以下称协议机构）名单。

（6）配置目录：人力资源社会保障部组织制定国家工伤保险辅助器具配置目录，确定配置项目、适用范围、最低使用年限等内容，并适时调整。省、自治区、直辖市人力资源社会保障行政部门在国家目录确定的配置项目基础上，制定省级工伤保险辅助器具配置目录，适当增加辅助器具配置项目，并确定本地区辅助器具配置最高支付限额等具体标准。

（2016 年 2 月 16 日，部令第 27 号，《工伤保险辅助器具配置管理办法》）

（二）管理规定

（1）工伤职工应当到协议机构进行配置。

（2）工伤职工配置辅助器具的费用包括安装、维修、训练等费用，由工伤保险基金支付。参保地工伤保险辅助器具配置服务协议机构无法提供所需种类的辅助器具的，经报参保地工伤保险经办机构同意，工伤职工可以到其他地区的工伤保险辅助器具配置协议机构配置辅助器具，经办机构按照规定的目录及配置标准核定费用。

（3）辅助器具配置服务协议机构不具备配置义眼、假牙等辅助器具项目条件的，经参保地社保经办机构审核同意后，工伤职工可到工伤保险医疗服务协议机构配置。

（4）工伤职工在临床治疗中因日常生活需要等确需配置辅助器具，在辅助器具配置服务协议机构配置且符合工伤保险辅助器具配置目录和费用限额标准的，后经市级劳动能力鉴定委员会确认，工伤保险基金应按规定予以支付。

［2016 年 2 月 16 日，部令第 27 号，《工伤保险辅助器具配置管理办法》；

2022 年 6 月 14 日，人社厅发〔2022〕24 号，《人力资源社会保障部办公厅关于印发工伤保险经办规程的通知》；

2023 年 12 月 29 日，鲁人社字〔2023〕135 号，《山东省人力资源和社会保障厅等

4 部门关于印发〈山东省工伤保险省级统筹经办规程（试行）〉的通知》]

（5）辅助器具达到规定的最低使用年限的，工伤职工可以按照统筹地区人力资源社会保障行政部门的规定申请更换。工伤职工因伤情发生变化，需要更换主要部件或者配置新的辅助器具的，经向劳动能力鉴定委员会重新提出确认申请并经确认后，由工伤保险基金支付配置费用。

（6）用人单位未依法参加工伤保险，工伤职工需要配置辅助器具的，按照《工伤保险辅助器具配置管理办法》的相关规定执行，并由用人单位支付配置费用。

（2016 年 2 月 16 日，部令第 27 号，《工伤保险辅助器具配置管理办法》）

（三）执行标准

《山东省工伤保险辅助器具配置目录和费用限额标准（2013年修订）》，有效期截止日期：2027年11月30日。工伤职工配置辅助器具超目录或者超出限额部分的费用，工伤保险基金不予支付。

（2016 年 2 月 16 日，部令第 27 号，《工伤保险辅助器具配置管理办法》；

2022 年 11 月 11 日，鲁人社字〔2022〕137 号，《山东省人力资源和社会保障厅继续执行〈关于重新印发山东省工伤保险辅助器具配置目录和费用限额标准的通知〉文件的通知》）

三、生活护理费

工伤职工已经评定伤残等级并经劳动能力鉴定委员会确认需要生活护理的，从工伤保险基金按月支付生活护理费。

（2010 年 12 月 20 日，国务院令第 586 号，《国务院关于修改〈工伤保险条例〉的决定》）

（一）享受范围

（1）职工离休、退休、退职后被确诊为职业病的，生活不能自理的，按劳动能力鉴定委员会确认的护理依赖程度发给生活护理费。

（2011年7月1日，鲁政发〔2011〕25号,《山东省贯彻〈工伤保险条例〉实施办法》）

（2）工伤职工办理退休手续后，经劳动能力鉴定委员会确认需要生活护理的，或护理依赖程度有变化的，从鉴定结论作出的次月起，按照新鉴定的护理依赖程度发给生活护理费。

（2013年11月27日，鲁人社发〔2013〕39号,《山东省人力资源和社会保障厅关于转发人社部发〔2013〕34号文件明确工伤保险工作若干问题的通知》）

（二）执行标准

（1）按照生活完全不能自理、生活大部分不能自理或者生活部分不能自理3个不同等级支付，标准分别为统筹地区上年度职工月平均工资的50%、40%或者30%。

（2010年12月20日，国务院令第586号,《国务院关于修改〈工伤保险条例〉的决定》）

（2）生活护理费自作出劳动能力鉴定结论的次月起计发。

（2022年6月14日，人社厅发〔2022〕24号,《人力资源社会保障部办公厅关于印发工伤保险经办规程的通知》）

（3）生活护理费由统筹地区社会保险行政部门根据职工平均工资和生活费用变化等情况适时调整。调整办法由省、自治区、直辖市人民政府规定。

四、一次性伤残补助金

职工因工致残被鉴定为一级至十级伤残的，从工伤保险基金按伤残等级支付一次性伤残补助金。

（2010年12月20日，国务院令第586号,《国务院关于修改〈工伤保险条例〉的决定》）

（一）享受范围

（1）职工在同一用人单位就业时多次发生工伤，应当按照劳动能力鉴定委员会鉴定的伤残等级分别享受一次性伤残补助金。

（2013 年 11 月 27 日，鲁人社发〔2013〕39 号，《山东省人力资源和社会保障厅关于转发人社部发〔2013〕34 号文件明确工伤保险工作若干问题的通知》）

（2）职工原在军队服役，因战、因公负伤致残，已取得革命伤残军人证，到用人单位后旧伤复发的。职工有此情形的，按照《工伤保险条例》的有关规定享受除一次性伤残补助金以外的工伤保险待遇。

（2010 年 12 月 20 日，国务院令第 586 号，《国务院关于修改〈工伤保险条例〉的决定》）

（3）工伤职工复查鉴定结论发生变化的（不含已终止工伤保险关系的人员），按照复查鉴定结论确定的伤残等级享受相应工伤待遇，享受待遇的起始时间为复查鉴定结论作出的次月，但一次性伤残补助金不再重新核定和补发。

（2013 年 11 月 27 日，鲁人社发〔2013〕39 号，《山东省人力资源和社会保障厅关于转发人社部发〔2013〕34 号文件明确工伤保险工作若干问题的通知》）

（4）已参加工伤保险职工的一次性伤残补助金由工伤保险基金支付，未参加工伤保险职工的一次性伤残补助金由用人单位支付。

（2011 年 12 月 29 日，东政发〔2011〕28 号，《东营市人民政府关于印发东营市工伤保险办法的通知》）

（二）执行标准

（1）标准为本人工资的：一级伤残27个月，二级伤残25个月，三级伤残23个月，四级伤残21个月；五级伤残18个月，六级伤残16个月；七级伤残13个月，八级伤残11个月，九级伤残9个月，十级伤残7个月。本人工资高于统筹地区职工平均工资300%的，按照统筹地区职工平均工资的300%计算；本人工资低于统筹地区职工平均工资60%的，按照统筹地区职工平均工资的60%计算。

（2010 年 12 月 20 日，国务院令第 586 号，《国务院关于修改〈工伤保险条例〉的决定》）

（2）曾经从事接触职业病危害作业、当时没有发现罹患职业病、离开工作岗位后被诊断或鉴定为职业病的符合下列条件的人员，可以自诊断、鉴定为职业病之日起一年内申请工伤认定，社会保险行政部门应当受理：

①办理退休手续后，未再从事接触职业病危害作业的退休人员。

②劳动或聘用合同期满后或者本人提出而解除劳动或聘用合同后，未再从事接触职业病危害作业的人员。

经工伤认定和劳动能力鉴定，前款①项人员符合领取一次性伤残补助金条件的，按就高原则以本人退休前12个月平均月缴费工资或者确诊职业病前12个月的月平均养老金为基数计发。前款②项人员被鉴定为一级至十级伤残、按《工伤保险条例》规定应以本人工资作为基数享受相关待遇的，按本人终止或者解除劳动、聘用合同前12个月平均月缴费工资计发。

（2013年4月25日，人社部发〔2013〕34号，《人力资源社会保障部关于执行〈工伤保险条例〉若干问题的意见》）

五、伤残津贴

（一）待遇差别

（1）职工因工致残被鉴定为一级至四级伤残的，保留劳动关系，退出工作岗位，从工伤保险基金按月支付伤残津贴，由用人单位和职工个人以伤残津贴为基数，缴纳基本医疗保险费。

（2）被鉴定为五级、六级伤残的，保留与用人单位的劳动关系，由用人单位安排适当工作。难以安排工作的，由用人单位按月发给伤残津贴，并由用人单位按照规定为其缴纳应缴纳的各项社会保险费。

（3）伤残津贴由统筹地区社会保险行政部门根据职工平均工资和生活费用变化等情况适时调整。调整办法由省、自治区、直辖市人民政府规定。

（2010年12月20日，国务院令第586号，《国务院关于修改〈工伤保险条例〉的决定》）

（4）伤残津贴自作出劳动能力鉴定结论的次月起计发。

（2022年6月14日，人社厅发〔2022〕24号，《人力资源社会保障部办公厅关于印发工伤保险经办规程的通知》）

（二）执行标准

（1）一级至四级伤残分别为本人工资的90%、85%、80%、75%。伤残津贴实际金额低于当地最低工资标准的，由工伤保险基金补足差额。

（2）五级、六级伤残为本人工资的70%、60%。伤残津贴实际金额低于当地最低工资标准的，由用人单位补足差额。

（3）本人工资高于统筹地区职工平均工资300%的，按照统筹地区职工平均工资的300%计算；本人工资低于统筹地区职工平均工资60%的，按照统筹地区职工平均工资的60%计算。

（4）工伤职工达到退休年龄并办理退休手续后，停发伤残津贴，按照国家有关规定享受基本养老保险待遇。基本养老保险待遇低于伤残津贴的，由工伤保险基金补足差额。

执行退休人员基本养老金调整政策，补差部分计入基本养老金调整基数。计入养老金调整基数的补差部分为，上年度每月领取的由工伤保险基金承担的金额。补差资金及因差额部分计入基本养老金基数调整待遇增加的部分，由工伤保险基金补足，随基本养老金一并发放。

自2023年5月1日起，补差部分及因差额部分计入基本养老金基数调整待遇增加的部分，由工伤保险参保地经办机构按月发放。

（2021年12月7日，鲁人社字〔2021〕140号，《关于明确一至四级工伤职工退休后伤残津贴与职工基本养老保险待遇衔接有关问题的通知》；

2023年4月27日，鲁人社字〔2023〕31号，《关于进一步明确一至四级工伤保险退休后伤残津贴与职工基本养老保险待遇衔接有关问题的通知》）

六、一次性工伤医疗补助金、一次性伤残就业补助金

（一）享受条件

（1）职工因工致残被鉴定为五级、六级伤残的，经工伤职工本人提出，该职工可以与用人单位解除或者终止劳动关系；职工因工致残被鉴定为七级至十

级伤残的，劳动、聘用合同期满终止，或者职工本人提出解除劳动、聘用合同的。凡符合以上条件之一者，参加工伤保险的，工伤职工应与用人单位、社会保险经办机构签订三方书面协议，均可以由工伤保险基金支付一次性工伤医疗补助金，由用人单位支付一次性伤残就业补助金。一次性工伤医疗补助金和一次性伤残就业补助金的具体标准由省、自治区、直辖市人民政府规定。

（2010年12月20日，国务院令第586号，《国务院关于修改〈工伤保险条例〉的决定》）

（2）未参加工伤保险的，一次性工伤医疗补助金和一次性伤残就业补助金，由用人单位支付。

（3）被鉴定为五级至十级的，原企业已经参加工伤保险的，其一次性工伤医疗补助金从工伤保险基金中支付，其一次性伤残就业补助金在资产清算时一次性拨付；未参保的，其一次性工伤医疗补助金和一次性伤残就业补助金，在资产清算时一次性拨付。

（2011年7月1日，鲁政发〔2011〕25号，《山东省贯彻〈工伤保险条例〉实施办法》）

（4）职工在同一用人单位连续工作期间多次发生工伤的，符合《工伤保险条例》第三十六条、第三十七条规定领取相关待遇时，按照其在同一用人单位发生工伤的最高伤残级别，计发一次性伤残就业补助金和一次性工伤医疗补助金。

（2013年4月25日，人社部发〔2013〕34号，《人力资源社会保障部关于执行〈工伤保险条例〉若干问题的意见》）

（5）按照《山东省人力资源和社会保障厅关于转发人社部发〔2013〕34号文件明确工伤保险工作若干问题的通知》（鲁人社发〔2013〕39号）文件规定："五级至十级工伤职工与用人单位依法解除劳动、聘用合同的，按规定领取一次性工伤医疗补助金和一次性伤残就业补助金，工伤保险关系终止"，工伤保险基金不再支付工伤保险待遇（含辅助器具配置费用）。

（2015年3月23日，东人社字〔2015〕81号，《东营市人力资源和社会保障局关于进一步规范工伤保险有关问题的通知》）

（二）执行标准

（1）以统筹地区上年度职工月平均工资为基数，一次性工伤医疗补助金标准为：五级22个月，六级18个月，七级13个月，八级10个月，九级7个月，十级4个月；一次性伤残就业补助金标准为：五级36个月，六级30个月，七级20个月，八级16个月，九级12个月，十级8个月。

（2）职工被确诊为职业病的，一次性工伤医疗补助金在上述标准基础上加发50%。

（3）工伤职工与用人单位解除或者终止劳动合同时，距法定退休年龄5年以上的，一次性工伤医疗补助金和一次性伤残就业补助金全额支付；距法定退休年龄不足5年的，每减少1年一次性伤残就业补助金递减20%。距法定退休年龄不足1年的按一次性伤残就业补助金全额的10%支付；达到法定退休年龄或者按规定办理了退休手续的，不支付一次性工伤医疗补助金和一次性伤残就业补助金。

（2011年7月1日，鲁政发〔2011〕25号，《山东省贯彻〈工伤保险条例〉实施办法》）

七、停工留薪期待遇

（1）情形：停工留薪期是指职工因工作遭受事故伤害或者患职业病后，需要暂停工作接受工伤医疗的，停工留薪期内，原工资福利待遇不变，由所在单位按月支付。

（2）时长：停工留薪期一般不超过12个月。伤情严重或者情况特殊，经劳动能力鉴定委员会确认，可以适当延长，但延长不得超过12个月。

（3）护理：生活不能自理的工伤职工在停工留薪期需要护理的，由所在单位负责。

第四节　因工死亡待遇

职工因工死亡，其近亲属按照下列规定从工伤保险基金领取丧葬补助金、供养亲属抚恤金和一次性工亡补助金。

一、待遇标准

（1）丧葬补助金：为6个月的统筹地区上年度职工月平均工资。

（2）供养亲属抚恤金：按照职工本人工资的一定比例发给由因工死亡职工生前提供主要生活来源、无劳动能力的亲属。标准为：配偶每月40%，其他亲属每人每月30%，孤寡老人或者孤儿每人每月在上述标准的基础上增加10%。核定的各供养亲属的抚恤金之和不应高于因工死亡职工生前的工资。

（3）一次性工亡补助金标准：为上一年度全国城镇居民人均可支配收入的20倍。

（2010年12月20日，国务院令第586号，《国务院关于修改〈工伤保险条例〉的决定》）

（4）伤残职工在停工留薪期内因工伤导致死亡的，其近亲属可以享受一次性工亡补助金、丧葬补助金和符合条件的供养亲属抚恤金。

（5）伤残等级为一至四级的工伤职工，停工留薪期满后死亡的，其近亲属可以享受丧葬补助金和符合条件的供养亲属抚恤金。

（2022年6月14日，人社厅发〔2022〕24号，《人力资源社会保障部办公厅关于印发工伤保险经办规程的通知》）

二、抚恤金领取

（一）领取条件

因工死亡职工供养亲属，是指该职工的配偶、子女、父母、祖父母、外祖父母、孙子女、外孙子女、兄弟姐妹。子女，包括婚生子女、非婚生子女、养子女和有抚养关系的继子女，其中，婚生子女、非婚生子女包括遗腹子女；父母，包括生父母、养父母和有抚养关系的继父母；兄弟姐妹，包括同父母的兄弟姐妹、同父异母或者同母异父的兄弟姐妹、养兄弟姐妹、有抚养关系的继兄弟姐妹。

上条规定的人员，依靠因工死亡职工生前提供主要生活来源，并有下列情形之一的，可按规定申请供养亲属抚恤金：

（1）完全丧失劳动能力的。

（2）工亡职工配偶男年满60周岁、女年满55周岁的。

（3）工亡职工父母男年满60周岁、女年满55周岁的。

（4）工亡职工子女未满18周岁的。

（5）工亡职工父母均已死亡，其祖父、外祖父年满60周岁，祖母、外祖母年满55周岁的。

（6）工亡职工子女已经死亡或完全丧失劳动能力，其孙子女、外孙子女未满18周岁的。

（7）工亡职工父母均已死亡或完全丧失劳动能力，其兄弟姐妹未满18周岁的。

（2003年9月23日，劳动保障部令第18号，《因工死亡职工供养亲属范围规定》）

（二）工亡职工供养亲属有下列情形之一，停止享受抚恤金待遇

（1）年满18周岁且未完全丧失劳动能力的。

（2）就业或参军的。

（3）工亡职工配偶再婚的。

（4）被他人或组织收养的。

（5）死亡的。

（6）享受职工基本养老保险定期待遇的。

［2003年9月23日，劳动保障部令第18号，《因工死亡职工供养亲属范围规定》；

2023年12月29日，鲁人社字〔2023〕135号，《山东省人力资源和社会保障厅等4部门关于印发〈山东省工伤保险省级统筹经办规程（试行）〉的通知》］

（三）其他情形

（1）领取抚恤金的人员，在被判刑收监执行期间，停止享受抚恤金待遇。刑满释放仍符合领取抚恤金资格的，按规定的标准享受抚恤金。

（2）供养亲属抚恤金由统筹地区社会保险行政部门根据职工平均工资和生

活费用变化等情况适时调整。调整办法由省、自治区、直辖市人民政府规定。

（2010年12月20日，国务院令第586号，《国务院关于修改〈工伤保险条例〉的决定》）

（3）职工因工外出期间发生事故或者在抢险救灾中下落不明的，从事故发生当月起3个月内照发工资，从第4个月起停发工资，由工伤保险基金向其供养亲属按月支付供养亲属抚恤金。生活有困难的，可以预支一次性工亡补助金的50%。职工被人民法院宣告死亡的，按照《工伤保险条例》第三十九条职工因工死亡的规定处理。

（2022年6月14日，人社厅发〔2022〕24号，《人力资源社会保障部办公厅关于印发工伤保险经办规程的通知》）

（4）职工因工死亡，其供养亲属享受抚恤金待遇的资格，按职工因工死亡时的条件核定。

（2004年11月1日，劳社部函〔2004〕256号，《关于实施〈工伤保险条例〉若干问题的意见》）

（5）供养亲属抚恤金从职工死亡的次月起计发。下落不明的从事故发生的第4个月起计发。

（6）一级至四级工伤职工死亡，其近亲属同时符合领取工伤保险丧葬补助金、供养亲属抚恤金待遇和职工基本养老保险丧葬补助金、抚恤金待遇条件的，由其近亲属选择领取工伤保险或职工基本养老保险其中一种。

［2016年3月28日，人社部发〔2016〕29号，《人力资源社会保障部关于执行〈工伤保险条例〉若干问题的意见（二）》］

（7）未依法参加工伤保险的职工发生工伤和用人单位未按时足额缴纳工伤保险费期间解除劳动关系的工伤职工，补缴前，职工已因工死亡（含视同因工死亡）的，其丧葬补助金、一次性工亡补助金，工伤保险基金不予支付，由用人单位支付。

（2015年3月23日，东人社字〔2015〕81号，《东营市人力资源和社会保障局关于进一步规范工伤保险有关问题的通知》）

（8）工亡职工供养亲属领取供养亲属抚恤金后，不再列为其他工亡职工的供养亲属。

［2023年12月29日，鲁人社字〔2023〕135号，《山东省人力资源和社会保障厅等4部门关于印发〈山东省工伤保险省级统筹经办规程（试行）〉的通知》］

第五节　工伤劳动管理和工伤争议、行政复议问题

一、工伤劳动管理

（一）用人单位的权利与义务

（1）《工伤保险条例》规定用人单位的基本权利主要有：

①在职工发生工作伤害或者患职业病时，由工伤保险基金支付规定的费用和待遇。

②举报监督的权利。

③对工伤认定受理或者工伤认定决定不服的，有依法提出行政复议申请或提起行政诉讼的权利。

（2）《工伤保险条例》规定用人单位的基本义务主要有：

①参加工伤保险，为本单位全部职工或雇工缴纳工伤保险费。将参加工伤保险的有关情况在本单位内公示。

②遵守有关安全生产和职业病防治的法律法规，执行安全卫生规程和标准，预防工伤事故发生，减少事故和避免职业病的危害；用人单位对接触职业危害作业的职工，在终止、解除劳动合同时或者办理退休、退职手续前，应进行职业健康检查，并将检查结果告知职工。被确诊患有职业病的，应办理工伤认定、劳动能力鉴定、待遇核定手续，并按规定享受工伤保险待遇。

③发生工伤时，采取措施使工伤职工得到及时救治。

④履行工伤认定申请和劳动能力鉴定申请的义务。

⑤支付按规定应由单位支付的有关费用和工伤职工待遇。

⑥协助社会保险行政部门对事故进行调查核实。

（二）职工的权利与义务

（1）《工伤保险条例》规定职工的基本权利主要有：

①按《工伤保险条例》规定享受工伤保险待遇的权利。

②提出工伤认定申请和劳动能力鉴定的权利。

③举报监督的权利。

④对工伤认定受理或者工伤认定决定不服的，有依法提出行政复议申请或提起行政诉讼的权利。

（2）《工伤保险条例》规定职工的基本义务主要有：

①遵守有关安全生产和职业病防治的法律法规，执行安全卫生规程和标准，预防工伤事故发生，减少事故和避免职业病的危害。

②发生事故和职业病伤害，积极配合治疗和康复。

③协助社会保险行政部门对事故进行调查核实。

（三）用人单位应重视做好工伤职工管理与服务工作

（1）首先要做好工伤职工的救治和护理。

（2）及时做好工伤认定、劳动能力鉴定、工伤保险待遇给付等手续的申请和办理。

（3）做好与工伤密切相关的停工留薪期、工伤康复期、辅助器具配置等特殊时期的管理与服务。

（4）妥善处理好工伤职工的劳动关系、岗位安排及经济补偿等后续问题。

（四）用人单位在工伤保险办理中的风险点和风险控制

（1）应当参加而未参加工伤保险的法律后果。

（2）未按时足额缴纳工伤保险费的法律后果。

（3）未在规定的时限内提交工伤认定申请的法律后果。

（4）用人单位拒不举证的法律后果。

（5）用人单位拒不协助调查的法律后果。

（6）用人单位或职工不实申请工伤认定或骗取工伤保险待遇的法律后果。

二、工伤争议问题

（1）单位未参加工伤保险的，工伤职工的待遇主张。

（2）用人单位应承担更多的举证责任。

（3）属用人单位掌握和管理的证据。

（4）属职工本人掌握、管理或取得的证据。

（5）确认劳动关系的证据。

三、行政复议问题

（1）用人单位或者个人认为社会保险费征收机构的行为侵害自己合法权益的，可以依法申请行政复议或者提起行政诉讼。用人单位或者个人对社会保险经办机构不依法办理社会保险登记、核定社会保险费、支付社会保险待遇、办理社会保险转移接续手续或者侵害其他社会保险权益的行为，可以依法申请行政复议或者提起行政诉讼。

个人与所在用人单位发生社会保险争议的，可以依法申请调解、仲裁，提起诉讼。用人单位侵害个人社会保险权益的，个人也可以要求社会保险行政部门或者社会保险费征收机构依法处理。

（2010年10月28日，中华人民共和国主席令第35号，《中华人民共和国社会保险法》）

（2）职工与用人单位发生工伤待遇方面的争议，按照处理劳动争议的有关规定处理。

（3）根据《工伤保险条例》规定，有下列情形之一的，有关单位或者个人可以依法申请行政复议，也可以依法向人民法院提起行政诉讼：

①申请工伤认定的职工或者其近亲属、该职工所在单位对工伤认定申请不予受理的决定不服的。

②申请工伤认定的职工或者其近亲属、该职工所在单位对工伤认定结论不服的。

③用人单位对经办机构确定的单位缴费费率不服的。

④签订服务协议的医疗机构、辅助器具配置机构认为经办机构未履行有关协议或者规定的。

⑤工伤职工或者其近亲属对经办机构核定的工伤保险待遇有异议的。

（2010年12月20日，国务院令第586号，《国务院关于修改〈工伤保险条例〉的决定》）

（4）用人单位对社会保险经办机构作出先行支付的追偿决定不服或者对社会保险行政部门作出的划拨决定不服的，可以依法申请行政复议或者提起行政诉讼。

个人或者其近亲属对社会保险经办机构作出不予先行支付的决定不服或者对先行支付的数额不服的，可以依法申请行政复议或者提起行政诉讼。

（2011年6月29日，人力资源和社会保障部令第15号，《社会保险基金先行支付暂行办法》）

（5）工伤职工或者其近亲属认为经办机构未依法支付辅助器具配置费用，或者协议机构认为经办机构未履行有关协议的，可以依法申请行政复议或者提起行政诉讼。

（2016年2月16日，部令第27号，《工伤保险辅助器具配置管理办法》）

（6）统筹地区人力资源社会保障行政部门应自收到工伤认定申请之日起15日内作出受理或者不予受理决定，并书面通知申请人。其中，不予受理决定中应当载明不予受理的理由、事实依据并告知申请人申请行政复议或者提起行政诉讼的时间、方式。

（2011年7月1日，鲁政发〔2011〕25号，《山东省贯彻〈工伤保险条例〉实施办法》）

（7）人力资源社会保障部门应自收到工伤认定申请之日起15日内作出受理或者不予受理决定，并书面通知申请人。其中，不予受理决定中应当载明不予受理的理由、事实依据并告知申请人申请行政复议或者提起行政诉讼的时间、方式。

（2011年12月29日，东政发〔2011〕28号，《东营市人民政府关于印发东营市工伤保险办法的通知》）

第六节 职业病

《中华人民共和国职业病防治法》规定：职业病是指企业、事业单位和个体经济组织等用人单位的劳动者在职业活动中，因接触粉尘、放射性物质和其他有毒、有害因素而引起的疾病。当前《职业病分类和目录》共列出了十大类132种职业病。与外伤事故和急性中毒相比，职业病具有一定的潜伏性和迟发性。

一、职业病诊断与职业病医疗救治

（一）职业病诊断

劳动者可以选择用人单位所在地、本人户籍所在地或者经常居住地的职业病诊断机构进行职业病诊断。职业病诊断机构应当按照《职业病防治法》《职业病诊断与鉴定管理办法》的有关规定和国家职业病诊断标准，依据劳动者的职业史、职业病危害接触史和工作场所职业病危害因素情况、临床表现以及辅助检查结果等，进行综合分析，做出诊断结论。

1.诊断程序

（1）劳动者提出申请。

劳动者可以选择向用人单位所在地、本人户籍所在地或者经常居住地的职业病诊断机构提出进行职业病诊断申请。职业病诊断需要以下材料：

①劳动者职业史和职业病危害接触史（包括在岗时间、工种、岗位、接触的职业病危害因素名称等）。

②劳动者职业健康检查结果。

③工作场所职业病危害因素检测结果。

④职业性放射性疾病诊断还需要个人剂量监测档案等资料。

⑤与诊断有关的其他资料。

（2）受理。

劳动者依法要求进行职业病诊断的，职业病诊断机构应当接诊，并告知劳动者职业病诊断的程序和所需材料。

（3）调查取证。

职业病诊断机构进行职业病诊断时，应当书面通知劳动者所在的用人单位提供其掌握的职业病诊断资料，用人单位应当在接到通知后的10日内如实提供。用人单位未在规定时间内提供职业病诊断所需要资料的，职业病诊断机构可以依法提请安全生产监督管理部门督促用人单位提供。

劳动者对用人单位提供的工作场所职业病危害因素检测结果等资料有异议，或者因劳动者的用人单位解散、破产，无用人单位提供上述资料的，职业病诊断机构应当依法提请用人单位所在地安全生产监督管理部门进行调查。

职业病诊断机构需要了解工作场所职业病危害因素情况时，可以对工作场所进行现场调查，也可以依法提请安全生产监督管理部门组织现场调查。

（4）诊断。

职业病诊断机构在进行职业病诊断时，应当组织3名以上单数职业病诊断医师进行集体诊断。职业病诊断医师应当独立分析、判断、提出诊断意见，任何单位和个人无权干预。职业病诊断机构在进行职业病诊断时，诊断医师对诊断结论有意见分歧的，应当根据半数以上诊断医师的一致意见形成诊断结论，对不同意见应当如实记录。参加诊断的职业病诊断医师不得弃权。

2.诊断证明书

职业病诊断机构做出职业病诊断结论后，应当出具职业病诊断证明书。诊断证明书应当包括以下内容：

（1）劳动者、用人单位基本信息。

（2）诊断结论。确认为职业病的，应当载明职业病的名称、程度（期别）、处理意见。

（3）诊断时间。

职业病诊断证明书应当由参加诊断的医师共同签署，并经职业病诊断机构审核盖章。

3.诊断档案

职业病诊断档案应当建立职业病诊断档案并永久保存。档案应当包括：

（1）职业病诊断证明书。

（2）职业病诊断过程记录，包括参加诊断的人员、时间、地点、讨论内容及诊断结论。

（3）用人单位、劳动者和相关部门、机构提交的有关资料。

（4）临床检查与实验室检验等资料。

（5）与诊断有关的其他资料。

（二）职业病医疗救治

《职业病防治法》对职业病患者的医疗救治做出如下规定：

（1）医疗卫生机构发现疑似职业病病人时，应当告知劳动者本人并及时通知用人单位。用人单位应当及时安排对疑似职业病病人进行诊断；在疑似职业病病人诊断或者医学观察期间，不得解除或者终止与其订立的劳动合同。疑似职业病病人在诊断、医学观察期间的费用，由用人单位承担。

（2）用人单位应当保障职业病病人依法享受国家规定的职业病待遇。用人单位应当按照国家有关规定，安排职业病病人进行治疗、康复和定期检查。用人单位对不适宜继续从事原工作的职业病病人，应当调离原岗位，并妥善安置。用人单位对从事接触职业病危害的作业的劳动者，应当给予适当岗位津贴。

（3）职业病病人的诊疗、康复费用，伤残以及丧失劳动能力的职业病病人的社会保障，按照国家有关工伤保险的规定执行。

（4）劳动者被诊断患有职业病，但用人单位没有依法参加工伤保险的，其医疗和生活保障由该用人单位承担。

二、职业病有关待遇规定

（1）《工伤保险条例》第十四条第（四）项规定，职工患职业病的，应当认定为工伤；对从事接触职业病危害作业的劳动者，用人单位应当按照国家有关规定组织上岗前、在岗期间和离岗时的职业健康检查。

用人单位和职工应当遵守有关安全生产和职业病防治的法律法规，执行安全卫生规程和标准，预防工伤事故发生，避免和减少职业病危害。职工发生工伤时，用人单位应当采取措施使工伤职工得到及时救治。

用人单位对接触职业危害作业的职工，在终止、解除劳动合同时或者办理退休、退职手续前，应进行职业健康检查，并将检查结果告知职工。被确诊患有职业病的，应办理工伤认定、劳动能力鉴定、待遇核定手续，并按规定享受工伤保险待遇。

（2010年12月20日，国务院令第586号,《国务院关于修改〈工伤保险条例〉的决定》；2011年7月1日，鲁政发〔2011〕25号,《山东省贯彻〈工伤保险条例〉实施办法》）

（2）疑似职业病病人在诊断、医学观察期间的费用，由用人单位承担。劳动者被诊断为职业病，依据《工伤保险条例》的规定，享受工伤待遇。所在单位参加了工伤保险的，相关待遇分别由工伤保险基金和用人单位支付；未参加工伤保险的，其待遇由用人单位支付。

职工受到事故伤害或者患职业病后，在参保地进行工伤认定、劳动能力鉴定，并按照参保地的规定依法享受工伤保险待遇；未参加工伤保险的职工，应当在生产经营地进行工伤认定、劳动能力鉴定，并按照生产经营地的规定依法由用人单位支付工伤保险待遇。

［2016年3月28日，人社部发〔2016〕29号,《人力资源社会保障部关于执行〈工伤保险条例〉若干问题的意见（二）》］

（3）社会保险行政部门受理工伤认定申请后，根据审核需要可以对事故伤害进行调查核实，用人单位、职工、工会组织、医疗机构以及有关部门应当予以协助。职业病诊断和诊断争议的鉴定，依照职业病防治法的有关规定执行。对依法取得职业病诊断证明书或者职业病诊断鉴定书的，社会保险行政部门不再进行调查核实。职工或者其近亲属认为是工伤，用人单位不认为是工伤的，由用人单位承担举证责任。

（2010年12月20日，国务院令第586号,《国务院关于修改〈工伤保险条例〉的决定》）

（4）职工因工作原因受到事故伤害或者患职业病，且经工伤认定的，享受工伤保险待遇；其中，经劳动能力鉴定丧失劳动能力的，享受伤残待遇。

职工因工作遭受事故伤害或者患职业病进行治疗，享受工伤医疗待遇。

职工因工作遭受事故伤害或者患职业病需要暂停工作接受工伤医疗的，在停工留薪期内，原工资福利待遇不变，由所在单位按月支付。

工伤职工在停工留薪期内，除法律规定的情形外，用人单位不得与其解除或终止劳动关系。

（2010年10月28日，中华人民共和国主席令第35号，《中华人民共和国社会保险法》；

2010年12月20日，国务院令第586号，《国务院关于修改〈工伤保险条例〉的决定》；

2011年7月1日，鲁政发〔2011〕25号，《山东省贯彻〈工伤保险条例〉实施办法》）

（5）职工治疗工伤部位或职业病所需药品按照《山东省基本医疗保险、工伤保险和生育保险药品目录》执行。

职工治疗工伤部位或职业病所需的住院服务标准、诊疗项目参照东营市基本医疗保险住院服务标准、诊疗项目目录执行，不受“自负比例”“最高费用限额”限制。

工伤职工因伤情治疗需要使用特殊医用材料（人工器官、植入介入性材料、一次性材料等）的，使用国内普及型产品（含在国内生产的中外合资型医用卫生材料），并在病历中提供经食品药品监督管理部门颁发的医用材料合格证书复印件的，由工伤保险基金承担；使用进口产品材料并提供经食品药品监督管理部门颁发的医用材料合格证书复印件的，工伤保险基金承担80%。

将普通挂号费、诊查费等工伤治疗所必需的住院服务标准和诊疗项目纳入工伤保险基金支付范围。

（2015年3月23日，东人社字〔2015〕81号，《东营市人力资源和社会保障局关于进一步规范工伤保险有关问题的通知》）

（6）职工离休、退休、退职后被确诊为职业病的，可以按规定享受工伤医疗待遇。生活不能自理的，按劳动能力鉴定委员会确认的护理依赖程度发给生活护理费。

曾经从事接触职业病危害作业、当时没有发现罹患职业病、离开工作岗位后被诊断或鉴定为职业病的符合下列条件的人员，可以自诊断、鉴定为职业病之日起一年内申请工伤认定，社会保险行政部门应当受理：

①办理退休手续后，未再从事接触职业病危害作业的退休人员。

②劳动或聘用合同期满后或者本人提出而解除劳动或聘用合同后，未再从

事接触职业病危害作业的人员。

（2011年7月1日，鲁政发〔2011〕25号,《山东省贯彻〈工伤保险条例〉实施办法》；

2013年4月25日，人社部发〔2013〕34号,《人力资源社会保障部关于执行〈工伤保险条例〉若干问题的意见》）

（7）《中华人民共和国职业病防治法》规定：

职业病病人的诊疗、康复费用，伤残以及丧失劳动能力的职业病病人的社会保障，按照国家有关工伤保险的规定执行。

职业病病人除依法享有工伤保险外，依照有关民事法律，尚有获得赔偿的权利的，有权向用人单位提出赔偿要求。

劳动者被诊断患有职业病，但用人单位没有依法参加工伤保险的，其医疗和生活保障由该用人单位承担。

（2011年12月31日，中华人民共和国主席令第52号,《全国人民代表大会常务委员会关于修改〈中华人民共和国职业病防治法〉的决定》）

（8）按照《人力资源社会保障部关于执行〈工伤保险条例〉若干问题的意见》（人社部发〔2013〕34号）第八条规定被认定为工伤的职业病人员，职业病诊断证明书（或职业病诊断鉴定书）中明确的用人单位，在该职工从业期间依法为其缴纳工伤保险费的，按《工伤保险条例》的规定，分别由工伤保险基金和用人单位支付工伤保险待遇；未依法为该职工缴纳工伤保险费的，由用人单位按照《工伤保险条例》规定的相关项目和标准支付待遇。

（2010年12月20日，国务院令第586号,《国务院关于修改〈工伤保险条例〉的决定》；

2013年4月25日，人社部发〔2013〕34号,《人力资源社会保障部关于执行〈工伤保险条例〉若干问题的意见）

三、典型案例

（一）未组织职工进行上岗前职业健康检查，应承担工伤保险责任

案情：胥某于2010年3月11日至2010年6月28日在某炭素公司从事炭素煅烧加料工作，公司未依法让其做上岗前职业健康检查。2012年9月，市疾病预

防控制中心作出职业病诊断证明书，对胥某诊断为“石墨尘肺Ⅱ期”。公司提出异议并申请重新鉴定，随后市职业病诊断鉴定委员会作出职业病诊断鉴定书，对胥某职业病诊断为“石墨尘肺Ⅱ期”。公司仍不服，向省职业病诊断鉴定委员会申请再次鉴定，省职业病诊断鉴定委员会于2013年2月作出职业病诊断鉴定书，诊断结论为“煤工尘肺Ⅱ期”，职业病危害接触史为2010年3月至2010年6月在炭素公司从事煅烧加料工作，1998年2月至2004年9月在山西临汾多个煤矿从事掘进工作。另外，2012年7月，胥某在职业健康检查中自述有气闷、胸闷3年的临床症状。2013年4月10日，胥某被当地社会保险行政部门认定为工伤。炭素公司不服，向法院提起诉讼。

裁判：本案历经了一审、二审，到最高人民法院再审。最高人民法院再审认为：

（1）《职业病诊断与鉴定管理办法》第三十六条第四款规定，职业病鉴定实行两级鉴定制，省级职业病鉴定结论为最终鉴定。依据上述规定，省职业病诊断鉴定委员会的诊断鉴定为最终鉴定。具有最终的法律效力。胥某罹患“煤工尘肺Ⅱ期”职业病的事实清楚。

（2）根据《工伤保险条例》第十九条第二款的规定，职工或者近亲属认为是工伤，用人单位不认为是工伤的，应由用人单位承担举证责任。本案工伤认定过程中，炭素公司在当地社会保险行政部门指定的举证期限内并未举示出胥某所患职业病是在其他公司形成的有效证据，胥某虽然在1998年至2004年间在山西临汾多个煤矿从事过掘进工作，并在2012年自述有“气短、胸闷3年”的症状，但并无证据证实其在此期间确已患上职业病，且该炭素公司亦未提供证据证明其已依法按照《中华人民共和国职业病防治法》第三十五条的规定，对从事接触职业病危害作业的劳动者组织上岗前职业健康检查，而是直接安排胥某从事接触职业病危害的作业，存在过错，导致无法排除胥某的职业病是在该公司工作期间罹患的可能，依法应承担相应的责任。

法院经审理维持了工伤认定决定。

（二）解除劳动合同后发现罹患职业病，还能认定为工伤吗？

案情：2010年1月至2013年1月，李某在某耐火材料厂从事成型工，长期接触石英粉尘。2013年1月25日，用人单位以李某违纪为由与其解除劳动合同。2015年4月9日，李某到市职业病防治院住院治疗，并于2015年5月21日被该院确认为“矽肺Ⅲ期+TB”。市职业病防治院出具的职业病诊断证明书的备注中记载：2012年患者在市第一医院确认为“空洞型肺结核”，现仍在服用药物治疗。李某提供社区居委会出具的证明材料及其享受城市居民最低生活保障的证件，能够证明其离开原单位后未从事其他工作。2015年6月，李某向当地社会保险行政部门提出工伤认定申请。社会保险行政部门认定李某所患职业病为工伤。用人单位不服，向法院提起诉讼。

裁判：法院认为，依据《人力资源社会保障部关于执行〈工伤保险条例〉若干问题的意见》（人社部发〔2013〕34号）第八条第一款第（二）项规定，曾经从事接触职业病危害作业、当时没有发现罹患职业病、离开工作岗位后被诊断或鉴定为职业病的人员，劳动或聘用合同期满后或者本人提出解除劳动或者聘用合同后，未再从事接触职业病危害作业的，可自诊断、鉴定职业病之日起一年内申请工伤认定，社会保险行政部门应当受理。本案中，李某在被诊断为职业病“矽肺Ⅲ期+TB”后的第二个月即向社会保险行政部门提出工伤认定申请，符合上述相关规定。

虽然用人单位以违纪为由已于2013年1月与李某解除劳动合同，李某于2015年5月才被确认为职业病，但依据李某提供的证据能够证明其离开原单位后未再从事任何工作，所患职业病为工伤。用人单位主张李某所患职业病与该单位接触职业病危害因素之间不具有关联性，但未提供反驳证据予以证明，也未能提供有效证据证明李某离开用人单位后从事过其他接触职业病危害因素的作业，故不予采信。

法院经审理维持了工伤认定决定。

（三）退休人员被诊断为职业病，还能认定为工伤吗？

案情：胡某于2008年11月从某单位退休。2011年开始，胡某在无明显诱因下出现咳嗽、多痰、胸闷、气急等症状。2015年7月，胡某经当地疾病预防控制中心诊断为职业病（尘肺Ⅱ期）。当胡某拿着诊断结论找到原工作单位要求提交工伤认定申请时，该单位负责人却拒绝了。单位认为，工伤认定的对象是与单位存在劳动关系（包括事实劳动关系）的职工，而胡某作为退休人员，与单位之间不再存在劳动关系，不具备申请工伤认定的法律主体资格。胡某自行向当地社会保险行政部门提出了工伤认定申请。

裁判： 职业病与一般的工伤有很大的不同，职业病的发病存在一个潜伏期，许多曾经从事过接触粉尘、放射性物质和其他有毒、有害物质生产工作的职工往往在退休前并未检查出患有职业病，直到退休一段时期后才被确诊。而此时退休人员已脱离用人单位，退出劳动领域，与用人单位之间不再存在劳动关系，不再是《工伤保险条例》所规定意义上的职工，如果不能得到工伤认定，就有可能丧失享受工伤待遇的权利。

《人力资源社会保障部关于执行〈工伤保险条例〉若干问题的意见》（人社部发〔2013〕34号）第八条明确规定："曾经从事接触职业病危害作业、当时没有发现罹患职业病、离开工作岗位后被诊断或鉴定为职业病的符合下列条件的人员，可以自诊断、鉴定为职业病之日起一年内申请工伤认定，社会保险行政部门应当受理：

（1）办理退休手续后，未再从事接触职业病危害作业的退休人员。

（2）劳动或聘用合同期满后或者本人提出而解除劳动或聘用合同后，未再从事接触职业病危害作业的人员。

经工伤认定和劳动能力鉴定，前款第（1）项人员符合领取一次性伤残补助金条件的，按就高原则以本人退休前12个月平均月缴费工资或者确诊职业病前12个月的月平均养老金为基数计发。前款第（2）项人员被鉴定为一级至十级伤残、按《条例》规定应以本人工资作为基数享受相关待遇的，按本人终止或者解除劳动、聘用合同前12个月平均月缴费工资计发。"

《工伤保险条例》第十九条规定："社会保险行政部门受理工伤认定申请后，根据审核需要可以对事故伤害进行调查核实，用人单位、职工、工会组织、医疗机构以及有关部门应当予以协助。职业病诊断和诊断争议的鉴定，依照职业病防治法的有关规定执行。对依法取得职业病诊断证明书或者职业病诊断鉴定书的，社会保险行政部门不再进行调查核实。"

最终，当地社会保险行政部门依据上述规定认定胡某为工伤，用人单位也接受了工伤认定决定。

第七节　法律责任

（1）单位或者个人违反《工伤保险条例》第十二条规定挪用工伤保险基金，构成犯罪的，依法追究刑事责任；尚不构成犯罪的，依法给予处分或者纪律处分。被挪用的基金由社会保险行政部门追回，并入工伤保险基金；没收的违法所得依法上缴国库。

（2）社会保险行政部门工作人员有下列情形之一的，依法给予处分；情节严重，构成犯罪的，依法追究刑事责任：

①无正当理由不受理工伤认定申请，或者弄虚作假将不符合工伤条件的人员认定为工伤职工的。

②未妥善保管申请工伤认定的证据材料，致使有关证据灭失的。

③收受当事人财物的。

（3）经办机构有下列行为之一的，由社会保险行政部门责令改正，对直接负责的主管人员和其他责任人员依法给予纪律处分；情节严重，构成犯罪的，依法追究刑事责任；造成当事人经济损失的，由经办机构依法承担赔偿责任：

①未按规定保存用人单位缴费和职工享受工伤保险待遇情况记录的。

②不按规定核定工伤保险待遇的。

③收受当事人财物的。

（4）医疗机构、辅助器具配置机构不按服务协议提供服务的，经办机构可以解除服务协议。

经办机构不按时足额结算费用的，由社会保险行政部门责令改正；医疗机构、辅助器具配置机构可以解除服务协议。

（5）用人单位、工伤职工或者其近亲属骗取工伤保险待遇，医疗机构、辅助器具配置机构骗取工伤保险基金支出的，由社会保险行政部门责令退还，处骗取金额2倍以上5倍以下的罚款；情节严重，构成犯罪的，依法追究刑事责任。

（6）从事劳动能力鉴定的组织或者个人有下列情形之一的，由社会保险行政部门责令改正，处2000元以上1万元以下的罚款；情节严重，构成犯罪的，依法追究刑事责任：

①提供虚假鉴定意见的。

②提供虚假诊断证明的。

③收受当事人财物的。

（7）用人单位依照《工伤保险条例》规定应当参加工伤保险而未参加的，由社会保险行政部门责令限期参加，补缴应当缴纳的工伤保险费，并自欠缴之日起，按日加收万分之五的滞纳金；逾期仍不缴纳的，处欠缴数额1倍以上3倍以下的罚款。

依照《工伤保险条例》规定应当参加工伤保险而未参加工伤保险的用人单位职工发生工伤的，由该用人单位按照《工伤保险条例》规定的工伤保险待遇项目和标准支付费用。用人单位参加工伤保险并补缴应当缴纳的工伤保险费、滞纳金后，由工伤保险基金和用人单位依照《工伤保险条例》的规定支付新发生的费用。

用人单位违反《工伤保险条例》第十九条的规定，拒不协助社会保险行政部门对事故进行调查核实的，由社会保险行政部门责令改正，处2000元以上2万元以下的罚款。

[附] 业务经办流程二维码

— 工伤保险 —

一次性伤残
补助金申办

一次性工伤医疗
补助金申办

工亡职工待遇
申办与审批

工伤职工伤残津贴
申办与审批

工伤职工生活护
理费申办与审批

工亡职工待遇
核准发放

工伤职工伤残
津贴发放

工伤职工生活
护理费发放

工伤医疗费
手工报销

工伤定点医疗机构
联网费用结算

工伤职工辅助器具
申请与配置

工伤待遇疑点
数据静默认证

第五章　失业保险

第一节　失业保险待遇

失业保险金是失业人员的主要失业保险待遇。失业保险的标准按照高于失业人员原单位所在地城市居民最低生活保障标准、低于失业人员原单位所在地最低工资标准的原则，由设区的市人民政府提出，经省劳动保障行政部门审核后，报省人民政府批准执行。可以根据经济发展状况、失业保险基金的承受能力等因素适时进行调整。

（2003 年 8 月 29 日，山东省人民政府令第 161 号，《山东省失业保险规定》）

一、享受条件

同时具备下列条件的失业人员，可以领取失业保险金。

（1）按规定参加失业保险，所在单位和本人已按照规定履行缴费义务满1年。

（2）非因本人意愿中断就业。

（3）已办理失业登记，并有求职要求。

失业人员在领取失业保险金期间，按照规定同时享受其他失业保险待遇。

（2003 年 8 月 29 日，山东省人民政府令第 161 号，《山东省失业保险规定》；
2010年10月28日，中华人民共和国主席令第35号，《中华人民共和国社会保险法》）

用人单位与职工终止或者解除劳动关系后，单位必须按规定为原职工办理失业保险有关手续。用人单位应当及时为失业人员出具终止或者解除劳动关系的证明，并将失业人员的名单自终止或者解除劳动关系之日起十五日内告知社会保险经办机构。

失业人员应当持本单位为其出具的终止或者解除劳动关系的证明，及时到指定的公共就业服务机构办理失业登记。

失业人员凭失业登记证明和个人身份证明，到社会保险经办机构办理领取失业保险金的手续。失业保险金领取期限自办理失业登记之日起计算。

（2010年10月28日，中华人民共和国主席令第35号，《中华人民共和国社会保险法》）

单位职工因被判刑收监执行或者被劳动教养、单位又与其解除劳动合同的，其职工可以享受失业保险待遇。原职工可在其刑满假释、劳动教养期满或解除劳动教养后申领失业保险金，并同时享受其他失业保险待遇。享受失业保险待遇的日期应自办理失业求职登记之日起计算。

（2000年9月7日，劳社厅函〔2000〕108号，《关于对刑满释放或者解除劳动教养人员能否享受失业保险待遇问题的复函》）

二、待遇构成

失业保险待遇是对符合享受失业保险待遇条件的失业人员在失业期间失去工资收入的一种经济性的补偿。山东省的失业保险待遇主要有：

（1）失业保险金。

（2）医疗保险费。

（3）在领取失业保险金期间，符合国家计划生育政策，生育子女的女失业人员生育补助金。

（4）领取失业保险金期间死亡的失业人员的丧葬补助金和其供养的配偶、直系亲属的抚恤金。

（5）领取失业保险金期间，失业人员接受职业培训、职业介绍的职业培训补贴、职业介绍补贴等。

（2003年8月29日，山东省人民政府令第161号，《山东省失业保险规定》；

2011年7月25日，鲁人社发〔2011〕61号，《关于领取失业保险期间的失业人员参加职工基本医疗保险有关问题的通知》；

2010年10月28日，中华人民共和国主席令第35号，《中华人民共和国社会保险法》）

三、待遇标准

失业人员领取失业保险金的期限，按照用人单位和失业人员本人共同履行失业保险缴费义务的累计缴费时间确定：累计缴费时间满1年不足5年的，每满1年核定3个月失业保险金，最长期限为12个月；累计缴费时间满5年不足10年的，核定18个月失业保险金；累计缴费时间满10年以上的，核定24个月失业保险金。只有农民合同制工人失业保险缴费记录且缴纳时间为12—17个月的，核定1个月失业保险金。本通知实施前已核定领取失业保险金期限的，按原核定期限执行。

失业保险金标准与最低工资标准挂钩联动，由失业保险经办机构按照失业保险金发放地最低工资标准的90%按月计发。

本通知自2023年1月1日起施行。

（2022年12月26日，鲁人社发〔2022〕25号，《山东省人力资源和社会保障厅等5部门关于进一步统一失业保险有关政策的通知》）

四、停发条件

失业人员享受失业保险待遇必须符合一定的资格条件，一旦失业人员失去了继续申领失业保险金的条件，失业保险经办机构就应该停止其失业保险待遇。一般情况下，按照规定领取失业保险金期限已满的失业人员，不再享受失业保险待遇，应立即停发失业保险金。失业人员在领取失业保险金期间有下列情形之一的，停止领取失业保险金，并同时停止享受其他失业保险待遇：

（1）重新就业的。

（2）应征服兵役的。

（3）移居境外的。

（4）享受基本养老保险待遇的。

（5）在劳动教养或判刑收监执行期间的。

（6）无正当理由，拒不接受当地政府指定的部门或者机构介绍的工作的。

（7）法律、行政法规规定的其他情形。

（2003年8月29日，山东省人民政府令第161号，《山东省失业保险规定》；

2010年10月28日，中华人民共和国主席令第35号，《中华人民共和国社会保险法》）

五、死亡待遇申领

失业人员在领取失业保险金期间死亡的，参照当地对在职职工死亡的规定，向其遗属发给一次性丧葬补助金和抚恤金。所需资金从失业保险基金中支付。个人死亡同时符合领取基本养老保险丧葬补助金、工伤保险丧葬补助金和失业保险丧葬补助金条件的，其遗属只能选择领取其中一项。

（2010年10月28日，中华人民共和国主席令第35号,《中华人民共和国社会保险法》）

除因违法犯罪死亡的外，失业人员在领取失业保险金期间死亡的，其配偶、直系亲属可以持本人身份证明、与死亡失业人员关系证明、死亡人员的失业登记证明、死亡证明向当地社会保险经办机构申请丧葬补助金和其供养的配偶、直系亲属的抚恤金。并对符合规定的按照当地有关在职职工的规定，一次性发放丧葬补助金和抚恤金。死亡失业人员的失业保险金从次月起停发，当月尚未领取的失业保险金由其家属领取。

（2003年8月29日，山东省人民政府令第161号,《山东省失业保险规定》）

六、生育补助金

女性失业人员在领取失业保险金期间，符合国家和省计划生育规定生育的，可以持失业登记证明、生育证明、生育医疗费用报销凭证，向当地社会保险经办机构申请生育补助金。社会保险经办机构应当自接到申请之日起10日内予以审核，将审核结果通知申请人，并对符合规定的按照当地生育保险的标准给予补助。

（2003年8月29日，山东省人民政府令第161号,《山东省失业保险规定》）

七、失业培训待遇

职业培训补贴和职业介绍补贴是国家为促进失业人员再就业而规定由失业保险基金开支的项目。失业人员享受职业培训补贴和职业介绍补贴是通过职业培训机构和职业介绍机构为其提供一定的免费培训服务和免费职业介绍服务或由失业保险经办机构给报销一定的职业培训费用和职业介绍费用来实现的。

失业人员在领取失业保险金期间，参加依法设立的职业培训机构组织的职业培训的，可以享受失业人员职业培训补贴（含职业技能鉴定考核费用）。同时要求，劳动保障行政部门可以根据社会就业需求和失业人员本人意愿，采取公开招标的方式确定职业培训机构，组织失业人员参加职业培训。对培训合格的，社会保险经办机构可以将失业人员的职业培训补贴直接拨付给有关职业培训机构；不合格的，由职业培训机构负责继续培训。劳动保障行政部门没有条件组织培训的，失业人员可以在经劳动保障行政部门同意后，到依法设立的职业培训机构进行培训；培训合格后，持失业登记证、职业培训收费报销凭证向当地社会保险经办机构申请职业培训补贴。失业人员在一个失业期内享受的职业培训补贴最高不得超过1500元。其中，申请数额不超过1000元的由设区的市劳动保障行政部门核准，超过1000元的由省劳动保障行政部门核准。

失业人员在领取失业保险金期间参加依法设立的职业介绍机构组织的职业介绍的，可以享受失业人员职业介绍补贴。并要求公益性职业介绍机构应当免费为失业人员介绍职业；对失业人员通过非公益性职业介绍机构介绍职业的，职业介绍补贴由失业人员持失业登记证、职业介绍收费报销凭证，向当地社会保险经办机构申请。失业人员在一个失业期内享受的职业介绍补贴最高不得超过200元。

（2003年8月29日，山东省人民政府令第161号，《山东省失业保险规定》）

第二节　失业保险关系转移

一、用人单位失业保险关系的转移

城镇企业事业单位成建制跨统筹地区转移或职工在职期间跨统筹地区转换工作单位的，失业保险关系应随之转迁。

（1）跨省、自治区、直辖市的，其在转出前单位和职工个人缴纳的失业保险费不转移。

（2）在省、自治区内跨统筹地区的，是否转移失业保险费由省级劳动保障行政部门确定。

转出地失业保险经办机构应为转出单位或职工开具失业保险关系转迁证明。

转出单位或职工应在开具证明后60日内到转入地经办机构办理失业保险关系接续手续，并自在转出地停止缴纳失业保险费的当月起，按转入地经办机构核定的缴费基数缴纳失业保险费。转出前后的缴费时间合并计算。转入地经办机构应及时办理有关手续，并提供相应服务。

（2002年3月19日，劳社厅函〔2002〕117号，《劳动和社会保障部办公厅关于单位成建制跨统筹地区转移和职工在职期间跨统筹地区转换工作单位时失业保险关系转迁有关问题的通知》）

二、职工失业保险关系的转移

（一）跨失业保险统筹地区转移

职工跨统筹地区失业保险关系的转移，包括从省内一个市转到另一个市，也包括从省内转到省外或从省外转到省内等。这种转移如同参保单位失业保险关系转移，只转关系不转资金，由转出地失业保险经办机构证明该职工所在单位及其本人缴纳失业保险费的情况即可。职工在迁入地失业的，其在迁出地的缴费时间与迁入地的缴费时间合并计算，作为迁入地社会保险经办机构计算其享受失业保险金期限的缴费时间。如果该职工和所在单位欠费的，单位和职工应在迁出地补齐后再办理转移手续。缴足的，从迁入的次月起，按迁入地规定的标准向迁入地失业保险经办机构缴纳失业保险费。

（2003年8月29日，山东省人民政府令第161号，《山东省失业保险规定》）

（二）跨不同单位转移

职工跨不同单位失业保险关系的转移，主要涉及转出单位和转入单位是否按规定参加或未参加失业保险的问题。职工失业保险关系的转移应根据转出单位和转入单位参保情况，分别按以下四种具体情形办理：

（1）按规定，职工的转出单位和转入单位都已参加了失业保险。职工在这类单位之间转移，其失业保险关系的转移如同跨统筹地区转移一样，只转职工的失业保险关系，不转移已缴纳的失业保险费用，但失业保险缴费的时间应连续起来，不得中断。

（2）职工由按规定不参加失业保险的单位，进入按规定已参加失业保险的单位。这种情况的转移，职工应当在转入新单位领取工资的当月起，按规定的缴费基数和比例缴纳失业保险费，其原有的工作时间视同缴费年限。

（3）职工由按规定已参加失业保险的单位，进入按规定不参加失业保险的单位。这种情况的转移，职工应自转入新单位的当月起，按规定不再缴纳失业保险费。原缴纳的失业保险费不转移，也不退还给本人。

（4）按规定，职工的转出单位和转入单位都不应参加失业保险。职工在这类单位之间转移，不存在失业保险关系的转移问题。

三、失业人员失业保险关系的转移

失业人员失业保险关系的转移，不同于在职职工失业保险关系的转移。失业人员转移失业保险关系不仅将失业人员目前失业保险情况转移至迁入地失业保险经办机构，而且还应转移失业人员应享受的失业保险待遇资金。失业人员失业保险关系转移后，应当按转入地失业保险的有关规定享受失业保险待遇，并由转入地提供相应的再就业服务。

《山东省失业保险规定》第二十八条第二款规定：失业人员领取失业保险金期间在本省跨统筹地区转迁的，其在迁出地缴纳失业保险费的记录、失业保险关系和尚未享受的失业保险待遇随同转迁，迁入地的社会保险经办机构应当按照本地的标准计算并核发失业人员剩余期限的失业保险待遇。

第三节　职业技能补贴

一、申领条件

符合以下条件的企业职工，可申领技能提升补贴：

（1）依法参加失业保险，职业资格证书或职业技能等级证书核发之日累计缴纳失业保险费12个月（含12个月）以上。

（2）本年度内取得初级（五级）、中级（四级）、高级（三级）职业资格证书或职业技能等级证书。证书要在技能人才评价证书全国联网查询系统（zscx.osta.org.cn）上可以查询到。

职工应在职业资格证书或职业技能等级证书核发之日起12个月内，向本人失业保险参保地失业保险经办机构提出申请。

（2017年6月30日，鲁人社规〔2017〕15号，《山东省人力资源和社会保障厅》山东省财政厅关于失业保险支持参保职工提升职业技能有关问题的通知》；

2022年5月24日，鲁人社发〔2022〕12号，《山东省人力资源和社会保障厅 山东省财政厅 国家税务总局山东省税务局关于贯彻落实失业保险稳岗位提技能防失业政策的通知》）

二、补贴标准

职业资格证书或职业技能等级证书应为列入国家职业资格目录清单或职业技能等级目录内的证书。技能提升补贴标准根据不同等级职业资格证书或职业技能等级证书确定。职工取得初级（五级）、中级（四级）和高级（三级）职业资格证书或职业技能等级证书的，补贴标准分别为1000元、1500元和2000元。

同一职业（工种）同一等级只能申请并享受一次技能提升补贴，不同等级可分别申请享受技能提升补贴。不同职业（工种）可按等级分别申请享受技能提升补贴。省内参加失业保险，非本省考取的证书，符合条件的可申请享受技能提升补贴。每人每年享受补贴次数不超过3次，与就业补助资金、职业技能提升行动专账资金列支的职业培训补贴不得同时享受。

（2017年6月30日，鲁人社规〔2017〕15号，《山东省人力资源和社会保障厅 山东省财政厅关于失业保险支持参保职工提升职业技能有关问题的通知》；

2022年5月24日，鲁人社发〔2022〕12号，《山东省人力资源和社会保障厅 山东省财政厅 国家税务总局山东省税务局关于贯彻落实失业保险稳岗位提技能防失业政策的通知》）

三、实施期限

政策执行期限至2022年12月31日。

（2022年5月24日，鲁人社发〔2022〕12号，《山东省人力资源和社会保障厅 山东省财政厅 国家税务总局山东省税务局关于贯彻落实失业保险稳岗位提技能防失业政策的通知》）

第四节　稳岗补贴

一、政策内容

参保企业上年度未裁员或裁员率不高于上年度全国城镇调查失业率控制目标（5.5%），30人（含）以下的参保企业裁员率不高于20%，可按规定享受稳岗返还政策。大型企业按企业及其职工上年度实际缴纳失业保险费的30%返还，中小微企业返还比例提高至90%。

（2022年5月24日，鲁人社发〔2022〕12号，《山东省人力资源和社会保障厅 山东省财政厅 国家税务总局山东省税务局关于贯彻落实失业保险稳岗位提技能防失业政策的通知》）

加大稳岗返还支持力度，将大型企业稳岗返还比例由30%提至50%。

（2022年6月10日，鲁人社发〔2022〕15号，《山东省人力资源和社会保障厅 山东省发展和改革委员会 山东省财政厅 国家税务总局山东省税务局 国家税务总局青岛市税务局关于扩大阶段性缓缴社会保险费政策实施范围等问题的通知》）

二、实施期限

执行期限至2022年12月31日。

（2022年5月24日，鲁人社发〔2022〕12号，《山东省人力资源和社会保障厅 山东省财政厅 国家税务总局山东省税务局关于贯彻落实失业保险稳岗位提技能防失业政策的通知》）

第五节　一次性扩岗补助

一、政策内容

（1）企业2022年内招用普通高校毕业生（毕业时间为2022年1—12月且取得普通高等学校毕业证书），签订劳动合同并为其缴纳失业保险费1个月以上且处于正常缴费状态的，按照最高1500元/人的标准发放一次性扩岗补助。具体补助标准由各统筹地区根据失业保险基金备付能力确定。符合条件的省本级失业保险参保企业，按照1500元/人的标准发放一次性扩岗补助。

（2）企业享受缓缴社会保险费政策不影响申领一次性扩岗补助。1名毕业年度普通高校毕业生的就业参保信息和身份只能由一户企业用于享受一次性扩岗补助，不能重复使用。一次性扩岗补助和一次性吸纳就业补贴不能重复享受。

（2022年6月10日，鲁人社发〔2022〕15号，《山东省人力资源和社会保障厅 山东省发展和改革委员会 山东省财政厅 国家税务总局山东省税务局 国家税务总局青岛市税务局关于扩大阶段性缓缴社会保险费政策实施范围等问题的通知》；

2022年8月21日，鲁人社字〔2022〕92号，《山东省人力资源和社会保障厅 山东省教育厅 山东省财政厅关于做好一次性扩岗补助政策落实工作的通知》）

二、实施期限

政策实施期限截至2022年12月31日，一次性扩岗补助申请期限截至2023年1月31日。

（2022年8月21日，鲁人社字〔2022〕92号，《山东省人力资源和社会保障厅 山东省教育厅 山东省财政厅关于做好一次性扩岗补助政策落实工作的通知》）

[附] 业务经办流程二维码

— 失业保险 —

失业保险金申领

失业保险稳岗返还补贴申报

职工职业技能提升补贴申请

第六章　企业年金

第一节　企业年金筹集与管理

企业年金，是指企业及其职工在依法参加基本养老保险的基础上，自主建立的补充养老保险制度。

一、资金筹集

企业年金所需费用由企业和职工个人共同缴纳。企业年金基金实行完全积累，按照国家有关规定投资运营。企业年金基金投资运营收益并入企业年金基金。

（2018年2月1日，人力资源和社会保障部财政部令第36号，《企业年金办法》）

（一）企业缴费

油田相关企业企业年金的企业缴费基数为参加企业年金计划职工个人缴费基数的总和。

（1）2018年1月及之前，油田控股子公司直接用工（与管理局有限公司或本单位签订劳动合同的职工）的企业缴费按照中石化集团公司企业年金缴费水平，暂按参加企业年金计划职工个人缴费基数之和的5%提取，其中按个人缴费基数的4%划入职工个人账户。

（2013年12月12日，胜油相关年金〔2013〕3号，《胜利油田相关企业实施企业年金制度有关规定》）

（2）2018年2月开始，油田控股子公司合同制员工（与管理局有限公司或本单位签订劳动合同的职工）的企业缴费按照中石化集团公司企业年金缴费水平，暂按参加企业年金计划职工个人缴费基数之和的8%提取，其中按个人缴费基数的7%划入职工个人账户。

（2019年10月12日，《集团公司人事部年金单位缴费比例通知单》，编号：年金单位缴费比例通知2019008，《企业年金单位缴费比例通知单》）

（3）余额作为特殊年金划入统一的企业账户，统筹用于支付过渡性年金和激励性年金，并优先用于支付过渡性年金。

东营胜利石油技术服务有限责任公司的企业缴费比例可参照控股子公司合同制员工确定。

参加胜利油田相关企业企业年金计划改制企业的企业缴费比例按4%—8%执行，具体由各改制企业结合实际自主确定。

根据参加单位近年或上年度生产经营业绩情况，按照集团公司相关政策，每年调整基数时动态调整各单位企业缴费比例。

（2021年12月10日，胜油相关年金办〔2021〕4号，《胜利油田相关企业实施企业年金制度有关规定》）

（二）个人缴费

职工个人缴费基数一般为职工个人上年度月平均工资，个人月平均工资低于山东省基本养老保险最低缴费基数的，按最低缴费基数确定。当年7月至次年6月为一个缴费年度，缴费基数每年7月份调整，期间原则上不再调整。

（1）2021年及之前，职工个人缴费比例暂按个人缴费基数的2%执行。

（2020年3月30日，胜油相关年金办〔2020〕1号，《胜利油田相关企业实施企业年金制度有关规定》）

（2）2022年1月开始，职工个人缴费比例暂按个人缴费基数的3%执行。

（2021年12月10日，胜油相关年金办〔2021〕4号，《胜利油田相关企业实施企业年金制度有关规定》）

企业缴费和职工个人缴费合计不超过本企业上年度工资总额的12%。企业缴费从参加单位成本（费用）中列支，职工个人缴费由参加单位在职工本人工资中代扣代缴。职工个人工资收入按国家统计局规定的“工资总额”口径计算。

（2020年3月24日，胜油相关年金〔2020〕1号，《胜利油田相关企业企业年金管理办法》；

2021年12月10日，胜油相关年金办〔2021〕4号，《胜利油田相关企业实施企业年金制度有关规定》）

二、缴费中止、恢复

（1）企业出现经营严重亏损、重组并购等特殊情况无法履行缴费义务时，经与职工一方协商，可中止缴费，职工同时中止个人缴费。不能继续缴费的情况消失后企业恢复缴费，职工同时恢复个人缴费。中止期间的企业缴费和个人缴费均不再补缴。

（2）职工申请中止或者恢复个人缴费，需提交书面申请，经所在单位审核后执行。职工申请中止缴费，1年内不得重新参加，中止缴费期间，企业中止为其缴费；恢复缴费时，企业同时恢复为其缴费；中止期间的企业缴费和个人缴费均不再补缴。

（2019年9月22日，中国石化人〔2019〕310号，《关于印发中国石化企业年金管理办法的通知》；

2020年3月24日，胜油相关年金〔2020〕1号，《胜利油田相关企业企业年金管理办法》）

三、缴费归集

单位缴费计划经理事会办公室审核生效后，单位应在每月25日前将本单位应缴企业缴费和职工个人缴费的总额缴至油田相关企业企业年金基金受托财产托管账户。

（2020年3月24日，胜油相关年金〔2020〕1号，《胜利油田相关企业企业年金管理办法》；

2020年3月24日，胜油相关年金办〔2020〕2号，《胜利油田相关企业企业年金个人账户管理办法》）

第二节　企业年金个人账户管理

一、企业年金账户构成

企业年金账户包括企业账户和个人账户。

（一）企业账户

用于归集企业缴费划入个人账户后的余额及其投资运营收益、企业缴费划入个人账户按规定不再归属个人部分及其投资运营收益。

（二）个人账户

记载职工个人基本信息、个人缴费、企业缴费划入、投资运营收益和账户储存额等信息，是职工退休后领取企业年金的主要依据。

（2020 年 3 月 24 日，胜油相关年金〔2020〕1 号，《胜利油田相关企业企业年金管理办法》；

2021 年 12 月 10 日，胜油相关年金办〔2021〕4 号，《胜利油田相关企业实施企业年金制度有关规定》）

二、个人账户资金

企业年金划入个人账户的资金包括：

（一）企业缴费划入个人账户金额

计算方法：企业月缴费划入额=缴费基数 × 企业缴费统一划入比例+激励性年金

企业缴费按比例划入个人账户额实行封顶。封顶值执行中石化集团公司定期公布的胜利油田封顶值。企业缴费按统一比例划入个人账户额封顶的，个人缴费也相应封顶。

个人缴费封顶值=企业缴费按统一比例划入个人账户封顶值 ×（个人缴费

比例 ÷ 企业缴费统一划入职工个人账户比例）

激励性年金是在集团公司规定企业缴费统一划入比例以外，另行划入的企业缴费额，用于对贡献突出业务骨干的激励，油田相关企业企业年金计划参照执行。

（二）职工个人缴费全部金额

计算方法：个人月缴费额 = 缴费基数 × 个人缴费比例

（三）上述两部分投资运营收益

（2020 年 3 月 24 日，胜油相关年金〔2020〕1 号，《胜利油田相关企业企业年金管理办法》；

2021 年 12 月 10 日，胜油相关年金办〔2021〕4 号，《胜利油田相关企业实施企业年金制度有关规定》）

三、个人账户权益归属

（一）职工企业年金个人账户中个人缴费及其投资收益自始归属职工个人。

（二）企业缴费按比例划入部分（包括投资运营收益），按职工在单位的工作年限逐步归属职工个人。其中，工作年限不满 5 年时归属比例为 0，满 5 年不满 8 年时归属比例为 50%，满 8 年时归属比例为 100%。

（1）由于企业年金方案终止、非因职工个人原因企业与职工解除劳动合同，或者因企业违反法律规定与职工解除劳动合同的，企业缴费划入部分及其投资收益全部归属职工个人。

（2）职工到达法定退休年龄、经劳动能力鉴定委员会鉴定，因病（残）完全丧失劳动能力或者退休前死亡、因组织原因调动到其他单位工作，以及劳动合同期满企业终止劳动合同的，企业缴费划入部分及其投资收益全部归属职工个人。

（3）职工因严重违反企业规章制度，或严重失职、营私舞弊、给企业造成重大损害，或被依法追究刑事责任等原因被企业解除劳动合同的，以及因职工个人原因单方面解除劳动合同的，激励性年金及其投资收益全部归入企业账户。

（4）除上述（1）、（2）、（3）规定情形外，职工在退休前与企业解除、终止劳动合同的，企业缴费划入部分及其投资收益根据职工在本单位工作年限按比例归属职工个人，未归属职工个人部分全部归入企业账户。

（2020 年 3 月 24 日，胜油相关年金〔2020〕1 号，《胜利油田相关企业企业年金管理办法》；

2021 年 12 月 10 日，胜油相关年金办〔2021〕4 号，《胜利油田相关企业实施企业年金制度有关规定》；

2019 年 9 月 27 日，中国石化人薪〔2019〕185 号，《激励性年金管理办法》）

四、个人账户转移

（1）职工在企业年金计划单位范围内调动工作的，其个人账户储存额全额随同转移，累计计算。

调出单位的办事机构在企业年金信息系统录入调入单位名称、终止缴费时间等信息，调入单位复核接收转入人员，理事会办公室审核确认后生效。

（2）调入企业年金计划范围内单位的，调出单位应出具相关转移手续，并将归属个人账户资金转移至理事会办公室。

调入单位办事机构通过企业年金信息系统录入转入人员相关信息，理事会办公室审核确认后生效。理事会办公室每月定期汇总有关信息，导入账户管理系统客户端。

（3）职工在退休前与企业解除劳动关系的，其个人账户储存额中已归属个人部分，符合个人账户转移条件的，可随同转移。

职工本人需向单位办事机构提交转入单位的相关信息（转入单位名称、受托人、开户名称、开户银行、银行账号等），由单位办事机构通过企业年金信息系统录入个人账户转移的相关信息，理事会办公室审核确认后办理转移手续。

（2020 年 3 月 24 日，胜油相关年金办〔2020〕2 号，《胜利油田相关企业企业年金个人账户管理办法》）

五、个人账户管理

（1）个人账户保留：职工离开油田相关企业，暂时不具备转移条件的，其个人账户可暂予保留，待具备条件时再按规定转移或支付。

（2）个人账户封存：因参军原因无法履行劳动合同的职工，其个人账户可暂予封存，具备条件时按规定启封、转移或支付。

（3）个人账户暂停缴费：职工因自愿退出企业年金计划等原因停止缴费的，其个人账户可暂停缴费。

（4）个人账户注销：对职工离开企业年金计划且个人账户按规定转移、支付完毕的或个人账户储存额按规定全部领取完毕的（其中过渡期内退休人员直至失去领取过渡性年金条件），其个人账户自行注销。

（2020年3月24日，胜油相关年金办〔2020〕2号，《胜利油田相关企业企业年金个人账户管理办法》）

保留账户和封存账户，由原账户管理人继续管理，账户管理费从职工本人个人账户储存额支付，且个人账户资金参与投资运营和收益分配。

（2012年12月31日，胜油劳字〔2012〕39号，《胜利油田企业年金实施办法》）

六、个人账户查询

因油田企业年金账户管理人为工商银行，若职工持有工商银行的银行卡（或存折），且办理银行卡（或存折）时使用的信息（姓名、证件类型、证件号码）与参加企业年金计划时使用的信息一致，可以通过个人网银、多媒体自助终端、ATM及手机银行，查询企业年金的基本信息、缴费信息、资产信息和对账单信息等。

（2015年6月18日，集团工单人薪〔2015〕42号，《关于开通企业年金个人账户多种查询渠道的通知》）

第三节　企业年金待遇支付管理

一、个人账户待遇支付

（一）支付条件

自主参加油田相关企业企业年金计划且符合下列条件之一的职工，按以下办法支付企业年金：

（1）职工在达到国家规定的退休年龄或者完全丧失劳动能力时，按规定程序对其个人账户进行清算，确定权益归属，对个人账户储存额归属个人部分一次性或按年分期领取。职工可根据个人账户余额、个人所得税税负等情况选择领取方式，其中选择分期领取方式的最长不超过20期。领取方式和期数确定后不得变更。

（2）职工出国（境）定居的，经本人书面申请，其个人账户储存额已归属个人部分可一次性领取，未归属部分归入企业账户。

（3）职工在退休前死亡的或被人民法院宣告死亡的，其个人账户储存额由指定受益人或法定继承人一次性领取。没有指定继承人的，默认法定继承人为受益人。

（4）符合国家规定的其他领取条件的，按国家有关规定领取企业年金。

（2020年3月24日，胜油相关年金办〔2020〕2号，《胜利油田相关企业企业年金个人账户管理办法》；

2021年12月10日，胜油相关年金办〔2021〕4号，《胜利油田相关企业实施企业年金制度有关规定》）

（二）个人账户支付

（1）职工符合个人账户支付条件的，须向所在单位办事机构提交相关材料：

①职工退休或者完全丧失劳动能力的，提交职工本人银行卡（Ⅰ类卡）复印件、《退休人员账户支付信息确认单》、本人身份证复印件；

②职工死亡或被人民法院宣告死亡的，由指定受益人或法定继承人提交死亡证明复印件、《死亡人员账户支付信息确认单》、指定受益人或法定继承人的身份证复印件和银行卡（Ⅰ类卡）复印件、具有法律效力的包含企业年金财产分割内容的证明材料（公证书，或司法机关出具的判决书、调解书，或财产分割协议书，或授权委托书等）；

③职工出国（境）定居，提交出国（境）定居证明材料（护照、国籍证明等）、《出国（境）定居人员账户支付信息确认单》。由他人代办的，需提交经公证的委托书、委托人护照复印件及代办人身份证原件及复印件。

④保留账户人员达到领取条件时，一次性领取其个人账户余额。

（2）所在单位办事机构在油田企业年金信息系统录入个人账户支付的相关信息，理事会办公室审核确认。

（3）托管人在25日前将支付资金划转至职工提供的银行账户。

职工提供的银行账户信息有误，导致支付不成功的，由理事会办公室负责将支付不成功名单反馈给所在单位办事机构。所在单位办事机构通过油田企业年金信息系统修改后，由托管人根据理事会办公室的支付指令将支付资金重新划转。

（2020年3月24日，胜油相关年金办〔2020〕2号，《胜利油田相关企业企业年金个人账户管理办法》；

2021年12月10日，胜油相关年金办〔2021〕4号，《胜利油田相关企业实施企业年金制度有关规定》）

二、过渡性年金支付

（一）三类人员

根据企业年金实施时间和职工退休时间，将人员分为“老人”“中人”和“新人”三类。

（1）“老人”是指截至2010年12月31日已退休人员（含到达法定退休年龄人员，下同）和距法定退休年龄5年以内（2015年12月31日前到达法定退休年龄，下同）的已内部退养职工。

“老人”不参加企业年金计划，继续执行企业补贴制度，按月领取企业补贴，所需资金从原渠道列支。

（2）“中人”是指2010年12月31日以后在过渡期内退休的人员（不含上述内部退养职工）。

“中人”参加企业年金计划的，退休后可以领取企业年金个人账户储存额，并按退休当年的标准按月领取过渡性年金；自愿不参加企业年金计划的，退休后不享受企业年金待遇，只按退休当年的标准按月领取过渡性年金。

（3）“新人”是指过渡期结束后退休的人员。

“新人”退休后不执行过渡性年金。参加企业年金计划的，退休后按规定一次性或按年分期领取企业年金个人账户储存额；自愿不参加企业年金计划的，退休后不享受企业年金待遇。

2011年1月1日起，“中人”“新人”退休后停止执行企业补贴（不含住房补贴）。

（2021年12月10日，胜油相关年金办〔2021〕4号，《胜利油田相关企业实施企业年金制度有关规定》）

（二）过渡期

过渡期是为了实现企业年金制度与企业补贴制度平稳衔接，有利于企业年金实施前后退休人员待遇水平平稳过渡而设置的过渡性时间期限。管理局、分公司设一个过渡期，其他相关企业参照油田规定执行。

经中石化集团公司核定，胜利油田实施企业年金制度的过渡期为2009年1月1日至2026年12月31日。

（2021年12月10日，胜油相关年金办〔2021〕4号，《胜利油田相关企业实施企业年金制度有关规定》）

（三）过渡性年金及标准

（1）过渡性年金是对在过渡期内依法办理退休手续人员，在领取企业年金个人账户储存额之外，按月发放的补贴。过渡性年金水平依据个人所属人员类别和退休当年标准确定。各类人员的过渡性年金标准逐年降低，过渡期结束降至为零。

过渡性年金自退休人员享受基本养老金之月开始领取，直至失去领取条件。退休人员的基本养老金停止发放时，过渡性年金亦同时停发；退休人员违规违纪或因个人原因给单位造成损失的，要扣减或停止执行过渡性年金。

（2）控股子公司合同制员工在过渡期内退休的，执行中石化集团公司核定的胜利油田过渡性年金标准，由企业账户（特殊年金）列支。

（3）东营胜利石油技术服务有限责任公司在过渡期内退休的，参照执行胜利油田过渡性年金标准，由企业账户（特殊年金）列支。

（4）参加胜利油田相关企业企业年金计划改制企业的员工在过渡期内退休的，是否参照执行胜利油田过渡性年金政策、标准，由各改制企业结合实际自主确定。

（2021 年 12 月 10 日，胜油相关年金办〔2021〕4 号，《胜利油田相关企业实施企业年金制度有关规定》）

（5）胜利油田过渡性年金标准见表6-1。

表 6-1　胜利油田过渡性年金标准　　单位：元 / 月

序号	年份	人员分类						
		1	2	3	4	5	6	7
		油田副总师 中层正职 油田高级专家 集团技能大师 油田首席技师	中层副职 直属单位 首席专家 业务部门 油田专家 油田技能大师	直属单位副总师 基层正职 高级主管 直属单位专家 直属单位首席技师 正高级职称人员	基层副职 主任师 主管师 主管 主任技师 副高级 职称人员 高级技师	主办 责任师 责任技师 中级职称人员 技师	助理员 一二三级师 初级职称人员 高级工	其他
1	2009	820	800	730	690	650	610	580
2	2010	810	790	720	680	640	600	580
3	2011	800	780	710	670	630	590	570
4	2012	770	750	690	650	610	570	550
5	2013	760	740	680	640	600	560	540
6	2014	730	710	650	620	580	540	520
7	2015	690	670	620	580	550	510	490
8	2016	660	650	590	560	530	490	470
9	2017	620	610	560	530	500	460	440
10	2018	580	570	520	490	460	430	410
11	2019	540	530	480	460	430	400	390
12	2020	500	490	450	420	400	370	360
13	2021	450	440	400	380	360	330	320
14	2022	380	370	340	320	300	280	270
15	2023	330	320	290	280	260	240	230
16	2024	250	240	220	210	200	180	180
17	2025	180	180	160	150	140	130	130
18	2026	90	80	80	70	70	60	60

说明：本表用于确定过渡期内各类职工退休时按月领取的过渡性年金，人员分类仅适用企业年金业务。

（2012 年 5 月 21 日，胜油保发〔2012〕15 号，《关于退休人员企业年金待遇核定与支付工作有关事宜的通知》）

第四节　企业年金其他相关政策

一、建立条件

（一）企业建立企业年金的条件

参加单位建立企业年金应符合以下基本条件：

（1）依法参加企业职工基本养老保险并履行缴费义务。

（2）企业与职工一方通过集体协商确定建立企业年金。

（3）内部民主制度和管理制度健全。

（2020 年 3 月 24 日，胜油相关年金〔2020〕1 号，《胜利油田相关企业企业年金管理办法》）

（二）个人参加企业年金的条件

职工参加企业年金计划应同时符合以下条件：

（1）与所在单位签订无固定期限或 1 年以上期限劳动合同，且试用期满，履行劳动合同规定的全部义务。

（2）依法参加企业基本养老保险社会统筹，按时足额缴纳保险费。

符合参加企业年金计划条件的职工，从符合条件的次月起自动参加企业年金计划。根据工作需要引进的急需、高层次人才，可自起薪当月参加企业年金计划。改制企业职工申请参加企业年金计划的，由改制企业审核批准。

符合条件但不同意参加企业年金计划的职工，应在符合条件前提交书面申请，且1年内不得重新参加。若重新参加企业年金计划，需提交书面申请，经所在单位审核同意后参加企业年金计划。不参加企业年金计划的职工，不享受企业年金待遇。

职工自愿退出企业年金计划的，须向参加单位提交本人签字的书面申请，且1年内不得重新参加。

（2019年9月22日，中国石化人〔2019〕310号，《关于印发中国石化企业年金管理办法的通知》；

（2020年3月24日，胜油相关年金〔2020〕1号，《胜利油田相关企业企业年金管理办法》）

二、激励性年金

激励性年金是在企业年金保障性、普惠性基础上，加大对优秀人才、业务骨干激励约束力度所设立的一种年金分配形式。

（1）激励档次分为一至六档，激励标准根据年度激励人数、当年划入激励性年金科目金额、激励性年金科目资金状况以及管理需要综合确定，适时进行调整。

（2）同时达到两个及以上激励档次的职工，就高确定激励档次，不重复激励。

（3）因同一成果或专利获得多个奖项的，原则上不重复激励。对某项成果或专利获奖已经给予激励性年金激励的职工，今后年度同一成果或专利达到更高激励档次的，按两个激励档次的差额再给予激励。

（4）职工受到党纪政纪处分的，在处分影响期内不得参加激励性年金评选。

（5）激励性年金（包括投资运营收益）一般按职工在集团公司的工作年限逐步归属职工个人。其中，工作年限不满5年时归属比例为0，满5年不满8年时归属比例为50%，满8年时归属比例为100%。

（6）出现下列情况依照规定处理：

①由于企业年金方案终止、非因职工个人原因企业与职工解除劳动合同，或者因企业违反法律规定与职工解除劳动合同的，激励性年金及其投资收益全部归属职工个人。

②职工达到法定退休年龄、经劳动能力鉴定委员会鉴定，因病（残）完全丧失劳动能力或者退休前死亡、因组织原因调到集团公司系统外工作，以及劳动合同期满企业终止劳动合同的，激励性年金及其投资收益全部归属职工个人。

③职工因严重违反企业规章制度，或严重失职、营私舞弊、给企业造成重

大损害，或被依法追究刑事责任等原因被企业解除劳动合同，以及因职工个人原因单方面解除劳动合同的，激励性年金及其投资收益全部归入企业账户。

（7）职工达到企业年金待遇领取条件，激励性年金随同个人账户储存额一次性或分期领取。

（8）激励性年金个人所得税按照国家有关政策执行。

（9）激励性年金分档评选条件见表6–2。

表6–2　激励性年金分档评选条件

档次	评选条件
1档	两院院士、国家工程设计大师、国家有突出贡献中青年专家、享受国务院政府特殊津贴人员、百千万人才工程国家级人选； 国家科学技术进步（发明）奖、中国专利金奖、中华技能大奖、国家技能人才培育突出贡献奖、国家职业技能竞赛（业务竞赛）金奖获得者； 全国优秀共产党员、全国优秀党务工作者、全国劳动模范、全国五一劳动奖章、全国技术能手、中国高技能人才楷模称号获得者
2档	中国石化突出贡献专家、山东省有突出贡献的中青年专家、山东省泰山学者特聘专家、中央企业百名杰出工匠、泰山产业领军人才、齐鲁首席技师、山东省突出贡献技师； 中国石化科技创新功勋奖，中国石化及省部级科学技术特等奖、一等奖、二等奖，中国专利银奖，山东省专利特等奖、一等奖，国家管理现代化创新成果奖，国家职业技能竞赛（业务竞赛）银奖，中国石化及省部级职业技能竞赛（业务竞赛）金奖获得者； 全国三八红旗手（标兵）、全国青年岗位能手（标兵）、全国优秀共青团员（团干部）、中国青年五四奖章、中国石化及省部级劳动模范、中国石化及省部级技术能手、石化名匠、中国石化技能人才培育突出贡献个人、中国石化重点工程建设突出贡献先进个人称号获得者
3档	东营市有突出贡献的中青年专家、东营市首席技师； 中国石化及省部级科学技术三等奖，中国专利优秀奖，山东省专利二等奖，油田科技英才金奖，中国石化及省部级管理现代化创新成果一等奖、二等奖，中国石化闵恩泽青年科技人才奖，油田技能大奖，为民技术创新金奖，国家职业技能竞赛（业务竞赛）铜奖，中国石化及省部级职业技能竞赛（业务竞赛）银奖获得者； 中国石化及省部级优秀共产党员、中国石化及省部级优秀党务工作者、集团公司精神文明建设标兵、感动石化人物、山东省道德模范（敬业奉献模范）、山东省三八红旗手（标兵）、中国石化“十大杰出”青年岗位能手、中国石化及省部级青年岗位能手（标兵）、中国石化及省部级优秀共青团员（团干部）、中国石化重点工程建设先进个人、山东省青年五四奖章、山东省五一劳动奖章、齐鲁工匠、能源化学系统五一劳动奖章、油田劳动模范、胜利工匠、东营市技能状元称号获得者
4档	山东省专利三等奖，油田科技英才银奖，油田及地市级科学技术一等奖、二等奖，油田优秀标准成果一等奖、二等奖，中国石化及省部级管理现代化创新成果三等奖，为民技术创新银奖，中国石化及省部级职业技能竞赛（业务竞赛）铜奖获得者
5档	油田科技英才铜奖，油田及地市级科学技术三等奖，授权职务发明专利（排名前7名的发明人），油田优秀标准成果三等奖，油田管理现代化创新成果一等奖、二等奖，为民技术创新铜奖，油田及地市级职业技能竞赛（业务竞赛）金奖、银奖、铜奖获得者； 油田及地市级优秀共产党员、油田及地市级优秀党务工作者、油田文明建设先进个人、油田优秀青年人才奖、油田技术能手、油田三八红旗手标兵称号获得者
6档	油田管理现代化创新成果三等奖、胜利新星称号获得者； 各单位评选推荐在党的建设、生产经营、改革发展、和谐稳定等方面业绩突出的人员

（2021年12月21日，胜油局发〔2021〕114号,《胜利油田激励性年金实施办法》）

三、个人所得税

（一）企业年金和职业年金缴费的个人所得税处理

（1）企业和事业单位（以下统称“单位”）根据国家有关政策规定的办法和标准，为在本单位任职或者受雇的全体职工缴付的企业年金或职业年金（以下统称“年金”）单位缴费部分，在计入个人账户时，个人暂不缴纳个人所得税。

（2）个人根据国家有关政策规定缴付的年金个人缴费部分，在不超过本人缴费工资计税基数的4%标准内的部分，暂从个人当期的应纳税所得额中扣除。

（3）超过上述第1项和第2项规定的标准缴付的年金单位缴费和个人缴费部分，应并入个人当期的工资、薪金所得，依法计征个人所得税。税款由建立年金的单位代扣代缴，并向主管税务机关申报解缴。

（4）企业年金个人缴费工资计税基数为本人上一年度月平均工资。月平均工资按国家统计局规定列入工资总额统计的项目计算。月平均工资超过职工工作地所在设区城市上一年度职工月平均工资300%以上的部分，不计入个人缴费工资计税基数。

（二）年金基金投资运营收益的个人所得税处理

年金基金投资运营收益分配计入个人账户时，个人暂不缴纳个人所得税。

（三）领取年金的个人所得税处理

（1）个人达到国家规定的退休年龄，在本通知实施之后按月领取的年金，全额按照“工资、薪金所得”项目适用的税率，计征个人所得税；在本通知实施之后按年或按季领取的年金，平均分摊计入各月，每月领取额全额按照“工资、薪金所得”项目适用的税率，计征个人所得税。

（2）对单位和个人在本通知实施之前开始缴付年金缴费，个人在本通知实施之后领取年金的，允许其从领取的年金中减除在本通知实施之前缴付的年金单位缴费和个人缴费且已经缴纳个人所得税的部分，就其余额按照本通知第（三）条第1项的规定征税。在个人分期领取年金的情况下，可按本通知实施之前缴付的年金缴费金额占全部缴费金额的百分比减计当期的应纳税所得额，减计后的余额，按照本通知第（三）条第1项的规定，计算缴纳个人所得税。

（3）对个人因出境定居而一次性领取的年金个人账户资金，或个人死亡后，其指定的受益人或法定继承人一次性领取的年金个人账户余额，允许领取人将一次性领取的年金个人账户资金或余额按12个月分摊到各月，就其每月分摊额，按照本通知第（三）条第1项和第2项的规定计算缴纳个人所得税。对个人除上述特殊原因外一次性领取年金个人账户资金或余额的，则不允许采取分摊的方法，而是就其一次性领取的总额，单独作为一个月的工资薪金所得，按照本通知第（三）条第1项和第2项的规定，计算缴纳个人所得税。

（4）个人领取年金时，其应纳税款由受托人代表委托人委托托管人代扣代缴。年金账户管理人应及时向托管人提供个人年金缴费及对应的个人所得税纳税明细。托管人根据受托人指令及账户管理人提供的资料，按照规定计算扣缴个人当期领取年金待遇的应纳税款，并向托管人所在地主管税务机关申报解缴。

（2013年12月6日，财税〔2013〕103号，《财政部 人力资源社会保障部 国家税务总局关于企业年金职业年金个人所得税有关问题的通知》）

（四）过渡性年金个人所得税处理

2020年1月，国家税务部门对企业年金个人所得税进行清缴，明确过渡性年金需缴纳个人所得税。

（2020年4月16日，集团工单人薪〔2020〕22号，《关于缴纳过渡性年金个人所得税的通知》）

（五）企业年金个人所得税的计算

退休“中人”个人所得税分为两种情况计算：

1.个人账户储存额已领取完毕仅领取过渡性年金

在领取过渡性年金时全额（零起征）按照工资薪金所得项目适用的税率计征

个人所得税，可平均分摊计入各月。计算方法：

过渡性年金应纳税所得额=当期过渡性年金领取额×（1–完税比例）

过渡性年金应纳税额=过渡性年金应纳税所得额×适用税率–速算扣除数

其中：

完税比例为财税〔2013〕103号文实施前个人账户已积累的本金与领取时点个人账户全部本金之比。

完税比例=截至2013年底个人账户税后本金/领取时点个人账户全部本金

2.个人账户储存额未领取完毕同时领取过渡性年金

个人账户领取额与过渡性年金领取额合并全额（零起征）按照工资薪金所得项目适用的税率计征个人所得税。

（1）办理一次性领取企业年金个人账户储存额，不允许采取分摊的方法，而是将一次性领取的总额，单独作为一个月的工资薪金所得。

一次性领取年金待遇当月个人所得税计算方法：

合并计算应纳税所得额=（个人账户一次性领取额+当月过渡性年金领取额）×（1–完税比例）

合并计算应纳税额=个人账户应纳税额+过渡性年金应纳税额=合并计算应纳税所得额×适用税率–速算扣除数

其中：

个人账户应纳税额=一次性个人账户领取额×（1–完税比例）×适用税率（合并计算应纳税所得额对应税率）–速算扣除数

过渡性年金应纳税额=合并计算应纳税额–个人账户应纳税额

个人账户一次性领取完毕后，仅按月领取过渡性年金，即按本条第（1）款计算方式计算个人所得税。

（2）分期领取年金个人账户储存额，可平均分摊计入各月计征个税。

分期领取年金待遇期间各月个人所得税计算方法：

合并计算应纳税所得额=（当期个人账户领取额+全年过渡性年金领取额）/12×（1–完税比例）

合并计算应纳税额=个人账户应纳税额+过渡性年金应纳税额=合并计算应

纳税所得额×适用税率–速算扣除数

其中：

个人账户应纳税额=当期个人账户领取额/12×（1–完税比例）×适用税率（按合并计算应纳税所得额对应税率）–速算扣除数

过渡性年金应纳税额=合并计算应纳税额–个人账户应纳税额

个人账户全部领取完毕后，按月领取过渡性年金，即按本条第（1）款计算方式计算个人所得税。

3. 目前个人所得税税率

表 6–3 目前个人所得税税率表

级数	全月应纳税所得额（含税级距）	税率	速算扣除数
1	不超过 3000 元	3%	0
2	超 3000~12000 元	10%	210
3	超 12000~25000 元	20%	1410
4	超 25000~35000 元	25%	2660
5	超 35000~55000 元	30%	4410
6	超 55000~80000 元	35%	7160
7	超 80000 元部分	45%	15160

（2020 年 4 月 16 日，集团工单人薪〔2020〕22 号附件，《缴纳过渡性年金个人所得税有关工作的解释提纲》）

第五节 企业年金理事会章程

一、总则

（1）根据《企业年金办法》（人力资源社会保障部财政部令第36号）和《企业年金基金管理办法》（人力资源社会保障部 银监会 证监会 保监会令第11号）以及国家其他有关法律、法规，集团公司相关办法、规定，经胜利油田控股子公司、东营胜利石油技术服务有限责任公司和自主参加的油田改制企业（以下简称“相关企业”）协商，成立胜利油田相关企业企业年金理事会（以下简称

“理事会”)。为充分发挥理事会的作用，规范理事会的工作程序，保证理事会决策的审慎、客观和公正性，特制订本章程。

(2)本章程所称企业年金，是指相关企业及其职工，在依法参加基本养老保险的基础上，自主建立的补充养老保险制度。

(3)理事会是受相关企业及其职工委托，依法管理相关企业年金基金的内部受托机构，是相关企业企业年金基金运营管理的责任主体。

(4)本章程是理事会依法设立、管理相关企业企业年金基金的基本制度，是规范理事会及其成员的组织与行为，保障理事会与企业年金基金委托人、受益人之间权利义务关系的具有法律约束力的文件，对理事会及其成员均有约束力。

本章程所称受益人，是指参加胜利油田相关企业企业年金计划并享有受益权的职工。

(5)理事会的宗旨是：忠实、审慎地管理相关企业企业年金基金，保障企业年金基金财产的安全，努力实现其保值增值，维护企业年金基金委托人和受益人的利益。

(6)理事会对相关企业及其职工负责，接受国家、山东省和集团公司各有关监管机构的指导和监督。

二、组织机构及人员组成

(1)理事会成员由企业代表和职工代表等人员组成，并可聘请外部专家担任理事，理事会中职工代表人数不得少于三分之一。理事成员总数一般不少于21人，且为奇数。

(2)理事会中企业代表应包括胜利油田领导、党委组织部(人力资源部)、人力资源共享服务中心(社会保险中心)、财务资产管理中心、财务资产部、企管法规部、审计部等部门负责人；职工代表通过民主程序产生；外部专家理事根据管理相关企业年金基金的需要及专家理事候选人的意愿确定。理事任期三年，可连选连任。

(3)理事会设理事长1名，副理事长1名。理事长和副理事长由理事会成员选举产生。

（4）理事会下设办公室、监督管理委员会。办公室成员由财务资产管理中心、党委组织部（人力资源部）、人力资源共享服务中心（社会保险中心）相关指定人员组成，主任由理事兼任。监督管理委员会由审计等方面理事和至少一名职工代表理事组成。

（5）理事应具备以下基本的任职条件：

①身体健康，具有完全民事行为能力。

②熟悉企业年金法律法规，具备风险判断和控制能力。

③在劳动保障、金融证券、法律、财务会计中的某一领域具备较高的理论水平和实践经验。

④诚实信用、勤勉尽责、谨慎稳健，具有良好的职业道德。

⑤无违反法律及重大违纪记录。

⑥国家法律法规规定的其他条件。

（6）理事会成员在任期内，因工作变动或其他原因不能继续履行理事职责的，不再担任理事，按规定程序进行更换或增补。其中，企业代表的职务继任者自然成为理事，职工代表按相应民主程序递补；并履行理事的职责与义务。

三、理事会的职责和义务

（1）理事会作为相关企业企业年金基金的受托人，应与各相关企业签订受托管理合同。

（2）理事会是理事会成员共同行使受托人职责的机构，依法管理相关企业企业年金事务，运作过程中必须严格遵守国家有关的法律法规，除应遵守企业年金有关管理办法的规定外，必须遵守《中华人民共和国民法典》《中华人民共和国信托法》《中华人民共和国劳动法》及《中华人民共和国证券投资基金法》等有关法律法规的规定。

（3）理事会成员在履行受托职责时，应当履行诚实、信用、谨慎、勤勉的义务，在合法合规的前提下，将委托人和受益人的利益放在第一位，不得损害国家利益、委托人和受益人的合法权益。

（4）理事会的主要职责：

①选择、监督、更换相关企业企业年金账户管理人、托管人、投资管理人和中介服务机构；与账户管理人、托管人、投资管理人确定委托合同关系并签订书面合同，明确各自的权利、责任、义务及运作规则。

②审定企业年金基金投资策略。

③审定企业年金基金管理和财务会计报告。

④根据合同对企业年金基金管理进行监督。

⑤根据合同收取企业和职工缴费，并向受益人支付企业年金待遇。

⑥定期向委托人、受益人和有关监管部门提供企业年金基金管理报告。发生重大事件时，应及时向委托人、受益人和有关监管部门报告。

⑦按照国家规定保存与企业年金基金管理有关的记录至少15年。

⑧国家规定和合同约定的其他职责。

（5）理事会办公室负责制（修）订理事会制度，提交理事会审议后组织实施；贯彻执行理事会的各项决议；在理事会授权范围内，负责企业年金基金运营的日常管理工作。

（6）理事会办公室的主要职责：

①负责提出选择、监督、更换账户管理人、托管人、投资管理人及中介服务机构的方案，提交理事会审议后组织实施。

②负责确定企业年金个人账户（以下简称个人账户）信息内容，每月对各相关企业上报的个人账户信息变更、个人账户转移、个人账户支付进行核对确认，协助账户管理人做好建立个人账户等相关信息的审核，负责与账户管理人之间的信息传递和协调工作，及时准确地将职工个人信息、企业年金缴费信息提交账户管理人，督促账户管理人做好职工个人年金查询渠道的宣传与维护。

③研究提出企业年金基金的投资策略建议，提交理事会审议后组织实施。

④负责做好企业年金资金归集、缴款、待遇支付等日常操作工作，做好与账户管理人、托管人、投资管理人及中介服务机构的企业年金信息沟通与协调工作。

⑤研究提出相关企业企业年金基金管理办法，根据合同对企业年金基金管理进行监督，定期编制企业年金基金管理报告并提交理事会审定。

⑥牵头组织建立动态考核评价机制，负责对相关企业企业年金基金账户管理人、托管人、投资管理人的工作情况和业绩进行定期评估，并根据评估情况向理事会提出调整建议。

⑦负责每月向理事长、副理事长报告企业年金基金投资情况，当企业年金基金投资出现亏损时，应及时向理事长、副理事长报告。

⑧负责宣传解释企业年金政策，对各相关企业的企业年金经办机构进行业务指导。

⑨按照国家规定保存企业年金基金管理有关记录至少15年。

⑩完成理事会交办的其他工作。

（7）理事会监督管理委员会的主要职责：

①负责相关企业企业年金基金运营相关内部稽核监控和风险控制制度的拟定和实施监督。

②检查理事会制度的制定及执行情况。

③对选定的账户管理人、投资管理人、托管人及中介服务机构职责履行情况进行监督。

④编制企业年金基金管理监督报告。

⑤提议召开临时理事会会议。

⑥组织对相关企业企业年金基金运营中的重大突发事件和重大事项进行风险评估，并监督处理方案的实施。

⑦理事会授权的其他职责。

四、理事的权利和义务

（1）理事长可以行使以下职权：

①管理理事会。

②召集、主持理事会会议。

③签署理事会有关重要文件。

④代表全体理事对外签署合同。

⑤检查理事会决议及有关制度的执行情况。

副理事长协助理事长开展工作，并可根据理事长的授权全部或部分行使上述职权。

（2）理事会成员享有以下权利：

①了解相关企业企业年金基金的有关运作情况。

②出席理事会会议，行使表决权。

③向理事会提出议案。

④对理事会研究的问题发表意见。

⑤监督理事会决议的执行。

⑥受理事会委托，代表理事会处理有关事务。

⑦必要情况下提请召开临时理事会会议。

⑧提出书面辞职，退出理事会。

（3）理事会成员承担以下义务：

①遵守理事会章程和理事会工作纪律。

②执行理事会决议，积极开展工作。

③按时出席理事会会议，对理事会会议研究的事项发表意见和建议，理事会成员因特殊情况不能出席时，应向召集、主持会议的理事长或副理事长请假。

④承担理事会委托的任务。

⑤全力维护委托人和受益人的利益。

⑥授权理事长代表全体理事对外签署合同。

五、理事会及其成员的禁止行为

（1）理事会及其成员不得有损害企业年金基金委托人和受益人利益的行为。

（2）理事会在依法管理相关企业企业年金事务的同时，不得在企业年金管理工作中从事其他任何形式的营业性活动。

（3）理事会应保证企业年金事务的独立性，不得将企业年金事务与其他业务混合进行。

（4）理事会成员应当诚实守信地开展工作，不得在企业年金管理工作中以任何形式收取费用。

（5）理事会成员有下述情形的，撤销其理事资格：

①有违法或重大违规行为。

②利用企业年金基金财产为其谋取利益，或为他人谋取不正当利益的。

③有损害委托人和受益人利益的行为。

④受到有关监管部门或其他主管部门重大处罚的。

⑤人力资源和社会保障主管部门认定的不适合担任理事一职的其他行为。

六、理事会的议事规则和工作程序

（1）理事会实行定期会议制度，每年至少召开一次例会，对重大问题进行决策，会议由理事长召集和主持，理事长不能履行职务时，由理事长指定副理事长或其他理事主持。

（2）有下列情形之一的，理事会可以召开临时会议：

①企业年金基金投资出现重大变动事项。

②理事会成员发生重大变动。

③需要更换账户管理人、托管人、投资管理人。

④理事长认为必要时。

⑤三分之一以上理事联名提议时。

⑥发生其他重大事项需要召开临时会议的情况。

（3）提交理事会审议的议案，需在理事会会议前10个工作日提交企业年金理事会办公室初审。通过初审的议案在报经理事长同意后，在会议前至少5个工作日连同会议通知一并送达理事会成员。

（4）理事会会议必须有三分之二以上理事会成员出席方为有效；如达不到规定人数，会议应改期召开。

（5）理事会会议可以邀请理事会成员以外的有关人员列席会议。列席会议人员不享有表决权，但有义务介绍情况。

（6）理事会对每一项议案在充分讨论的基础上进行表决，至少应由全体理事半数投赞成票方可通过。理事会可采取记名投票或举手方式进行表决，一人一票，每一票具有同等效力，不能委托他人投票，并形成理事会会议决议。

（7）理事应亲自出席会议，因故不能出席的，可以根据事先接到的会议通知中的讨论事项，用书面形式表达意见，署名后提交给理事会。

（8）下列事项由理事会作为特别议案须经全体理事的三分之二同意方为有效：

①选择、更换账户管理人、托管人、投资管理人。

②审定年度投资策略。

③修改企业年金理事会章程。

④修改理事会的管理制度。

⑤对油田相关企业企业年金基金运营产生重大影响的其他事项。

（9）理事会办公室应对会议表决事项撰写会议记录，并至少保存15年。会议记录应记载以下内容：

①出席会议的理事姓名及人数。

②召开会议的日期、地点。

③会议主持人姓名、会议议程。

④每一表决事项的表决结果及各位理事的投票情况。

⑤认为应当载入会议记录的其他内容。

（10）理事会办公室根据理事会决议起草企业年金理事会会议纪要，由理事长或会议主持人签发。

七、附则

（1）符合人力资源和社会保障部规定的受托机构职责终止条件时，理事会应按国家规定重新组建。

（2）本章程应随国家企业年金政策和集团公司有关规定的调整进行补充和修订。

（3）本章程未尽事宜，按国家有关规定执行。

（4）本章程经理事会会议表决通过，自通过之日起生效。

（5）本章程由理事会负责解释。

第六节　企业年金管理制度

一、基金管理办法

（一）基本要求

1.规范内容的界定

本办法中所称企业年金基金是指根据胜利油田相关企业企业年金计划筹集的资金及其投资运营收益形成的企业补充养老保险基金。

2.企业年金基金管理模式

（1）胜利油田相关企业企业年金基金实行集中统一的理事会受托管理模式。理事会作为胜利油田相关企业企业年金基金的受托人，负责企业年金基金的受托管理。

（2）胜利油田各相关企业管委会代表职工与理事会签订受托管理合同，理事会与具有企业年金管理资格的账户管理人、托管人、投资管理人分别签订管理合同，明确各自的权利和义务。合同报山东省人力资源和社会保障厅备案。

（3）企业年金基金实行专户管理，与委托人、受托人、账户管理人、托管人和投资管理人的自有资产或者其他资产分开管理，分别记账，不得挪作他用。

（二）组织管理与职责

（1）理事会委托具备企业年金基金账户管理人资格的专业机构处理企业年金基金账户管理事务；委托具备企业年金基金托管人资格的专业机构处理企业年金基金托管事务；委托具备企业年金基金投资管理人资格的专业机构处理企业年金基金投资管理事务。根据需要委托具有资质的相关金融机构，为胜利油田相关企业企业年金基金运营管理提供受托咨询服务。

账户管理人、托管人及投资管理人的选择按照相关规定执行。

（2）理事会下设理事会办公室，具体负责胜利油田相关企业企业年金基金日常运营管理各项工作。

（3）胜利油田相关企业应成立本单位企业年金管理委员会，并设日常办事机构或专职岗位，负责做好本企业企业年金基金相关管理工作。

（三）企业年金基金重点管理内容

企业年金基金管理的主要内容包括：投资政策及风控指引的确定及调整、基金监督与检查、缴费资金归集及待遇支付、基金账户设置及管理、管理费列支、业务审核、信息报告与披露。

1.投资政策及风控指引的确定及调整

（1）企业年金基金投资运作要本着“高度安全、合理收益”的原则，以追求稳健收益为导向，切实做好风险管理，按照“确保不低于年金市场平均水平、确保不低于投资管理人内部年金组合平均水平、力争不低于该投资管理人在石化年金计划水平”的要求，引导投资管理人加强收益预期管理，做好投资资源的统筹配置安排。

（2）理事会按照上述原则制定胜利油田相关企业企业年金基金委托投资政策及风控指引，以保障企业年金基金安全和平稳运营。

（3）委托投资政策及风控指引经理事会审定后组织实施。委托投资政策及风控指引是确定企业年金基金投资范围和比例的具体方案，原则上每年确定一次，并根据国家政策法规和市场形势变化调整和修订。

（4）企业年金基金投资及管理发生以下重大变化及情形时，理事会办公室应及时调整委托投资政策：

①国家对企业年金投资政策的相关规定发生重大调整，导致委托投资政策与相关法规相抵触的。

②金融市场出现重大变化，委托投资政策不能适应市场环境变化的。

③三分之一及以上理事认为委托投资政策不合理，书面联名提出调整要求的。

④其他对委托投资政策产生重大影响的事项。

（5）理事会办公室应切实履行委托投资政策的有效实施和监控，并建立健全重大事项报告制度。

2.基金监督与检查

（1）理事会办公室负责对账户管理人、托管人、投资管理人以及企业的履职情况进行监督和评价。

①理事会办公室应与账户管理人、托管人有效沟通，掌握其服务状况，督促其提高服务水平，并按规定对其提出考评意见。

②理事会办公室应定期分析、跟踪胜利油田相关企业企业年金基金投资组合业绩情况，加强资本市场走势研判，做好年金基金风险管控，按照《胜利油田相关企业企业年金基金投资监督及绩效评价办法》对投资管理人投资行为进行监督和评价。

③理事会办公室应对企业缴费和支付业务情况进行全流程监督，督促各企业经办人员加强业务建设，提高工作质量，并按规定对企业相关业务完成情况进行考核。

（2）理事会办公室按照合同规定，聘请会计师事务所对企业年金基金进行审计，要求账户管理人、托管人、投资管理人及相关企业依法配合审计，并提供必要的协助。审计报告按规定及时向监管部门报送。

3.缴费资金归集及待遇支付

（1）缴费资金归集。

①每月缴费业务处理截止日前，各缴费企业企业年金管理委员会的日常办事机构（以下简称“企业办事机构”）通过胜利油田企业年金管理系统进行缴费信息的维护，生成缴费筹集单，并报理事会办公室审核。

②各缴费责任企业在规定日期将经理事会办公室核定的应缴款项一次性划入胜利油田相关企业企业年金计划受托财产账户。托管人负责给各缴费责任企业开具企业年金缴费收据。

③理事会办公室办理企业年金缴费收款确认指令并发送给托管人，发送缴费信息确认表给账户管理人；账户管理人依据托管人反馈的收款确认指令和理事会办公室发送的缴费信息确认表完成到账匹配。

④理事会办公室发送投资分配指令给托管人，托管人应及时将资金划入指

定的投资资产托管账户。

⑤理事会办公室应全程监控企业年金资金缴费归集情况；与托管人建立定期对账机制，确保定期划入企业年金基金资金账户的金额与账户管理人提供的相关数据一致。资金账户核对资料应作为档案资料保存。

（2）待遇支付。

①发生待遇支付业务时，各相关企业办事机构将待遇支付人员信息上报理事会办公室，理事会办公室核实汇总后发送账户管理人，根据账户管理人提供的投资买卖汇总信息向投资管理人和托管人发送指令办理企业年金基金赎回业务，并及时向托管人发出待遇支付指令。

②理事会办公室应协调监控企业年金基金待遇支付的全过程，并将支付结果信息通知企业办事机构。对于支付失败的，理事会办公室及时通知相关单位提供正确支付信息，向托管人重新发送待遇支付指令。

③企业办事机构应将企业年金待遇支付结果及时通知待遇领取人。

（3）缴费资金分配及待遇支付资金提取。

理事会办公室应严格按照胜利油田相关企业年金资金分配和资金提取规则进行资金分配和提取，并跟踪托管人执行指令情况。

4.基金账户设置及管理

（1）银行托管账户的开立与管理。

①理事会办公室根据相关规定在托管人处开立企业年金计划受托财产托管账户，并以企业年金基金名义委托托管人开设企业年金计划投资资产托管账户。

②理事会办公室与托管人建立定期对账机制，确保定期划入企业年金基金资金账户的金额与账户管理人提供的相关数据一致。资金账户核对资料应作为档案资料保存。

（2）企业年金账户设置与管理。

①企业年金账户包括个人账户和企业账户。

②个人账户记载职工个人基本信息、个人缴费、企业缴费划入、投资运营收益和账户储存额等情况。

③企业账户用于归集企业缴费按比例划入个人账户后的余额（即特殊年

金）、企业缴费按规定不再归属个人部分及其投资运营收益。企业账户资金用于激励性年金和支付过渡性年金，并优先用于支付过渡性年金。各相关企业企业账户单独建立、不相互调剂。

④企业年金基金的投资收益，根据企业年金基金单位净值，定期计入个人账户和企业账户。

（3）基金计量方式。

胜利油田相关企业企业年金基金计量方式采用份额法，按企业年金基金各投资组合层面定价，即托管人分别以各组合资产总值进行定价（不含受托财产账户的资产）。定价日以理事会发送给托管人和账户管理人的书面通知为准。

5.管理费列支

（1）账户管理费根据《企业年金基金账户管理合同》约定计算，按年支付。理事会办公室在取得账户管理人提交的支付通知并核实、确认后，发各企业办事机构，由各相关企业缴纳至账户管理人指定账户。各单位在“管理费用–企业年金管理费”科目中据实列支。

（2）托管费和投管费根据《企业年金基金托管合同》和《企业年金基金投资管理合同》约定计算，在取得托管人提交的支付通知并核实后，由理事会办公室通知托管人从企业年金基金财产中支付。

（3）审计费、开户费用、清算费用、资金划拨费用、交易费用及法律法规规定的各项企业年金基金费用均在企业年金基金财产中列支。

（4）中介服务机构费用由理事会办公室根据相关规定及合同约定列支和支付。

6.业务审核

（1）理事会根据实际需要指定企业年金基金业务经办人、复核人、签发人，分别在理事会授权范围内负责企业年金基金日常业务的经办、审核和审批事项，同时刻制企业年金基金业务章，用于对企业年金基金相关指令、资料等盖章确认。

（2）发生相关事项时，由指定签发人签发，签发人因故不能签发时，可授权其他人员签发。

（3）企业年金基金管理过程中产生的数据和资料由财务投资组和人事政策组分别负责分类、整理，并按规定存档。

7.信息报告与披露

（1）理事会办公室督促账户管理人、托管人、投资管理人按相关管理合同要求及时提供胜利油田相关企业企业年金基金管理报告，并根据相关报告编制胜利油田相关企业企业年金基金受托管理报告。

（2）理事会办公室根据基金运营情况按月编制基金运营简报发年金理事会理事。

（3）理事会办公室应按照职责要求定期向监管机构报送相关报告。

（4）企业年金基金管理和财务会计报告应作为企业年金基金档案资料保存。

（四）其他

本办法由理事会审议通过，自发布之日起执行。

二、胜利油田相关企业企业年金基金投资监督及绩效评价办法

（一）基本要求

（1）规范内容的界定。

本规定所称投资监督及绩效评价，是指胜利油田相关企业企业年金理事会（以下简称理事会）及其办公室，依据《企业年金理事会章程》所规定的职责，对企业年金基金投资管理人运营胜利油田相关企业企业年金基金的合法性、合规性和有效性所开展的监督及绩效评价。

（2）依据本办法对投资管理人评价的结果可作为年金计划统筹调配资金规模、投资管理人评优评先以及是否与投资管理人续约的重要参考。

（二）机构与职责

1.理事会监督管理职责

（1）审定胜利油田相关企业企业年金投资政策，并授权理事会办公室跟踪及监督投资管理人投资政策的执行情况及投资运营情况。

（2）审定胜利油田相关企业企业年金投资绩效评价办法，并授权理事会办公室定期对投资管理人进行绩效评价。

（3）审定胜利油田相关企业企业年金资金分配和资金提取规则，并授权理

事会办公室依据相关规则合理安排缴费资金分配和待遇支付资金提取。

（4）审定胜利油田相关企业企业年金风险管理办法，并授权理事会办公室依据风险指引有关要求对年金基金投资运作过程中的各项风险指标进行预警、防范和处理。

2.办公室监督管理职责

（1）制定企业年金基金投资政策，并在理事会授权下，跟踪和监督投资管理人投资政策执行情况。

（2）跟踪投资组合的业绩走势和收益目标达成情况，采用问题导向原则，对业绩不理想的组合通过约谈督导等方式督促整改。

（3）对企业年金基金的各项风险指标进行跟踪和监控，严格信用资产准入标准，建立多维度风险筛查、防范、预警和处理机制。

（4）依据投资管理合同及合作备忘录相关条款对因投资管理人的违规违约行为或重大投资失误造成的损失进行追偿。

（5）审阅投资管理人提交的企业年金基金投资管理报告，定期向理事会报告企业年金基金运营情况。

（6）组织投资管理人定期召开企业年金投资业绩通报会、预算对接会，不定期组织召开专题研讨会，根据需要对投资管理人进行现场监督检查。

（7）按照投资绩效评价办法对投资管理人进行绩效评价。

（三）投资监督

1.投资监督的方法和程序

（1）投资监督方法。

对企业年金基金投资运作的收益和风险状况，通过量化指标采用动态持续跟踪、定期督导约谈、责令督促整改的全流程监控方式进行管理。

（2）投资监督程序。

通过企业年金投资监督管理系统，关注各投资组合净值变化和大类资产配置情况，定期对各投资组合业绩进行归因分析，及时掌握各组合风险指标数据，对基金净值波动大、资产配置不合理、收益目标不达预期、风险敞口过分暴露及违反投资政策等违规行为和异常情况进行跟踪、监督和处理。

2.投资监督的主要内容

（1）依据投资政策与托管人确定投资监督事项表，督促托管人对投资管理人的投资行为和交易数据进行实时监控，对违规行为及时反馈，主动报告，防范合规风险和流动性风险。

（2）对投资管理人的投资运营情况进行日监督、周通报和月分析，将大类资产归因、投资品种仓位和业绩完成情况定期通报给投资管理人。

（3）依据理事会确定的收益管理目标，持续跟踪各投资组合的净值走势，重点关注收益偏离业绩比较基准、短期内净值回撤幅度过大或出现重大投资损失的问题组合，加强问题分析，提出有效整改措施。

（4）督促投资管理人对持仓信用资产定期排查风险，动态反馈组合信用情况，做到信用资产投前、投后全生命周期管理，落实信用风险管理终身负责制。

（5）委托第三方对年金基金整体信用风险进行定期评估，并将结果反馈给投资管理人，及时提示风险。

（6）不定期开展专题调研或研讨活动，调研或研讨内容包括但不限于年金治理结构、资本市场分析、投资决策机制、风险控制和年金政策等。

（7）建立与中石化年金理事会和法人受托机构的业绩对标机制，加强沟通交流，重视差异分析，不断完善资产配置体系和方法。

（8）充分利用合作券商资源，提升理事会受托管理能力，提升投资管理的科学性和有效性。

（9）对投资监督管理系统定期优化升级，更好地适应投资管理的需要。

（10）对投资管理人违规、违约行为给年金基金造成的损失，根据投资管理合同及合作备忘录有关要求，追究其相应责任。

（11）督促投资管理人及时提交投资管理报告。

3.投资监督报告

（1）定期报告。

①投资管理人每月初5个工作日内提交上月投资总结及本月投资计划，其中：投资计划包含但不限于本月资本市场预判、主要投资产品的投资策略；投

资总结需分析实际投资操作与月初投资计划之间差异的主、客观原因。

②投资管理人定期提交信用资产风险管理报告，包括：组合持仓债券风险筛查周报、月报及非标资产管理月报，同时协助理事会做好计划层债券及非标资产的风险筛查工作。

③投资管理人在规定的时间内向理事会提交经托管人复核的季度、年度投资管理报告。

（2）临时报告。

①就理事会关注的特定事项，提供相应的投资研究报告；

②当企业年金基金资产、资本市场形势和基金管理人发生重大变化或出现异常情况时，投资管理人应于3个工作日内书面报告，分析原因，提出应对措施，包括但不限于以下情形：

a.委托投资资产净值单日跌幅超过0.5%（含）或连续5个交易日累计下跌幅度超过1%。

b.投资管理人在投资运作中存在违反合同行为。

c.投资管理人面临重大股权变动、减资、合并、分立、解散、依法被撤销、决定申请破产或被申请破产。

d.投资管理人面临重大诉讼或仲裁。

e.投资管理人的董事长、总经理、直接负责企业年金的高级管理人员发生变动。

f.投资管理人受到相关监管部门处罚。

g.投资组合中的债券、非标产品等资产发生违约风险或产品评级出现下调。

h.国家规定或投资管理合同约定需要临时报告的其他事项。

（四）绩效评价

1.绩效评价原则

按照公平公正、安全合规和激励约束原则，对投资管理人的投资业绩、风险控制和服务质量进行综合评价。

2.绩效评价的目的

建立以中长期考核指标为主，当期业绩指标为辅，定量、定性相结合的综合评价体系，引导投资管理人在风险可控的前提下，充分利用自身的资源禀赋，努力提高投资业绩，着力防范化解投资风险、全面提升服务质量。

3.绩效评价的方式

（1）绩效评价包括定量评价和定性评价。

（2）定量评价主要包括投资管理人业绩，风险指标、重大投资损失等内容。

（3）定性评价主要包括投资团队、合规及合同履行情况、信用资产管理、客户服务及增值服务评估等内容。

相关评估信息来源于托管报告、投资监督管理系统数据以及理事会办公室日常管理台账等。

4.评价结果运用

（1）投资管理人年度及合同期绩效评价结果可作为统筹调配投资管理人资金规模、投资管理人评优评先以及合同续约的重要依据或参考。

（2）根据需要，绩效评价工作可聘请第三方投资咨询机构参与。

（五）其他

本办法由理事会审议通过，自发布之日起执行。

表 6–4　投资管理人绩效评价表

评价方式	指标类型	权重	具体指标	权重	评价标准
定量评价（60%）	投资收益评估	45%	1. 运作以来累计收益率	10%	运作以来累计收益率排名：第 t 名得分为该组合累计收益率 ×100÷ 可比组合中累计收益率的最高值
			2. 本合同期累计收益率	20%	本合同期累计收益率排名：第 t 名得分为该组合累计收益率 ×100÷ 可比组合中累计收益率的最高值
			3. 考核当期收益率	15%	考核当期收益率排名：第 t 名得分为该组合考核当期收益率 ×100÷ 可比组合中当期收益率的最高值
	风险评估	15%	1. 夏普比率	5%	夏普比率排名：第 t 名得分为该组合考核当期夏普比率 ×100÷ 考核当期可比组合中夏普比率的最高值
			2. 波动率	5%	波动率排名：第 t 名得分为 100–［（考核当期该组合收益波动率 – 考核当期可比组合中收益波动率最小值）×100÷（考核当期可比组合中收益波动率最大值 – 考核当期可比组合中收益波动率最小值）］
			3. 重大投资损失	5%	当期单只投资品种投资损失额小于 500 万元，得 100 分；超过 1000 万元不得分；其他情况酌情计分

续表

评价方式	指标类型	权重	具体指标	权重	评价标准
定性评价（40%）	运营情况评估	10%	1. 合规及合同履行情况	5%	主要依据托管报告提示的违规次数进行评价，评价期内无违规事项发生 100 分，违规 1 次 50 分，违规 1 次以上 0 分
			2. 公司及投研团队实力与稳定性	5%	对投资管理人的公司治理、投研团队人员变动、专业能力、投资流程、产品管理等方面综合评价，情况较好 80—100 分；一般 60—80 分；较差 60 分以下
	信用资产投后管理	20%	1. 风险管理	15%	根据理事会相关要求定期评估信用资产风险，制定风险应对预案，及时与理事会沟通，完成较好 80—100 分；一般 60—80 分；较差 60 分以下
			2. 投后跟踪报告	5%	按照理事会办公室的要求，及时准确提供信用资产管理报告，完成较好 80—100 分；一般 60—80 分；较差 60 分以下
	服务评估	10%	1. 服务响应与质量	5%	理事会对投资管理人日常服务响应速度及服务质量的满意度，满意 80—100 分，一般 60—80 分，不满意 60 分以下
			2. 增值服务	5%	对理事会办公室日常管理提供额外且有价值的增值服务，服务较好 80—100 分；一般 60—80 分；较差 60 分以下

三、非标产品管理办法

（一）基本要求

（1）规范内容的界定。

本办法所指非标产品，是根据《人力资源社会保障部关于调整年金基金投资范围的通知》（人社部发〔2020〕95号）规定，企业年金可投资的债权投资计划、信托产品、债权投资计划型或信托产品型养老金产品（底层资产唯一）等具有固定收益属性的投资产品。

（2）本办法是对企业年金理事会（以下简称“理事会”）和投资管理人进行非标产品投资管理的指导性规定。

（3）企业年金投资组合的投资管理人应谨慎选择产品风险收益特征与委托人的需求匹配的非标产品，在进行尽职调查、综合权衡产品的风险、收益和流动性，并取得理事会书面同意后，方可进行非标产品投资。

（二）理事会办公室监督管理职责

理事会办公室负责对投资管理人拟投资的非标产品进行投资前的要素审核和投资后的全过程监督，确保所投资的产品符合法规和投资政策的规定，并在投资本金安全的前提下，实现产品投资收益目标。

（三）投资监督

1.常规管理

（1）接受年金投资管理人提出的投资申请材料，并按照审核要素表对申请材料进行完整性检查。

（2）按相关标准审核拟投资产品是否符合要求，根据计划层单只产品或信用主体集中度控制要求，并参考外部评估意见，对权限范围内的产品提出是否投资的意见；超出权限范围的，提出初审意见后，按权限上报审批。

（3）理事会办公室应强化投资管理人非标产品投资一票否决制和终身负责制管理理念，加强非标产品的投后管理，督促投资管理人持续跟踪和分析产品的投资风险，评估投资效果，定期提供各类跟踪评估报告，并关注投资管理人是否存在利益输送、利益转移等不当行为。

（4）理事会办公室委托外部机构每季度对全部持仓产品进行风险评估，对于存在投资风险的产品，提示相关投资管理人重点关注并妥善处理；投资管理人按月对组合持仓非标产品进行风险自查并提交自查报告。

2.应急管理

（1）当债权计划、信托产品的偿债主体或担保主体发生评级下调或因产品发行人资质变化导致该产品不再满足可投资条件时，理事会办公室应要求投资管理人在3个工作日内报告受托人并提交专题报告，提出资产处置初步方案，并协调相关各方对资产处置方案进行审核决策。如确定需要进行产品受益权转让的，理事会办公室应监督转让价格，防止投资管理人利用年金资产进行利益输送，并将相关情况报告理事长。

（2）投资组合内的债权投资计划、信托产品等非标资产的偿债主体或担保主体发生风险事件，导致产品利息或本金可能无法支付时，投资管理人须及时向产品发行人核实情况，并在知晓上述情况后的3个工作日内向理事会办公室做出相关事项的书面报告，提出风险应对预案。理事会办公室应及时审核批复投资管理人风险应急预案。

（3）投资组合内的债权投资计划、信托产品等非标资产的偿债主体或担保主体发生风险事件，预计对组合造成损失超过1000万元的，理事会办公室应根据投资管理人的风险应急预案，形成应急处理意见报理事长，由理事长审定后实施。

（四）其他

本办法由理事会审议通过，自发布之日起执行。

四、缴费归集和待遇支付实施细则

（一）基本要求

1.规范内容的界定

本细则中所称缴费和待遇支付企业是指参加胜利油田相关企业企业年金计划的胜利油田控股子公司、东营胜利石油技术服务有限责任公司和自主参加的油田改制企业（以下简称“相关企业”）。

2.企业年金缴费归集和待遇支付管理基本要求

（1）按照胜利油田相关企业企业年金制度的整体部署，自2009年1月1日起胜利油田相关企业实施统一的企业年金制度。胜利油田相关企业企业年金缴费实行月度缴费制度，各相关企业按月缴纳企业年金，并自行划转至理事会指定的企业年金资金托管账户。

（2）各缴费企业需理顺内部缴费工作流程，组织人事、财务、社会保障等相关部门密切配合、通力协作，严格按照规定的缴费程序、缴费比例、缴费时间，提取和筹集企业年金资金，确保年金基金按时足额到位，内部往来等账务信息清晰完整。

（3）胜利油田相关企业企业年金待遇支付按月度进行，各相关企业应按时做好人员增减和待遇变动信息维护，提交支付申请，年金理事会办公室按照相关制度从投资管理人或采取预留的方式提取资金，下达支付指令，托管人按照指令支付年金待遇。

（4）各企业按要求提前做好待遇支付人员的信息采集，准确填报待遇支付人员退休时间、过渡性年金标准、个人账户分期情况、死亡时间等相关信息，及时修改支付失败信息，确保年金待遇按时足额发放。

（二）各级管理部门职责

（1）胜利油田相关企业企业年金理事会办公室负责各相关企业缴费数据审核、资金归集核对、待遇支付审核、支付资金提取、下达支付指令以及监督与考核等工作。

（2）各相关企业负责本企业企业年金缴费信息维护、资金筹集、支付业务申请、支付失败信息修改等工作。

（三）缴费归集管理工作流程

1.企业年金缴费归集管理主要工作流程包括：缴费数据核对、资金归集与上缴。

2.缴费数据核对

（1）每月缴费业务处理截止日前（具体时间由理事会办公室发布的月度工作通知确定），各缴费企业通过胜利油田企业年金管理系统进行缴费信息维护，一并生成缴费筹集单，报理事会办公室人事政策组审核。

（2）各缴费企业的缴费筹集单经理事会办公室人事政策组审核通过后，由理事会办公室人事政策组编制企业年金缴费汇总表，下发各缴费企业核对。

3.资金归集与上缴

（1）各缴费企业在规定日期内，需将经理事会办公室核定的应缴款项一次性划入胜利油田相关企业企业年金计划受托财产账户。托管人负责给各缴费企业开具企业年金缴费收据。

（2）理事会办公室编制企业年金缴费收款确认指令并发送给托管人，将缴费信息确认表发予账户管理人；账户管理人依据托管人反馈的收款确认指令和理事会办公室发送的缴费信息确认表完成到账匹配。

（3）理事会办公室发送投资分配指令给托管人，托管人应及时将资金划入指定的投资资产托管账户。

（4）理事会办公室全程监控企业年金资金缴费归集情况；与托管人建立定期对账机制，确保划入企业年金基金资金账户金额与账户管理人提供的相关数据一致。资金账户核对资料应作为档案资料保存。

（四）待遇支付管理工作流程

1.工作流程

企业年金待遇支付管理主要工作流程包括：提交支付申请、资产提取、待遇支付、支付失败处理。

2.提交支付申请

（1）每月支付申请提交截止日前（具体时间由理事会办公室发布的月度工作通知确定），各相关企业办事机构需按时上报待遇支付人员信息，经理事会办公室审核汇总后将支付申请发送账户管理人。

（2）账户管理人根据支付申请，在工行养老金系统中完成支付业务提交并确认。

3.资产提取

（1）理事会办公室根据账户管理人提供的投资买卖汇总信息向投资管理人和托管人发送资产提取指令，办理企业年金基金赎回业务。

（2）理事会办公室监控企业年金基金赎回进度，协调督促投资管理人及时完成资产提取。

4.待遇支付

资产提取完成后，理事会办公室将支付指令发送至托管人，托管人按照指令进行待遇支付。

5.支付失败处理

托管人将待遇支付失败情况反馈至理事会办公室，理事会办公室及时通知相关企业，重新核实并提供正确的支付信息，之后编制支付失败重支指令，发送托管人执行。

（五）检查与监督

企业年金缴费和待遇支付作为企业年金管理的重要内容，各相关企业应严格遵守受托管理合同约定，自觉履行按时足额缴纳年金基金责任和义务，同时，理事会办公室要加强管理与监督，定期通报年金基金欠缴情况，对长期拖欠年金缴费的相关企业，理事会将根据受托管理合同相关条款做出处理。

（六）其他

本细则由理事会审议通过，自发布之日起执行。

五、资金分配和资金提取规则

为充分发挥缴费资金分配和资金提取对投资管理人的激励约束作用，引导投资管理人在风险可控的前提下，努力提高投资收益，实现“三个不低于”目标（即：确保不低于年金市场平均水平、确保不低于投资管理人内部年金组合平均水平、力争不低于该投资管理人在石化年金计划水平），特制定胜利油田相关企业年金资金分配和提取规则，具体如下：

（一）缴费资金分配

（1）设置增量资金分配资格线。每季度以中国工商银行提供的组合行业平均收益率（计算方法、数据口径与考核业绩相同）作为增量资金分配的资格线，各投资管理人只有组合收益达到行业平均收益率才有资格进行增量资金的分配，未达到则不能分配资金。

（2）按季度对投资管理人进行综合业绩考核排名。

（3）增量资金的分配比例原则上按照各组合收益率超出平均收益率部分的比重进行分配。

（4）若出现全部投资人季度收益率均未达到行业平均收益率的情况，则由收益率排前三位的组合按照收益率与平均收益率的差额比重进行增量资金的分配。

（5）若按以上规则出现单个投资管理人分配资金较少的情况，为提高资金利用效率，可根据实际情况进行动态调整。

（6）若计划引入新投资管理人，可对本分配规则进行适度调整。

（二）资金提取

（1）职工正常的待遇支付提取不与业绩挂钩，直接从对应投资管理人账户提取。

（2）按照各投资管理人年度投资业绩“三个不低于”标准的达标数量，设立“ABCD”四个等级，对年度投资业绩考评标准为C或D等级的投资管理人，可以按照当年实际收益与应实现收益差额，倒算出的无效资本量进行资金提取。

（3）除以上两种情况资金提取外，若投资管理人出现包括但不限于以下情形：

①发生单只品种超过200万元（含）的重大投资损失。

②发生实质性信用风险违约事件。

③因年金业务违规受到监管部门处罚。

理事会可视情况对其管理的存量资金规模进行额外调减。调出资金与当月新增缴费资金一起，按资金分配规则进行分配。

本规则由理事会审议通过后执行。

六、基金投资运营风险管理办法

（一）总则

（1）为规范和加强企业年金投资运营风险工作，切实履行受托人和投资管理人风险管理职责，根据《企业年金基金管理办法》（人力资源社会保障部 银监会 证监会 保监会令第11号）、《人力资源社会保障部关于调整年金基金投资范围的通知》（人社部发〔2020〕95号）、《人力资源和社会保障部 银监会 证监会 保监会关于企业年金养老金产品有关问题的通知》（人社部发〔2013〕24号）等法律法规制定本办法。

（2）本办法所称企业年金基金是指根据胜利油田相关企业企业年金计划筹集的资金及其投资运营收益形成的企业补充养老保险基金。

（3）本办法所称企业年金投资运营风险主要是指胜利油田相关企业企业年金基金投资运营过程中所面临的市场风险、信用风险和违规风险等风险事项。

（二）机构与职责

1.投资管理人风险管理职责

（1）建立、健全内部风险控制机制和稽核制度。

（2）对本投资组合内的投资资产实行投资全过程风险管理，承担投后产品存续期内的全部管理责任，对可能出现的风险进行预判，提出风险管理意见，及时向理事会报告。

（3）履行资产风险跟踪评估管理报告职责。

2.理事会办公室风险管理职责

（1）制定年金运营风险控制相关管理制度。

（2）批复投资管理人针对风险事件提出的处置意见。

（3）组织投资管理人开展风险自查评估工作。

（三）风险管理

1.市场风险管理

（1）市场风险包括权益价格风险、利率风险、房地产价格风险和汇率风险等。

（2）投资管理人应持续跟踪宏观经济运行状况、货币政策、财政政策、产业政策、市场环境等各方面因素，权益市场以及固收市场，在内外部研究力量的支持下，对各市场风险因素进行分析研究。

（3）投资管理人根据组合资产的特点，采用情景分析、在险价值和压力测试等方法准确计量、持续监测组合资产面临的市场风险，并建立市场风险监测报告机制，定期向理事会报告。

2.信用风险管理

（1）投前管理。

①协议存款及同业存单。

a.协议存款及同业存单交易对手须符合胜利油田相关企业年金投资政策要求。

b.投资协议存款及同业存单须征得理事会同意。

②非标类资产。

a.产品信用等级须符合胜利油田相关企业年金投资政策要求。

b.投资非标资产须在投资前一般不少于3个工作日向理事会报批，并征得理事会同意。

③债券类资产。

a.债券评级（包含债项评级和主体评级）、投资比例以及债券融资主体所属行业和地区等须符合胜利油田相关企业年金投资政策要求。

b.投资单只债券超过2000万元（含）须征得理事会同意。

④养老金产品。

a.养老金产品底层资产评级及融资主体评级原则上不低于AA+，融资主体资质较弱的主体，必须有较强的担保条款。

b.底层发行协议存款的银行原则上须符合胜利油田相关企业年金投资政策要求。

c.养老金产品在同类产品同期限（6个月以上）的收益排名须在前1/2（新设立的养老金产品除外）。

d.按照Wind公开披露的数据，养老金产品收益标准差低于同期同类平均。

e.投资养老金产品须征得理事会同意。

（2）投后管理。

①系统自动监控。

投资管理人需根据年金投资政策要求在风控系统内设置相关监督指标，对投资经理的交易行为进行系统自动监督。

②各类投资资产风险管理措施。

a.债券类资产。

投资管理人按周对持仓债券进行风险自查并提交自查报告；理事会办公室委托专门机构每季度对全部持仓债券进行风险评估，对于投资风险相对较高的债券，提示相关投资管理人重点关注。单只债券处置损失预计超过100万元的，须事先向理事会提交专项说明，征得理事会同意后方能处置。

b.非标类资产。

理事会办公室委托专门机构每季度对持仓产品进行风险评估，对于存在投资风险的产品，提示相关投资管理人重点关注；投资管理人按季度对持仓债权计划等非标产品进行风险自查并提交自查报告。

c.养老金产品。

设置预警指标，对单日或单周净值下跌幅度较大且连续滚动3个月在同类型养老金产品中排名后1/5的产品进行预警和关注。每季度初，投资管理人要梳理和报送以上产品的投资调整安排。

3.风险管理报告制度

（1）定期报告

投资管理人每月提交组合管理报告以及养老金产品管理报告；每季度提交持仓债券风险自查报告、非标资产风险自查报告和市场分析报告。

（2）临时报告

①投资组合内的存款类/债券类资产出现信用风险事件，包括但不限于信用违约、信用评级下调等情形，投资管理人须在知晓上述情况后的2个工作日内向理事会办公室报告，报告内容包括但不限于资产名称、占比、价格变化、信用分析情况以及应对方案等。

②投资组合内的债权投资计划等非标资产的偿债主体或担保主体发生评级下调或因产品发行人资质变化导致该产品不再满足可投资条件时，投资管理人须在知晓上述情况后的3个工作日内向理事会办公室提交专题报告，提出资产处置初步方案，确定需要进行产品受益权转让的，理事会办公室应监督转让价格，防止投资管理人利用年金资产进行利益输送。

③投资组合内的债权投资计划等非标资产发生风险事件，导致产品利息或本金可能无法支付时，投资管理人须及时向产品发行人核实情况，并在知晓上述情况后的3个工作日内向理事会办公室做出相关事项的书面报告，提出风险应对预案。理事会办公室应及时审核批复投资管理人风险应对预案，预计损失超过200万元的，由理事长审定后实施。

④养老金产品所投债券和非标资产出现信用风险需要调整估值，投资管理

人须于3个工作日内向理事会办公室报告，提出后续处置计划并及时汇报后续处置进展。

⑤其他市场重大风险事件分析报告等。

4.责任追究

（1）投资管理人违反投资政策规定未履行或未正确履行职责造成企业年金基金损失或其他严重不良后果的，应当承担赔偿责任，直至解除合同。

（2）责任追究情形。

①投资管理人未按规定履行内控及风险管理职责，导致内控及风险管理制度缺失，内控流程存在重大缺陷的。

②投资管理人内控及风险管理制度未执行或执行不力，对年金投资运营重大风险未能及时分析、识别、评估、预警、应对和报告的。

（四）附则

本办法由理事会会议审议通过，自发布之日起执行。

七、养老金产品投资监督管理办法

（一）总则

（1）为规范和加强企业年金养老金产品投资运营管理工作，切实履行受托人和投资管理人管理职责，根据《企业年金基金管理办法》（人力资源社会保障部 银监会 证监会 保监会令第11号）、《人力资源社会保障部关于调整年金基金投资范围的通知》（人社部发〔2020〕95号）、《人力资源和社会保障部 银监会 证监会 保监会关于企业年金养老金产品有关问题的通知》（人社部发〔2013〕24号）等法律法规制定本办法。

（2）办法中所称养老金产品，是指由企业年金基金投资管理人发行的、面向企业年金基金定向销售的企业年金基金标准投资组合。

（3）理事会办公室依据本办法对投资管理人主动配置的养老金产品进行投资监督管理。主动配置是指由投资管理人自主制定投资方案进行的养老金产品投资。

（二）机构与职责

1.投资管理人产品投资管理职责

（1）根据胜利油田相关企业年金理事会确定的养老金产品投资标准，向理事会推荐养老金产品。

（2）对本投资组合内的养老金产品实行穿透监督管理，掌握产品底层资产投资的收益和风险情况，对可能出现的风险进行预判，提出产品投资处置意见，及时向理事会进行汇报。

（3）履行养老金产品投资管理报告职责。

2.理事会办公室产品投资管理职责

（1）审核、评估和批复投资管理人提出的养老金产品配置申请。

（2）对养老金产品进行绩效评价，根据绩效评价结果调整养老金产品的配置额度。

（3）批复投资管理人针对产品投资提出的处置意见，并调整相应养老金产品的配置额度。

（三）投资监督

1.投前管理

（1）货币型养老金产品一般应满足以下条件方可投资：

①过去一年的月平均规模不低于5亿元。

②运作时间须在1年及以上。

③近一年度投资业绩排名处于同类产品市场前1/2。

④理事会认为有必要的其他条件。

（2）信托型、债权投资计划型养老金产品一般应满足以下条件方可投资：

①底层项目融资方一般应为所在行业龙头企业且主业明确。

②底层项目资质优良，项目评级及融资主体评级不得低于AA+，融资主体资质较弱的主体，必须有较强的担保条款。

③理事会认为有必要的其他条件。

（3）存款型养老金产品一般应满足以下条件方可投资：

①底层发行协议存款的银行原则上须符合胜利油田相关企业年金投资政策白名单要求。

②预期费后年化收益率不低于同期3年贷款基准利率。

③理事会认为有必要的其他条件。

（4）市值计价类养老金产品（股票型、混合型、债券型、债券基金型等）一般应满足以下条件方可投资：

①投资运作时间一般应在2年以上。

②近一年及近两年年度投资业绩排名均处于同类产品市场前1/2。

③按照Wind公开披露的数据，养老金产品日收益率的标准差低于同类平均。

④理事会认为有必要的其他条件。

（5）养老金产品的配置，应遵循一事一议的原则，投资管理人向理事会办公室提出申请，待批准后方可投资。

上述各类养老金产品不满足投资要求的，应向理事会办公室书面说明配置理由和未来业绩展望等相关内容。

2.投后管理

（1）货币型和存款型养老金产品。

对于月度产品平均规模下降幅度超过20%的产品，投资管理人须主动报告产品流动性管理方案。

（2）股票型养老金产品。

投资管理人应设置预警指标，对日净值下跌幅度超过3%，或持有期间最大回撤超过10%，且滚动3个月业绩在同类型养老金产品中排名后1/5的产品进行预警和关注。

（3）混合型养老金产品。

投资管理人应设置预警指标，对日净值下跌幅度超过1%，或持有期间最大回撤超过3%，且滚动3个月业绩在同类型养老金产品中排名后1/5的产品进行预警和关注。

（4）固定收益型（不含存款型）养老金产品。

投资管理人应设置预警指标，对日净值下跌幅度超过0.5%，或持有期间最大回撤超过1%，且滚动3个月业绩在同类型养老金产品中排名后1/5的产品进行预警和关注。

每季度初，投资管理人要梳理和报送以上产品的投资调整安排。

（5）养老金产品强制赎回的情形。

对于股票型、混合型、固定收益型养老金产品，在近1个月、3个月、半年、1年、2年等5个时间区间内，有3个区间投资业绩处于同类养老金产品后1/5的，投资管理人须就相关产品投资情况进行说明，并在5个交易日内将该产品全部赎回。投资管理人需做好流动性应对准备。

（6）养老金产品报告。

①定期报告。

投资管理人每月提交养老金产品管理报告。

②临时报告。

a.养老金产品所投债券和非标资产出现信用风险事件，包括但不限于信用违约、信用评级下调，养老金产品投资管理人须于3个工作日内向理事会办公室书面报告，包括但不限于资产名称、占比、价格变化、信用分析情况以及应对处置方案等。

b.养老金产品发生信用风险需调整估值，投资管理人须在调整发生日起3个工作日内向理事会办公室书面报送养老金产品信用风险情况，并及时汇报后续处置进展。

c.养老金产品的投资经理发生变动，养老金产品投资管理人须于5个工作日内向理事会办公室报告。

（四）附则

本办法由理事会会议审议通过，自发布之日起执行。

［附］业务经办流程二维码

—胜利油田相关企业年金—

相关企业企业年金缴费基数调整

相关企业企业年金归集

相关企业企业年金个人账户建立

相关企业企业年金计划外转入

相关企业企业年金计划外转出

相关企业企业年金计划间转移

职工退休年金个人账户待遇支付

职工在职死亡年金个人账户待遇支付

职工出国定居年金个人账户待遇支付

相关企业过渡性
年金待遇支付

相关企业过渡性
年金终止

变更相关企业年金
待遇领取账户

相关企业企业年金
中止缴费

企业年金基金缴费
收款确认与记账

企业年金基金投资
分配划款

企业年金基金
资产提取

企业年金基金
待遇支付

第七章　城乡居民和劳动家属养老保险

第一节　城乡居民基本养老保险

一、参保范围

东营市城乡居民基本养老保险参保范围：年满16周岁（不含在校学生）、未参加职工基本养老保险的城乡居民（包含胜利油田居民），可以在户籍地参加居民基本养老保险。

2019年1月1日起，胜利油田新增居民按属地管理原则，分别纳入东营、滨州、德州、济南、淄博、烟台等地的城乡居民基本养老保险参保范围。

（2018年8月24日，鲁人社函〔2018〕171号，《山东省人力资源和社会保障厅关于胜利油田居民社会保险纳入属地管理有关工作的复函》；

2023年8月26日，《东营市2024年度城乡居民基本养老保险和基本医疗保险征缴通告》）

二、基金筹集

城乡居民基本养老保险基金由个人缴费、集体补助、政府补贴组成。

（一）个人缴费

参保人应当按年度缴纳，自主选择缴费档次，个人缴费总额不超过当地最高缴费档次。个人缴费标准分为每人每年350元、500元、800元、1000元、3000元、5000元、8000元共7个档次。对建档立卡未标注脱贫或已脱贫享受政策的贫困人口、低保对象、特困人员等困难群体、重度残疾人员（一、二级）的参保居民，政府为其代缴350元缴费档次。若个人想选择更高标准，可直接按操作说明选择标准缴纳，无须向单位单独申请。上述人员在政府代缴外又自行缴费的（除100元档次外），按照代缴和自行缴费之和对应缴费档次（无对应缴费档次的，按就近就高缴费档次）的补贴标准给予缴费补贴。

参保人年度首次缴费档次较低的，可在本年度内选择较高档次进行二次差额缴费。

二次缴费时已迁移户籍的，缴费档次和缴费补贴按新户籍地标准确定。首次缴费超过新户籍地最高缴费档次的，不再二次缴费。

参保人达到待遇享受年龄当年可自愿缴纳本年度养老保险费，原则上应在待遇享受年龄前办理，自达到待遇享受条件的次月起计发待遇；在待遇享受年龄后缴纳当年养老保险费的，自当年养老保险费到账的次月起按新待遇计发；已办理待遇享受手续的不再缴纳。

（二）集体补助

有条件的集体经济组织应当对所属参加城乡居民基本养老保险的成员缴费给予补助，具体补助标准由集体经济组织民主确定。集体补助应坚持公开、公平、公正的原则，实行公示制度，接受社会和群众的监督。鼓励其他经济组织、社会公益组织、个人为参保人缴费提供资助。

集体补助及其他资助按年度缴纳，集体补助及其他资助之和不超过当地最高缴费档次，不得跨年度补缴。年度首次集体补助及其他资助金额较低的，可在本年度内二次缴费。

二次缴费时已迁移户籍的，首次集体补助及其他资助之和超过新户籍地最高缴费档次的，不再二次缴费。

（三）政府补贴

1.基础养老金

对符合领取条件的参保人员全额支付城乡居民基本养老保险基础养老金。执行东营市城乡居民基本养老保险基础养老金标准，目前东营市城乡居民基本养老保险基础养老金最低标准为213元。以下情况可增发基础养老金：

对连续缴费满15年（不含补缴年限）的参保居民，每多缴1年，在领取城乡居民基本养老保险待遇时，每月加发年限基础养老金3元，所需资金由县区政府承担。

对年满60周岁、符合计划生育政策规定的独生子女父母、双女父母或非独生子女死亡现无子女的父母，每人每月增发基础养老金20元；对独生子女伤病残的父母，每人每月增发基础养老金50元；对独生子女死亡的父母，每人每月增发基础养老金100元。所需资金由县区政府承担。

对65岁及以上参保居民予以适当倾斜。其中，年满65周岁不满75周岁的待遇领取人员，在现有基础养老金标准上每人每月的增加额不低于5元；年满75周岁及以上待遇领取人员，在现有基础养老金标准上每人每月的增加额不低于10元。所需资金由市县区财政按照2∶8比例负担。

60周岁及以上的符合领取条件的居民，每人每月增发基础养老金30元；90周岁以上的符合领取条件的居民，每人每月再增发基础养老金30元。所需资金由县区政府承担。

2.缴费补贴

对参保人员给予缴费补贴，缴费即补。

对选择350元、500元标准缴费的，缴费补贴标准不低于每人每年60元；对选择800元及以上标准缴费的，缴费补贴标准不低于每人每年80元。

低保对象、重度残疾人员（一、二级）由政府代缴350元缴费档次并享受60元缴费补贴。

缴费所需的缴费补贴市财政承担每人每年20元，其余缴费补贴由县区财政承担。

参保人年度内选择较高档次进行二次差额缴费的，政府按最终个人缴费档次对应的补贴标准给予补贴。

二次缴费时已迁移户籍的，二次缴费与首次缴费产生的缴费补贴差额由新户籍地承担。

（四）保费补缴

（1）存在以下情况的，须按规定补缴养老保险费方可办理待遇领取手续。

①城乡居民基本养老保险政策实施时年满45周岁以上的城乡居民未曾缴纳养老保险费或以往年度养老保险费有中断的。

②城乡居民基本养老保险政策实施时45周岁（含）以下的城乡居民年满60周岁时累计缴费年限不足15年的。

（2）参保人根据现行政策自主选择缴费档次申请补缴，补缴部分不享受政府缴费补贴。申请补足满15年的，需一次性补齐。

（3）应缴费年度内存在城镇职工基本养老保险缴费信息的，达到待遇领取年龄时，按照《东营市人力资源和社会保障局关于社会保险费征缴工作有关问题的通知》（东人社字〔2013〕227号）规定的城镇职工与城乡居民基本养老保险转移衔接办法处理。

（4）年满60周岁的城乡居民补缴养老保险费到账后，次月起按月领取养老金。

（2011年8月2日，东政发〔2011〕11号，《东营市人民政府关于开展城乡居民社会养老保险工作的实施意见》；

2013年7月25日，东人社字〔2013〕227号，《东营市人力资源和社会保障局关于社会保险费征缴工作有关问题的通知》；

2013年10月30日，东人社字〔2013〕317号，《关于调整居民基本养老保险有关政策的通知》；

2014年2月16日，东区发〔2014〕2号，《中共东营区委东营区人民政府关于深入开展“项目推进年”活动的意见》；

2014年5月21日，东人社字〔2014〕157号，《关于规范居民基本养老保险有关问题的通知》；

2019年5月7日，东人社规〔2019〕2号，《关于建立居民基本养老保险待遇确定和基础养老金正常调整机制的实施意见》；

2022年9月26日，东税发〔2022〕46号，《国家税务总局东营市税务局财政局人力资源和社会保障局医疗保障局关于做好2023年度城乡居民基本养老保险和基本医疗保险参保缴费工作有关问题的通知》；

2022年11月14日，鲁人社发〔2022〕22号，《山东省人力资源和社会保障厅 山东省财政厅 国家税务总局 山东省税务局 国家税务总局青岛市税务局关于完善居民基本养老保险政策有关问题的通知》；

2023 年 8 月 26 日，《东营市 2024 年度城乡居民基本养老保险和基本医疗保险征缴通告》；

2023 年 12 月 15 日，东人社发〔2023〕6 号，《东营市人力资源和社会保障局 东营市财政局关于 2023 年提高全市居民基本养老保险基础养老金最低标准的通知》；

2023 年 12 月 29 日，鲁人社发〔2023〕19 号，《山东省人力资源和社会保障厅 山东省财政厅 国家税务总局山东省税务局 国家税务总局青岛市税务局关于进一步规范居民基本养老保险有关政策的通知》）

三、个人账户管理

社保机构为每位参保人员建立个人账户。个人账户用于记录个人缴费、补助、资助、补贴及利息。个人账户储存额按照山东省公布的记账利率计息。个人账户储存额只能用于个人账户养老金支付，除参保人员死亡、丧失国籍或已享受其他基本养老保障待遇情况外，不得提前支取或挪作他用。

（2019 年 8 月 13 日，人社部发〔2019〕84 号，《人力资源社会保障部关于印发〈城乡居民基本养老保险经办规程〉的通知》）

四、缴费年限计算

参保人从企业职工养老保险转入居民养老保险的，若在同一年度内同时缴纳企业职工养老保险费（含视同缴费，后同）和居民养老保险费，退还重复缴费时段（按月计算）的居民养老保险费，缴费年限按一年计算。

年度内仅缴纳企业职工养老保险费，企业职工养老保险缴费月数累计计算为居民养老保险缴费年限，每 12 个月计一年，不满 12 个月按一年计算。

参加原农保人员，核定待遇享受条件时，原则上应包含原农保折算年限。其中，选择一次性补缴的，在核定其缴费年限上限时，原农保折算年限可不计入。

（2023 年 12 月 29 日，鲁人社发〔2023〕19 号，《山东省人力资源和社会保障厅 山东省财政厅 国家税务总局山东省税务局 国家税务总局青岛市税务局关于进一步

规范居民基本养老保险有关政策的通知》)

五、待遇支付

(一)养老金支付

1.享受条件

(1)年满60周岁、符合城乡居民基本养老保险参保条件并按规定缴费且未享受城镇职工基本养老保险待遇及国家规定的其他社会养老保险待遇的城乡居民，可按月领取养老金。

(2)城乡居民基本养老保险制度实施时，已年满60周岁，未享受城镇职工、劳动家属基本养老保险待遇的，不用缴费，可按月领取基础养老金。城乡居民基本养老保险制度实施时，45周岁以上的，应按年缴费，累计缴费年限应不少于实际年龄到60周岁的剩余年数，也允许于办理待遇领取手续当年一次性补缴，但补缴不享受缴费补贴，不计入年限基础养老金的缴费年限，补缴后累计缴费年限不得超过15年，含按照城乡养老保险制度衔接转移的职工基本养老保险(以下简称“职工养老保险”)的缴费年限，不含原农保缴费年限；45周岁(含)以下的，应按年缴费，累计缴费不少于15年。

(3)新农保或居民基本养老保险制度实施时不满60周岁的人员，达到待遇享受年龄时，缴费年限低于待遇享受规定年限需要补缴的，自补缴费用到账的次月起计发待遇，之前待遇不予补发。

2.待遇构成

养老金待遇由基础养老金与个人账户养老金两部分组成。

(1)基础养老金执行东营市居民基本养老金标准。2023年油田居民基本养老保险基础养老金最低标准为每人每月243元。

(2)个人账户养老金的月计发标准为到龄时个人账户储存额除以139。参保人员亡故的，从死亡次月停发待遇，其个人账户储存额余额可以依法继承，并终止城乡居民基本养老保险关系。待遇领取人员死亡并在30天内办理养老保险注销登记的，一次性发给丧葬补助金1000元。丧葬补助金所需资金负担比例，市与利津县5：5，市与其他县区2：8。

3.重度残疾人提前领取养老金待遇

（1）申请提前领取条件。

申请人必须同时具备：年龄在55~60周岁；持有第二代《中华人民共和国残疾人证》，残疾等级为一级或二级；参加东营市居民基本养老保险。

（2）提前领取待遇标准。

养老金待遇由基础养老金和个人账户养老金两部分组成，基础养老金执行现有标准，个人账户养老金月计发标准为办理手续时个人账户储存额除以计发系数。提前领取养老金年龄为55、56、57、58、59、60周岁时，对应计发系数分别为170、164、158、152、145、139。

4.待遇调整

按照国家、山东省和东营市调整居民基本养老保险基础养老金标准相关文件执行。

（二）个人账户继承

参保人员死亡的，其个人账户余额本息部分退还给指定受益人或法定继承人，相关单位收集死亡证明复印件、继承人身份证复印件、继承人关系证明（户口本或结婚证）、继承人银行账号复印件等资料，报人力资源共享服务中心（社会保险中心）审批。

经办机构在办理注销登记时发现存在应发未发待遇，可优先使用参保人的银行账户进行发放，无法发放的，可发放给指定受益人或法定继承人。

对于因死亡原因停发待遇满一年，未办理注销登记手续且未多享受待遇的，经办机构经多种渠道确实无法联系到参保人家属（指定受益人或法定继承人），需联系参保人所在村（居）民委员会办理注销登记手续，个人账户封存于社保基金并留存个人相关信息。封存后，不再统计为参保人员。封存账户如有家属申请办理相关业务，核实情况后，按规定办理。存在需追回多享受待遇但个人账户余额和丧葬补助金足以抵扣的可参照执行，个人账户余额和丧葬补助金不足以抵扣的不予封存。

办理注销登记的，个人账户计息有关规定。因死亡办理注销登记的，计息至死亡当月；因享受其他养老保险待遇办理注销登记的，计息至享受其他养老保险待遇当月；因丧失国籍办理注销登记的，计息至丧失国籍当月。

（三）其他事项

1.规范待遇领取

（1）享受职工养老保险待遇、一至四级工伤职工伤残津贴、失业保险待遇、按照《国务院关于颁发〈国务院关于安置老弱病残干部的暂行办法〉和〈国务院关于工人退休、退职的暂行办法〉的通知》（国发〔1978〕104号）等文件规定领取退职生活费的人员，不得同时领取居民养老保险待遇。已经领取的待遇，按照《山东省人力资源和社会保障厅 山东省财政厅关于转发人社厅发〔2019〕94号文件明确企业职工基本养老保险关系转移接续有关问题的通知》（鲁人社字〔2019〕226号）等规定予以追回。

（2）领取企业或机关事业单位遗属生活困难补助、工亡职工供养亲属抚恤金、20世纪五六十年代企业或机关事业单位精简（减）退职人员生活困难补助费的人员，可同时享受居民养老保险待遇。

（3）参保人同时参加职工养老保险和居民养老保险的，符合居民养老保险待遇领取条件时，参保人选择延缴职工养老保险的，不得领取居民养老保险待遇；待符合职工养老保险待遇领取条件，可以申请从居民养老保险转入职工养老保险，按照职工养老保险办法计发相应待遇。

参保人领取居民养老保险待遇后，延缴职工养老保险的，暂停居民养老保险待遇，待领取职工养老保险待遇后，终止并解除居民养老保险关系，除政府补贴外的个人账户余额退还本人，已享受的居民养老保险待遇应全部退还。

居民养老保险养老金待遇领取人死亡的，相关人员在办理居民养老保险注销登记后，一次性发给丧葬补助金。对因未及时办理注销登记而多领取的居民养老保险待遇，可直接从被注销人员的个人账户余额和丧葬补助金中抵扣；不足抵扣的，应责令有关人员予以退还；拒不退还的，按程序移交有关部门依法处理。

2.明确服刑人员相关政策

（1）被判处拘役以上刑罚的人员，服刑期间不得领取待遇。服刑期间领取待遇的，按规定予以追回。服刑期间达到待遇领取年龄的，暂缓办理待遇领取手续。服刑前领取待遇及服刑期间达到待遇领取年龄的，服刑期满后，符合待遇领取条件的，由本人提出领取申请，自服刑期满后的次月起领取待遇，其基础养老金按照服刑期满后待遇领取地最新标准执行。服刑期满后，不符合待遇领取条件的，可按规定缴费或补缴，补缴可覆盖服刑年度，符合待遇领取条件时，按规定领取待遇。

（2）被判处管制、有期徒刑宣告缓刑、暂予监外执行、假释的人员，可按规定参保、缴费、领取待遇。已领取待遇人员可按判刑前的标准继续领取养老金，不参与基础养老金调整。服刑期满后，由本人提出领取申请，自服刑期满后次月起其基础养老金按照服刑期满后待遇领取地最新标准执行。被裁定撤销缓刑、假释继续服刑以及被决定暂予监外执行收监执行的，从裁定、决定作出之月起停止发放待遇。

3.待遇追回

（1）参保人因服刑或死亡未停发待遇、重复享受待遇等情形多享受居民养老保险待遇的，经办机构应当及时办理待遇暂停或注销登记，并追回多享受的居民养老保险待遇（含基础养老金和个人账户养老金）。追回的基础养老金可用于抵顶当年或以后年度财政补贴。追回的个人账户养老金按以下规定办理：暂停或注销登记时个人账户有余额的，按原渠道记入个人账户；暂停或注销登记时个人账户无余额的，自个人账户支付完毕后纳入居民养老保险基金统筹使用。

当事人退还多享受待遇后，需办理注销登记的，个人账户余额（重复享受养老保险待遇和丧失国籍的扣除政府补贴）一次性退还本人。

（2）参保人享受居民养老保险待遇后，又办理企业职工养老保险待遇享受手续的，已享受的居民养老保险待遇应全部退还。

4.稳妥处理历史遗留问题

（1）新农保或城居保制度实施时不满60周岁的人员，年满60周岁时符合待遇领取条件，办理待遇领取手续后，自年满60周岁的次月起计发待遇。

（2）公安机关依据相关规定为参保人更正出生日期，参保人向社保经办机构申请更改年龄的，自参保人提出申请的次月起按更改后的年龄确定相应待遇，不溯及既往。

（3）除提前领取待遇的重度残疾人个人账户养老金及超过60周岁的被征地农民因征地产生的社会养老保障资金计发系数外，居民养老保险个人账户养老金的月计发系数一律按139计算。已按其他系数计发待遇的不再调整。

（4）重度残疾人申请提前领取待遇的，自办理待遇领取手续的次月起领取待遇，之前待遇不予补发。

（2001年12月21日，劳社厅发〔2001〕8号，《关于进一步规范基本养老金社会化发放工作的通知》；

2011年8月2日，东政发〔2011〕11号，《东营市人民政府关于开展城乡居民社会养老保险工作的实施意见》；

2012年2月2日，东人社字〔2012〕21号，《关于提高城乡居民社会养老保险基础养老金标准的通知》；

2014年1月14日，东人社字〔2014〕13号，《东营市人力资源和社会保障局 东营市财政局 东营市残疾人联合会关于做好重度残疾人提前领取居民基本养老保险工作的通知》；

2014年2月16日，东区发〔2014〕2号，《关于深入开展“项目推进年”活动的意见》

2015年7月30日，东区人社字〔2015〕86号，《关于拨付2015年提高居民基本养老保险基础养老金标准财政补贴资金的请示》；

2019年8月13日，人社部发〔2019〕84号，《人力资源社会保障部关于印发〈城乡居民基本养老保险经办规程〉的通知》；

2022年11月14日，鲁人社发〔2022〕22号，《山东省人力资源和社会保障厅 山东省财政厅 国家税务总局山东省税务局 国家税务总局青岛市税务局关于完善居民基本养老保险政策有关问题的通知》；

2022年12月6日，东人社发〔2022〕10号，《东营市人力资源和社会保障局 东营市财政局关于提高居民基本养老保险基础养老金最低标准的通知》；

2023年12月29日，鲁人社发〔2023〕19号，《山东省人力资源和社会保障厅 山东省财政厅 国家税务总局山东省税务局 国家税务总局青岛市税务局关于进一步规范居民基本养老保险有关政策的通知》）

六、保险关系转移

城乡居民基本养老保险参保人员跨地区转移，可将养老保险关系及个人账户资金转入新参保地，按新参保地有关标准核算，并享受相应待遇；参保人员达到待遇领取年龄，其养老保险关系不能转移。

已经按规定领取城乡居民养老保险待遇的，无论户籍是否迁移，其养老保险关系不转移。

1.居民养老保险关系省内归集

处于缴费年龄段的参保人在省内迁移户籍，应在新户籍地办理参保登记，无须办理居民养老保险关系转移接续手续。达到待遇享受年龄前，由最后参保地（归集地）经办机构归集个人账户基金，归集完成后按规定办理待遇享受手续。归集前，在各地保留的个人账户储存额由相应经办机构按规定计息。

办理参保登记、待遇核定、跨制度衔接、跨省转移接续时，经办机构应核查参保人省内外参保状态，避免出现重复缴费、应归集未归集以及应转移未转移等情况。

居民养老保险存在重复缴费（不含被征地农民养老保险政府补贴资金）的，按照先归集后清退的原则，由参保人自行选择保留其中一份缴费，其他缴费（扣除政府补贴）由归集地予以退还。

2.城乡养老保险关系省内跨制度衔接

参保人享受待遇前需办理省内城乡养老保险跨制度衔接的，由最后参保地社保经办机构受理，按以下规定办理：

最后参保地企业职工基本养老保险（以下简称“企业职工养老保险”）社保经办机构和居民养老保险社保经办机构，分别归集参保人的企业职工养老保险和居民养老保险，并判断参保人是否符合待遇享受条件。

对符合企业职工养老保险待遇享受条件的，企业职工养老保险待遇享受地社保经办机构向其居民养老保险最后参保地社保经办机构发出衔接联系函，两地协同办理后续衔接手续。

对不符合企业职工养老保险待遇享受条件，且参保人放弃延长缴费，选择享受居民养老保险待遇的，企业职工养老保险关系最后参保地社保经办机构向其居民养老保险最后参保地社保经办机构提供企业职工养老保险信息，办理企业职工养老保险转入居民养老保险手续。

（2011 年 8 月 2 日，东政发〔2011〕11 号,《东营市人民政府关于开展城乡居民社会养老保险工作的实施意见》;

2014 年 5 月 21 日，东人社字〔2014〕157 号，关于规范居民基本养老保险有关问题的通知

2019 年 8 月 13 日，人社部发〔2019〕84 号,《人力资源社会保障部关于印发〈城乡居民基本养老保险经办规程〉的通知》;

2023 年 12 月 29 日，鲁人社发〔2023〕19 号,《山东省人力资源和社会保障厅 山东省财政厅 国家税务总局山东省税务局 国家税务总局青岛市税务局关于进一步规范居民基本养老保险有关政策的通知》）

第二节　劳动家属养老保险

一、参保范围

凡同时具备下列条件的中石化驻鲁企业劳动家属，在一次性缴纳养老保险费后，可纳入山东省基本养老保险范围：

（1）2010年6月底前具有山东省城镇户籍。

（2）未参加城镇基本养老保险。

（3）实行“统账结合”制度前工作满3年。

（4）经审核确认具有劳动家属身份。

符合参加基本养老保险条件的劳动家属，如已享受定期遗属生活困难补助费的，可根据本人自愿，或继续享受，或按政策规定补缴劳动家属基本养老保

险费后享受基本养老金，定期遗属生活困难补助费和基本养老金不得同时享受。

（2010年10月22日，鲁人社发〔2010〕65号，《关于中石化驻鲁企业劳动家属养老保险问题的通知》）

二、缴费办法

符合参保范围的人员，可选择按照参保前5年全省职工平均工资的80%、60%或40%（以下分别称一、二、三档标准）作为缴费基数，以20%为缴费比例，一次性缴纳15年的基本养老保险费。对于年满60周岁以上的人员，缴费适当减免，年龄每增加一年，缴费额度相应减免1500元，最大减免额度为1.5万元。

（2010年10月22日，鲁人社发〔2010〕65号，《关于中石化驻鲁企业劳动家属养老保险问题的通知》）

三、费用筹集

补缴费用由个人和企业共同负担，其中缴费额度的80%由个人负担，20%由企业给予补助。

（2010年10月22日，鲁人社发〔2010〕65号，《关于中石化驻鲁企业劳动家属养老保险问题的通知》）

四、待遇支付

（一）基本养老金

1.养老金计发

按规定一次性缴纳劳动家属基本养老保险费后，符合领取基本养老金条件的人员，按以下办法发给基本养老金：男年满60周岁、女年满55周岁的，从补缴全部费用到账后的下月起，按月领取基本养老金，其中，按一档标准缴费的，月基本养老金为601元；按二档标准缴费的，月基本养老金为492元；按三档标准缴费的，月基本养老金为383元。

2.养老金支付

符合领取基本养老金条件的人员，其每月领取的基本养老金先从个人缴费账户中支付，支付完毕后由统筹基金继续按原标准支付。

3.养老金调整

根据山东省人力资源和社会保障厅山东省财政厅下发关于调整退休人员基本养老金的通知，按照一次性补缴养老保险费后领取基本养老金的相关规定执行。

（二）取暖补贴

自2012年度起开始发放取暖补贴，自2013年开始执行标准为每人每年1700元。

（三）个人缴费继承

领取基本养老金期间死亡的人员，扣除已支付的基本养老金后个人缴费本息部分仍有剩余的，剩余部分退还给指定受益人或法定继承人，不再享受其他死亡待遇。

未到达领取待遇年龄死亡的人员，其个人缴费部分本息一次性退还给指定受益人或法定继承人，不再享受其他死亡待遇。

（2010年10月22日，鲁人社发〔2010〕65号，《关于中石化驻鲁企业劳动家属养老保险问题的通知》；

2013年12月15日，鲁人社办发〔2013〕106号，《关于调整企业退休人员取暖补贴标准的通知》；

2023年7月20日，鲁人社发〔2023〕6号，《山东省人力资源和社会保障厅 山东省财政厅关于2023年调整退休人员基本养老金的通知》）

五、其他事项

（一）死亡后养老金停发的处理

领取养老保险待遇的劳动家属死亡，从死亡次月起停发基本养老金；未及时停发的，多领取的养老金由相关企业负责追回，若出台正式的养老金追回文件，按文件执行。

（二）劳动家属出生时间确定

劳动家属出生时间，原则上以本人原始档案中最早材料记载为准；本人原始档案材料缺失或记载不清的，以原始户籍登记为准。

（三）劳动家属缴费年限

上述人员一次性补缴的年限，不作为认定连续工龄、视同缴费年限和参加工作时间的依据。

（2001 年 12 月 21 日，劳社厅发〔2001〕8 号，《关于进一步规范基本养老金社会化发放工作的通知》；

2010 年 10 月 22 日，鲁人社发〔2010〕65 号，《关于中石化驻鲁企业劳动家属养老保险问题的通知》）

[附] 业务经办流程二维码

— 劳动家属和居民养老保险 —

居民新增领取
养老金人员审批

居民养老保险
待遇申报与发放

居民养老保险个人
账户一次性支付

居民养老保险
保险费征缴（补缴）

居民养老金发放
银行账户变更

居民养老金
待遇调整

居民养老保险待遇
领取人员资格认证

居民养老保险
基金预算

居民养老保险省市级
财政补助申请

居民养老保险
关系转出

居民养老保险
关系转入

居民养老保险保险
关系中断及恢复

居民养老保险参保
缴费及待遇领取证明

居民养老保险参保
人员基本信息更正

劳动家属新增
养老保险待遇
领取人员审批

劳动家属养老保险
待遇申报与发放

劳动家属养老保险
个人账户一次性支付

劳动家属养老待遇
发放银行账号变更

劳动家属信息更正

劳动家属养老保险待遇调整

劳动家属养老保险待遇领取人疑点数据核实

劳动家属参保缴费及待遇领取证明

退休军转干部生活补贴资金预算与筹集

退休军转干部生活补贴待遇申报与发放

退休军转干部生活补贴发放银行账号变更

退休军转干部生活补贴资金对账

职教幼教退休教师生活补贴待遇确定

职教幼教退休教师生活补贴资金申请与发放

第八章　城乡居民医疗保险

第一节　居民医疗保险参保缴费及信息维护

一、集中征缴时间及缴费标准

城乡居民保险的集中缴费期为每年的9—12月。

（2021年9月30日，鲁医保发〔2021〕43号，《关于建立医疗保障待遇清单制度的实施意见》；

2021年12月15日，鲁医保发〔2021〕54号，《关于进一步规范基本医疗保险参保缴费与待遇支付有关问题的通知》）

2024年城乡居民医疗保险居民（不含市内学生）个人缴纳400元，市内在校学生（以参保登记身份为准）个人缴纳300元。

（2023年8月23日，东税发〔2023〕32号，《关于做好2024年度城乡居民基本养老保险和基本医疗保险参保缴费工作有关问题的通知》）

二、参保范围

2019年1月1日之前在胜利油田参加居民医疗保险且未在其他地市参加其他基本医疗保险的参保人员。

（2008年3月28日，胜油局发〔2008〕90号，《关于印发〈胜利油田城镇居民基本医疗保险试行办法〉的通知》；

2015年11月23日，《关于部分油田职工子女参加城镇居民基本医疗保险有关问题的通知》；

2018年8月28日，《胜利油田自行管理的社会保险移交框架协议书》）

三、特殊人群缴费

（1）对具有本市户籍的特困人员、孤儿（含事实无人抚养儿童）、70周岁及以上居民、重度残疾人（一、二级）、符合条件的优抚人员参加居民基本医保个人缴费给予全额补贴；对低保对象、低保边缘家庭成员及防止返贫监测帮扶对象、返贫致贫人口参加居民医保给予定额补贴；

（2）资助参保人员（除70岁以上老年居民）身份按照有关部门上年度12月份提供的有效身份进行确认；

（3）居民在集中缴费期按时缴纳保险费的，自次年1月1日起享受居民基本医疗保险待遇；次年1月1日后缴费的，居民缴纳个人缴费部分后，设置3个月的待遇享受等待期。

（2021年12月15日，鲁医保发〔2021〕54号，《关于进一步规范基本医疗保险参保缴费与待遇支付有关问题的通知》；

2022年8月23日，东税发〔2023〕32号，《关于做好2024年度城乡居民基本养老保险和基本医疗保险参保缴费工作有关问题的通知》）

四、减员处理

参保居民在就业、参军、死亡等情况下，其本人或亲属应持社保卡、身份证、医学死亡证明等有效材料到社保所申请中止居民医疗保险关系。

［2020年4月15日，东油医保发〔2020〕1号，《关于印发〈城乡居民医疗保险业务经办规程（试行）〉的通知》］

第二节　居民基本医疗保险待遇

一、普通门诊

（一）个人账户金

东营市居民医疗保险只设统筹基金，不设个人账户金。

（二）普通门诊待遇

（1）纳入统筹支付医疗费用总额，统筹支付比例为60%。一个年度内，居民基本医疗保险普通门诊统筹基金最高支付限额为200元。

（2）参保居民在一级及以下定点医疗机构发生的普通门诊医疗费用，不设起付标准，按比例统筹至年度最高支付限额。

（三）结算方式

1.联网结算

参保居民持社保卡、电子医保凭证、身份证或户口本到一级及以下定点医疗机构就医，个人缴纳自付部分，统筹基金支付部分在医疗机构记账。

2.未能联网结算

在一级及以下定点医疗机构发生的普通门诊医疗费用，可到员工保险服务站申请报销；申报材料有身份证明、医院收费有效票据、处方，未办理社保卡的提供银行账户复印件。

二、居民“两病”

（一）保障范围

参加东营市城乡居民基本医疗保险，一级及以上医疗机构出具患有高血压、糖尿病门诊或住院病历，确需采取药物治疗，且不在“两病”门诊慢性病保障范围内的患者，其治疗“两病”的门诊用药费用纳入医保支付范围。

（二）用药范围

1.用药目录

“两病”患者门诊降压或降糖的药物，在国家新版基本医疗保险药品目录所列品种和我省过渡保留品种范围内，按通用名合理确定用药目录和医保支付标准，并动态调整。

2.药品使用

医疗机构应优先选用国家基本药物，优先选用通过一致性评价的品种，优先选用集中采购和使用试点范围中选药品。医疗机构不得以费用控制、药品占比、医疗机构用药品种规格数量要求、药事委员会审定等为由影响中选药品的供应保障与合理使用。

3.处方管理

完善“两病”门诊用药长期处方制度，符合条件的患者，一次处方量可以延长至1—3个月，保障患者用药需求，但要避免重复开药。

（三）定点管理

1.实行定点备案管理制度

“两病”患者可选择一家市内二级以下（含二级）定点基层医疗机构作为“两病”备案定点医疗机构。一级以下基层定点医疗机构根据上级医疗机构病历，进行备案；一、二级医疗机构可根据上级医疗机构病历或患者病情，将符合条件的“两病”患者进行备案，自备案次月享受待遇。“两病”门诊慢性病患者可自愿选择备案，备案后将停止其当年相应病种门诊慢性病待遇。已备案“两病”待遇的慢性病患者，可随时取消其“两病”备案，自取消次年起重新启用慢性病待遇。

2.定点选择

参保人员首次备案，可随时办理，自办理次月起享受“两病”门诊医保待遇。每年12月，已备案人员可重新选择定点医疗机构。重新选择定点医疗机构后，需重新备案，新定点自更换次年起生效。

3.异地费用报销

办理了异地安置手续的“两病”患者，在市内定点医疗机构办理备案登记后，每年年初，持上年度居住地一家二级以下基层定点医疗机构购药发票及用药明细，回参保地医保经办机构报销。备案医疗机构协助经办机构做好药品适应证和用药量的审核工作。

（2023年2月28日，东医保发〔2023〕3号，《关于调整城乡居民高血压糖尿病门诊用药保障待遇的通知》；

2020 年 2 月 14 日，东医保中心发〔2020〕1 号，《关于做好城乡居民高血压糖尿病门诊用药经办服务工作的通知》）

（四）保障水平

自2023年3月1日起，“两病”患者在二级及以下基层医疗机构取药，不设起付线，在省医保局规定的医保支付标准以内部分，纳入统筹部分支付比例为70%。高血压患者每年最高支付限额为300元；糖尿病患者每年最高支付限额为400元；使用胰岛素的糖尿病患者或合并高血压的糖尿病患者每年最高支付限额为600元。

（2023 年 2 月 28 日，东医保中心发〔2023〕3 号，《关于调整城乡居民高血压糖尿病门诊用药保障待遇的通知》）

（五）“两病”待遇报销

1.联网结算

“两病”患者持本人身份证或者社保卡到定点医疗机构就诊，发生的门诊医疗费用实行联网结算，参保患者仅支付个人自付部分。

2.中心端报销

未联网的“两病”医疗费用，每年年初，患者持上一年度的购药发票及用药明细到参保地医保经办机构报销。

（2020 年 2 月 14 日，东医保中心发〔2020〕1 号，《关于做好城乡居民高血压糖尿病门诊用药经办服务工作的通知》）

三、门诊慢特病

（一）门诊慢特病种类

1.特殊慢性病（6 种）

①恶性肿瘤的门诊治疗。②白血病。③尿毒症透析治疗。④严重精神障碍。

⑤其他精神障碍。⑥组织或器官移植（抗排异治疗）。

2.普通慢性病（42种）

①骨髓增生异常综合征。②血友病。③再生障碍性贫血。④免疫性血小板减少性紫癜。⑤原发性血小板增多症。⑥真性红细胞增多症。⑦原发性骨髓纤维化。⑧高血压病伴并发症。⑨冠心病。⑩肺源性心脏病。⑪慢性心力衰竭。⑫慢性肾脏病。⑬肾病综合征。⑭重症肌无力。⑮脑出血（恢复期、后遗症期）。⑯脑梗死（恢复期、后遗症期）。⑰帕金森病及帕金森综合征。⑱癫痫。⑲运动神经元病。⑳肝豆状核变性。㉑阿尔茨海默病。㉒慢性阻塞性肺疾病。㉓肺间质纤维化。㉔系统性红斑狼疮。㉕类风湿性关节炎。㉖多发性肌炎（皮肌炎）。㉗系统性血管炎。㉘脊柱关节炎（强直性脊柱炎）。㉙系统性硬化症（硬皮病）。㉚干燥综合征。㉛糖尿病。㉜股骨头坏死。㉝生长激素缺乏症。㉞（脑瘫、视力、听力、言语、智力、肢体）等残疾儿童和孤独症儿童康复治疗。㉟（肺结核、肺外其他部位）结核。㊱（耐多药结核、广泛耐药）结核。㊲慢性乙型病毒性肝炎。㊳慢性丙型病毒性肝炎。㊴肝硬化。㊵神经系统良性肿瘤门诊治疗。㊶进行性肌营养不良。㊷人类免疫缺陷（HIV）病。

3.门诊药品单独支付病种目录

①银屑病。②中重度特应性皮炎。③肺动脉高压。④便秘型肠易激综合征（IBS-C）。⑤克罗恩病。⑥溃疡性结（直）肠炎。⑦脊髓性肌萎缩症。⑧亨廷顿舞蹈病。⑨多发性硬化。⑩遗传性血管性水肿（HAE）。⑪C型尼曼匹克病。⑫肢端肥大症；⑬子宫内膜异位症。⑭黄斑病变。⑮戈谢病。⑯庞贝氏病。⑰法布雷病。⑱转甲状腺素蛋白淀粉样变性心肌病。

（2023年2月28日，东医保中心发〔2023〕4号，《关于规范统一门诊慢特病基本病种提高慢特病医疗保障能力的通知》）

（二）门诊慢特病申请受理

市医疗保障局在全市医疗保险门诊慢性病定点医疗机构中，选择具备鉴定资格的定点医疗机构作为受理门诊慢性病资格认定的定点医疗机构。我市城镇职工基本医疗保险和城乡居民基本医疗保险参保人（以下简称“申请人”）可根据申报病种，任选一家鉴定医疗机构申请门诊慢性病鉴定，持有效身份证或社保卡原件及与鉴定病种相关的医学资料提出申请。

（三）门诊慢特病资格确认和备案

城乡居民基本医疗保险参保人可根据申报病种，选择一家具有鉴定资格的医疗机构申请门诊慢性病鉴定，填写《东营市医疗保险普通门诊慢性病鉴定申报表》或《东营市医疗保险特殊门诊慢性病鉴定申报表》，持有效身份证或社保卡原件及与鉴定病种相关的医学资料提出申请。申请人在指定的东营市慢性病鉴定医疗机构进行资格申报的，鉴定医疗机构可直接调取相关资料进行审核鉴定。对于申报资料齐全，且能够充分反映申请人当前病情的，原则上不再要求重复检查、化验。对申报资料不全的，鉴定医疗机构须一次性告知申请人所缺资料。

普通门诊慢性病实行随时申报、即时受理、按月鉴定。申请人须于每月20日前到鉴定医疗机构进行资格申报，鉴定医疗机构于月底前组织医学专家，根据申请人申报资料，依据医疗保险普通门诊慢性病鉴定标准出具鉴定结论。鉴定通过的，由鉴定医疗机构负责通知申请人并通过医保系统进行资格备案，由参保地医保经办机构确认备案，申请人自申报次月享受待遇；鉴定未通过的，由鉴定医疗机构及时告知申请人，并做好解释说明工作。原则上一年内不得再次对同一病种提出鉴定申请。

特殊门诊慢性病实行随时申报、即时受理。鉴定医疗机构负责组织医学专家，根据申请人申报资料，依据医疗保险特殊门诊慢性病鉴定标准出具鉴定结论。鉴定通过的，由鉴定医疗机构负责通知申请人并通过医保系统进行资格备案，由参保地医保经办机构确认备案，申请人自申报次日享受待遇；鉴定未通过的，由鉴定医疗机构及时告知申请人，并做好解释说明工作。

（四）门诊慢特病定点医疗机构选择

门诊慢性病实行定点管理。申请人在填写申报表时，可根据需要填写本市范围内两家门诊慢性病定点医疗机构，鉴定通过后，由鉴定医疗机构进行备案。定点医疗机构原则上一个季度内不得变更；如需变更，须于每季度末月下旬到参保地医保经办机构办理变更手续，次季度生效。

（2023年2月28日，东医保发〔2023〕4号，《关于规范统一门诊慢特病基本病种提高慢特病医疗保障能力的通知》）

（五）门诊慢特病待遇标准

（1）统筹基金支付费用范围应当符合省、市关于职工和城乡居民基本医疗保险药品目录、诊疗项目、医疗服务设施范围与标准的规定以及有关医疗保险法律法规的规定。

（2）一个年度内，城乡居民基本医疗保险参保人在定点医药机构发生的普通门诊、两病、住院和门诊慢性病医疗费用，合并使用统筹基金最高支付限额，最高支付限额为16万元。

（3）居民门诊慢特病基本医保起付标准为每年度600元（指纳入统筹支付范围费用），由参保人自付。其中，尿毒症透析治疗、血友病、严重精神障碍、其他精神障碍不设起付标准，以上疾病患者同时具备其他门诊慢特病报销资格的，不再另设起付标准。

（4）参保居民在市内一、二、三级定点医疗机构住院或门诊慢性病治疗严重精神障碍，使用甲类药品和统筹基金支付的诊疗项目、医疗服务设施发生的医疗费用，分别按90%、75%、60%支付；使用乙类治疗严重精神障碍的药品，个人首先自付比例为10%；使用其他乙类药品或统筹基金部分支付的诊疗项目、医疗服务设施发生的医疗费用，个人首先自付比例为20%。

（5）将苯丙酮尿症和四氢生物蝶（BH4）缺乏症纳入各地医保门诊慢特病种管理，对发生符合医保支付范围的诊查、治疗和药品费用执行参保地病种管理政策，苯丙酮尿症患者治疗所需特殊食品（限制苯丙氨酸成分的配方粉、米、面等）费用纳入医疗救助范围。对18岁及以下苯丙酮尿症患者相关费用按不低于75%的比例救助，年度救助限额为1.5万元；18岁以上苯丙酮尿症患者相关费用按75%的比例救助，年度救助限额为1.8万元。四氢生物蝶（BH4）缺乏症患者治疗用的“盐酸沙丙蝶呤”继续执行大病保险特效药保障政策。对符合大病保险倾斜政策的医保帮扶对象使用大病保险特效药不设起付标准。

（2023年2月28日，东医保发〔2023〕4号，《关于规范统一门诊慢特病基本病种提高慢特病医疗保障能力的通知》；

2021年12月31日，鲁医保发〔2021〕59号，关于进一步做好苯丙酮尿症医疗保障工作的通知）

四、住院

（一）住院统筹基金起付标准

一个年度内，参保人住院治疗由个人按医疗机构的等级自付统筹基金起付标准。在一、二、三级定点医疗机构就医起付标准分别为200元、500元、800元。社区定点医疗机构起付标准按一级定点医疗机构执行。一个年度内，参保人前两次住院个人自付起付标准；第三次及以上住院不设起付标准。单次住院发生的符合统筹基金支付范围的费用未达起付标准的，不累计当年住院次数。在本市内由低级别定点医疗机构转往高级别定点医疗机构，只补计起付标准差额；由高级别定点医疗机构转往同级别或者低级别定点医疗机构，不再另计起付标准。

（二）参保人在定点医疗机构发生的符合规定的住院医疗费用纳入统筹基金支付范围，按下列规定执行

城乡居民基本医疗保险参保人在一、二、三级定点医疗机构住院，使用甲类药品和统筹基金支付的诊疗项目、医疗服务设施发生的医疗费用，分别按90%、75%、60%支付；使用乙类药品和统筹基金部分支付的诊疗项目、医疗服务设施发生的医疗费用，参保人自付20%后，再由统筹基金按规定支付。

（2018年3月1日，东政办发〔2018〕5号，《东营市人民政府办公室关于印发东营市社会医疗保险办法的通知》）

第三节　居民医疗保险异地就医

一、异地就医情形

因下列情形发生的符合规定的医疗费用，纳入社会医疗保险基金支付范围：

（1）参保人因本市医疗条件限制和疾病诊疗需要，转往异地三级定点医疗机构或者已实现异地联网结算的定点医疗机构住院、门诊慢性病治疗的。

（2）参保人因出差、探亲等原因离开本市期间，突发急症通过急救在异地医疗机构住院治疗的。

（3）参加城乡居民社会医疗保险的参保人员在异地长期居住6个月以上，在居住地定点医疗机构住院、门诊慢性病治疗的。

（2021年12月17日，东医保函〔2021〕15号，《关于调整异地就医备案有关问题的通知》）

二、异地就医人员分类

（1）将异地安置退休人员、常驻异地工作人员、长期异地居住人员、外出务工农民、外来就业创业人员，统一整合简化为“异地长期居住人员”。异地长期居住人员一般指异地居住、生活、工作6个月以上的人员。

（2）将转诊转院人员，自行外出就医人员，因出差、探亲、旅游等临时在外就医人员，统一简化整合为“临时外出就医人员”。

三、异地就医备案程序

（1）异地就医备案不再提供证明材料。“异地长期居住人员”不再提供户籍证明、居住证等证明材料，实行承诺备案制（个人，承诺异地居住、生活、工作6个月以上）；“临时外出就医人员”备案不再提供转诊转院证明或在外就医急诊证明等证明材料。

（2）以上人员可在各市医保服务大厅窗口、基层医保工作站办理备案；也可通过各市医保官方网站、国家医保服务平台APP、鲁医保小程序（在支付宝、微信中搜索）网上办、掌上办，以及可通过各市医保部门公布的服务电话、传真等多种渠道办理备案。

（3）自2022年1月1日起，省内跨市“临时外出就医人员”住院、普通门诊、门诊慢特病就医一律取消备案手续，就医费用直接联网结算，省内跨市“临时外出就医人员”医疗费用首先自付比例按本通知规定执行。

四、异地就医医保政策

（1）“异地长期居住人员”办理备案后在长期居住地就医，一次备案长期有效，享受与参保地就医相同的医保报销比例；在备案的长期居住地以外就医，按临时外出就医政策执行。

（2）降低临时外出就医首先自付比例。“临时外出就医人员”省内跨市、跨省住院医疗费用首先自付比例，由原来各市规定的不超过40%，统一调减为不超过10%；普通门诊、门诊慢特病省内跨市、跨省就医首先自付比例不超过10%。

（3）调整门诊统筹（含普通门诊和门诊慢特病）异地就医政策。凡建立职工、居民门诊统筹政策的市，参保人员省内跨市、跨省异地就医不受签约基层医疗机构范围和等级限制，均可享受门诊统筹待遇并实现联网结算，异地报销金额与本地报销金额合并计算，不超过当年度门诊统筹报销额度。

（4）取消异地就医定点医疗机构家数限制。异地就医直接备案到就医地，不再备案到具体医疗机构，参保人可在备案的就医地所有联网的普通门诊和住院定点医疗机构中自主选择就医，并实现直接结算；取消参保人门诊慢特病省内跨市异地就医定点医疗机构家数限制，门诊慢特病跨省联网结算备案的定点医疗机构家数，按国家规定执行。

（2021年10月28日，鲁医保发〔2021〕46号，《山东省医疗保障局 山东省财政厅 关于调整我省参保人员异地就医政策有关问题的通知》；

2021年12月17日，东医保函〔2021〕15号，《关于调整异地就医备案有关问题的通知》）

第四节 居民医疗大病保险

一、筹资标准

各地结合当地经济社会发展水平、医疗保险筹资能力、患大病发生高额医疗费用的情况、基本医疗保险补偿水平，以及大病保险保障水平等因素科学合理确定大病保险的筹资标准。

二、保障水平

（一）起付标准

城乡居民大病保险起付标准为1.6万元。建档立卡贫困人口、低保对象、特困人员、重度残疾人（未脱贫的一、二级重度残疾，三级智力残疾，三级精神残疾人员）等贫困人口（以下简称贫困人口），大病保险起付标准为5000元。

（二）支付比例

（1）个人负担的合规医疗费用1.6万元（含）以上、10万元以下的部分给予60%补偿，10万元（含）以上、20万元以下的部分给予65%补偿，20万元（含）以上、30万元以下的部分给予70%补偿，30万元（含）以上的部分给予75%补偿。贫困人口个人负担合规医疗费用5000元（含）以上、10万元以下的部分给予65%补偿，10万元（含）以上、30万元以下的部分给予75%补偿，30万元（含）以上的部分给予85%补偿。一个医疗年度内，城乡居民大病保险每人最高给予40万元的补偿（不含特药）。取消贫困人口居民大病保险最高支付限额。

（2）特药支付政策。特药采取单独补偿政策，参保居民使用特药发生的费用，起付标准为2万元，起付标准以上部分补偿比例为60%。参保贫困人口使用特药，免除起付标准。参保居民使用特药每年最高支付限额为20万元。

（3）罕见病支付政策。对治疗戈谢病、庞贝氏病和法布雷病等三种罕见病必需的特殊疗效药品费用制定单独的支付政策，单独列支费用，起付标准为2万元，2万元（含）以上、40万元以下的部分支付80%，40万元（含）以上的部分支付85%，一个医疗年度内每人最高支付90万元。

（2019年8月23日，东医保发〔2019〕34号，《东营市医疗保障局关于明确城乡居民大病保险有关政策的通知》；

2021年1月8日，东医保发〔2021〕3号，《东营市医疗保障局〈关于进一步完善我市大病保险制度的通知〉》；

2021年12月31日，鲁医保发〔2021〕58号，《关于调整法布雷治疗用药医疗保障政策的通知》）

第五节　居民医疗保险“双通道”购药

一、“双通道”定义

“双通道”是指通过定点医疗机构和定点零售药店两个渠道，满足谈判药品供应保障、临床使用等方面的合理需求，并同步纳入医保支付的机制。

二、“双通道”药品范围

纳入“双通道”管理的药品以国家谈判药品为主，对患者急需、替代性不高、价格高昂且医疗机构配备不足的由原谈判药品管理转为乙类药品管理的药品，经专家论证，并综合考虑医保基金承受能力等因素，也可适时纳入“双通道”管理的药品范围。“双通道”管理的药品目录实行动态调整。

三、“双通道”机构管理

定点医疗机构是谈判药品采购配备和临床合理使用的第一责任人，要严格按照《关于转发〈关于进一步做好国家医保谈判药品落地工作的实施意见〉的通知》（东医保字〔2021〕31号）要求，建立院内药品配备和医保药品目录调整联动机制，及时统筹召开药事会，做到“应配尽配”。要健全完善内部管理制度，加强临床用药行为监管，规范医疗服务行为，确保谈判药品合理使用。对于暂时无法纳入定点医疗机构供应目录，但临床确有需求的谈判药品，定点医疗机构应纳入临时采购范围，建立绿色通道，简化程序、缩短周期、及时采购。暂时无法配备的药品，要建立健全处方流转机制，通过“双通道”等渠道提升药品可及性。

四、“双通道”药店管理

“双通道”药店必须为医保定点零售药店，符合条件的特药定点药店一并纳入“双通道”管理。

五、“双通道”待遇政策

纳入“双通道”管理的药品，符合国家规定医保适应症的，按规定纳入住院和门诊慢性病管理。在定点医疗机构发生的费用，按照就诊医疗机构级别报销比例核算；在定点药店发生的费用，分别按照住院和出具《东营市“双通道”管理药品使用备案表》的门诊慢性病就诊医疗机构的报销比例核算。临时外出就医人员发生的异地费用首先自付比例为10%。参保人在参保地住院和门诊慢性病所选定点医疗机构以外“双通道”定点医药机构发生的药费据实结算，涉及付费方式的，自医保部门与医疗机构结算额中据实扣除（按照项目结算的除外）。

六、“双通道”经办服务

参保患者在本地“双通道”药店购买我市“双通道”药品目录内的药品，异地长期居住人员及临时外出就医人员确因病情需要，在就医地定点医药机构购买谈判药品（含历年国谈、省谈药品）和我市“双通道”药品的费用，参保人可持“双通道”管理药品使用备案表、医保责任医师处方、发票、费用清单等材料报销。住院期间发生的相关费用，一并提供住院医嘱。具备联网结算条件的，可直接联网结算。本地就医参保人“双通道”用药备案表由住院所在医疗机构、门诊慢性病所选定点医疗机构具备处方权的医保医师开具，定点医疗机构无处方权的，由市内二级以上公立医疗机构有处方权的医保医师开具；临时外出就医人员“双通道”管理药品备案表可由就医医疗机构或参保地二级以上公立医疗机构有处方权的医保医师开具；异地长期居住人员“双通道”管理药品备案表由就医医疗机构有处方权的医保医师开具。无“双通道”管理药品备案表，或超出备案表用药量的不予报销。

（2021 年 12 月 31 日，东医保发〔2021〕53 号，《东营市医疗保障局关于印发东营市谈判药品“双通道”管理暂行办法的通知》；

2022 年 5 月 9 日，鲁医保函〔2022〕27 号，《关于进一步完善国家医保谈判药品“双通道”管理机制有关事项的通知》；

2022 年 5 月 24 日，东医保发〔2022〕6 号，《东营市医疗保障局关于对全市“双通道”药品目录扩围及修订的通知》）

[附] 业务经办流程二维码

— 城乡居民医疗保险 —

城乡居民医疗保险
特殊身份登记

城乡居民医疗保险
续保缴费

城乡居民医疗
保险费补缴

城乡居民医疗
保险信息维护

城乡居民医疗
保险费退费

城乡居民医疗保险
关系中（终）止

城乡居民医疗
保险关系恢复

城乡居民医疗保险缴费
历史信息查询、打印

城乡居民医疗保险
门诊“两病”备案

城乡居民医疗保险
门诊慢性病鉴定

城乡居民医疗保险慢性
病定点医疗机构变更

城乡居民医疗保险
临时外出就医备案

城乡居民医疗保险
长期异地就医备案

城乡居民医疗保险
本地定点医疗机构
联网医疗费用结算

城乡居民医疗保险
异地联网医疗费用结算

药品集中带量采购
医保结余留用资金结算

城乡居民医疗保险
大病保险资金拨付

城乡居民医疗
大病保险清算

居民医疗异地
住院联网结算

城镇居民门诊慢特病
医疗费手工报销

城镇居民门诊
医疗费手工报销

城镇居民住院
医疗费手工报销

第九章　社会保险基金财务管理

第一节　社会保险基金管理

一、基金构成

（一）基金收入

包括社会保险费收入、财政补贴收入、集体补助收入、利息收入、委托投资收益、转移收入、上级补助收入、下级上解收入、其他收入等。上述基金收入项目按规定分别形成各项基金。

（2017 年 8 月 22 日，财社〔2017〕144 号，《财政部关于印发〈社会保险基金财务制度〉的通知》）

1.企业职工基本养老保险基金收入

包括基本养老保险费收入、财政补贴收入、利息收入、委托投资收益、转移收入、上级补助收入、下级上解收入、其他收入。其中：基本养老保险费收入指单位和个人按规定的缴费基数和缴费比例分别缴纳的基本养老保险费。

（2017 年 8 月 22 日，财社〔2017〕144 号，《财政部关于印发〈社会保险基金财务制度〉的通知》）

2.城乡居民基本养老保险基金收入

包括个人缴费收入、集体补助收入、财政补贴收入、利息收入、委托投资收益、转移收入、上级补助收入、下级上解收入、其他收入。其中：个人缴费收入指参保城乡居民按照规定标准缴纳的城乡居民基本养老保险费收入，包括财政资金代参保对象缴纳的基本养老保险费收入。

（2017年8月22日，财社〔2017〕144号，《财政部关于印发〈社会保险基金财务制度〉的通知》）

3.职工基本医疗保险（含生育保险）基金收入

收入按规定分别计入职工基本医疗保险统筹基金收入和职工基本医疗保险个人账户收入。

职工基本医疗保险统筹基金收入包括按规定计入统筹基金账户的医疗保险费收入、财政补贴收入、利息收入、上级补助收入、下级上解收入、其他收入。其中：医疗保险费收入指用人单位和个人按照规定缴费基数和费率缴纳的医疗保险费以及其他资金资助参保对象缴纳的保费收入。

职工基本医疗保险个人账户收入包括按规定计入个人账户的医疗保险费收入、利息收入、转移收入、上级补助收入、下级上解收入、其他收入。

（2017年8月22日，财社〔2017〕144号，《财政部关于印发〈社会保险基金财务制度〉的通知》）

职工基本医疗保险基金严格执行社会保险基金财务制度，不再单列生育保险基金收入，在职工基本医疗保险统筹基金待遇支出中设置生育待遇支出项目。

（2019年3月6日，国办发〔2019〕10号，《国务院办公厅关于全面推进生育保险和职工基本医疗保险合并实施的意见》）

4.城乡居民基本医疗保险基金收入

包括城乡居民基本医疗保险费收入、财政补贴收入、利息收入、上级补助收入、下级上解收入、其他收入。其中：城乡居民基本医疗保险费收入指城乡居民按照规定缴费标准缴纳的保费收入，有条件的用人单位对职工家属参保缴费给予的资助，乡村集体经济组织对农民参保缴费给予的资助，以及城乡医疗救助基金等资助参保对象缴纳的保费收入。

（2017年8月22日，财社〔2017〕144号，《财政部关于印发〈社会保险基金财务制度〉的通知》）

5.工伤保险基金收入

包括工伤保险费收入、财政补贴收入、利息收入、上级补助收入、下级上解收入、其他收入。其中：工伤保险费收入是指用人单位按照规定缴费基数和费率缴纳及难以直接按照工资总额计算缴纳工伤保险费的部分行业企业按规定方式缴纳的工伤保险费。

（2017年8月22日，财社〔2017〕144号，《财政部关于印发〈社会保险基金财务制度〉的通知》）

6.失业保险基金收入

包括失业保险费收入、财政补贴收入、利息收入、转移收入、上级补助收入、下级上解收入、其他收入。其中：失业保险费收入指用人单位和个人按照规定缴费基数和费率缴纳的失业保险费。

（2017年8月22日，财社〔2017〕144号，《财政部关于印发〈社会保险基金财务制度〉的通知》）

7.职工企业补充医疗保险基金收入

包括参保单位缴纳补充医疗保险费、资金利息及运营收入、其他收入。企业补充医疗保险资金的筹集方式与基本医疗保险缴费一致。企业补充医疗保险费由单位按基本医疗保险缴费基数3%缴纳，个人不缴费。根据企业发展和资金收支情况，经补充医保委员会研究，并报经集团公司批准后，缴费比例可做适当调整。

（2022年5月31日，胜油局发〔2022〕81号，《胜利油田企业补充医疗保险管理细则》）

（二）基金支出

基金支出包括社会保险待遇支出、转移支出、补助下级支出、上解上级支出、其他支出等。

（2017年8月22日，财社〔2017〕144号，《财政部关于印发〈社会保险基金财务制度〉的通知》）

1.企业职工基本养老保险基金支出

养老保险待遇支出包括基本养老金、医疗补助金、丧葬补助金和抚恤金、病残津贴。基本养老金包括基础养老金、个人账户养老金、过渡性养老金和支付给《国务院关于建立统一的企业职工基本养老保险制度的决定》（国发

〔1997〕26号）实施前已经离休、退休和退职人员的离休金、退休金、退职金、补贴。个人账户养老金包括按月支付的个人账户养老金支出以及个人账户一次性支出。

（2017年8月22日，财社〔2017〕144号，《财政部关于印发〈社会保险基金财务制度〉的通知》）

2.城乡居民基本养老保险基金支出

包括养老保险待遇支出、转移支出、补助下级支出、上解上级支出、其他支出。养老保险待遇支出包括按规定支付给参保城乡居民的基础养老金和个人账户养老金，以及丧葬补助金。

（2017年8月22日，财社〔2017〕144号，《财政部关于印发〈社会保险基金财务制度〉的通知》）

3.职工基本医疗保险基金支出

包括职工基本医疗保险待遇支出、转移支出、补助下级支出、上解上级支出、其他支出。职工基本医疗保险待遇支出按规定分别计入职工基本医疗保险统筹基金待遇支出和职工基本医疗保险个人账户待遇支出。

职工基本医疗保险统筹基金待遇支出指按规定在统筹基金支付范围以内，在起付标准以上、最高支付限额以下由统筹基金支付的医疗费补偿支出，包括住院费用支出、门诊大病和门诊统筹费用支出。生育保险与职工基本医疗保险合并实施的统筹地区，职工基本医疗保险统筹基金待遇支出中包含生育待遇支出。生育待遇支出包括生育医疗费用支出和生育津贴支出。

职工基本医疗保险个人账户待遇支出指按规定由个人账户开支的支出，主要包括个人自付的门诊费用支出、住院费用支出、在定点零售药店发生的医药费支出。

（2017年8月22日，财社〔2017〕144号，《财政部关于印发〈社会保险基金财务制度〉的通知》）

4.城乡居民基本医疗保险基金支出

包括城乡居民基本医疗保险待遇支出、划转用于城乡居民大病保险支出、补助下级支出、上解上级支出、其他支出。

城乡居民基本医疗保险待遇支出指基金对参保城乡居民医疗费用的补偿支出，主要包括住院费用支出，门诊费用纳入基金支付范围的地区也包括门诊费用支出。

划转用于城乡居民大病保险支出指按照规定从城乡居民基本医疗保险基金中划出一定比例或额度作为城乡居民大病保险的支出。

（2017年8月22日，财社〔2017〕144号，《财政部关于印发〈社会保险基金财务制度〉的通知》）

5.工伤保险基金支出

包括工伤保险待遇支出、劳动能力鉴定支出、工伤预防费用支出、补助下级支出、上解上级支出、其他支出。

工伤保险待遇支出指经工伤认定后职工应享受由工伤保险基金负担的支出，包括工伤医疗费支出（治疗工伤的医疗费用、康复费用、安装配置伤残辅助器具所需费用、住院伙食补助费、到统筹地区以外就医的交通食宿费）、伤残待遇支出（生活护理费、一次性伤残补助金、伤残津贴、工伤医疗补助金等）和工亡待遇支出（丧葬补助金、供养亲属抚恤金和一次性工亡补助金）。

（2017年8月22日，财社〔2017〕144号，《财政部关于印发〈社会保险基金财务制度〉的通知》）

6.失业保险基金支出

包括失业保险待遇支出、稳定岗位补贴支出、技能提升补贴支出、转移支出、补助下级支出、上解上级支出、其他支出。其中：失业保险待遇支出包括失业保险金支出、基本医疗保险费支出、丧葬补助金和抚恤金支出、职业培训和职业介绍补贴支出、其他费用支出。

（2017年8月22日，财社〔2017〕144号，《财政部关于印发〈社会保险基金财务制度〉的通知》）

7.职工企业补充医疗保险金支出

包括门诊（含急诊、急诊留院观察）、门诊慢特病医疗费用补助、住院医疗费用补助、职工重疾补助、特药补助、大额医疗费用补助、职工家庭重疾补助、离休人员、新中国成立前老工人、一级至六级革命残疾军人（原二等乙级以上革命伤残军人）发生的符合基本医疗保险支付范围内的门诊及住院费用、离退休职工疾病筛查费、计划生育特殊家庭住院护理补贴和女职工“宫颈癌、乳腺癌”筛查费、高风险岗位人员专项健康筛查费以及其他支出。

（2022 年 5 月 31 日，胜油局发〔2022〕81 号，《胜利油田企业补充医疗保险管理细则》）

二、基金结余管理

基金结余指基金收支相抵后的期末余额。包括企业职工基本养老保险基金结余、城乡居民基本养老保险基金结余、机关事业单位基本养老保险基金结余、职工基本医疗保险基金结余、城乡居民基本医疗保险基金结余、工伤保险基金结余、失业保险基金结余、生育保险基金结余等。

职工基本医疗保险基金结余包括统筹基金结余和个人账户基金结余。职工基本医疗保险基金实行分账核算、统一管理。

基金结余除预留一定的支付费用外，应在保证安全的前提下，按照国务院相关规定开展投资运营实现保值增值。

（2017 年 8 月 22 日，财社〔2017〕144 号，《财政部关于印发〈社会保险基金财务制度〉的通知》）

三、基金保值增值

（一）职工基本医疗保险基金

经办机构严格执行医疗保险基金投资运营有关规定，在现有规定下，积极探索建立基金保值、增值机制。全面了解财政专户基金结余存储情况，在确保医疗保险待遇按时足额支付的基础上，积极配合财政部门制定财政专户资金购买国债和转存定期存款计划。

［2020 年 2 月 10 日，鲁医保中心发〔2020〕2 号，《山东省医疗保险基金财务内部控制制度（试行）》］

（二）职工企业补充医疗保险基金

（1）保值增值运营的方式按照油田内控权限指引办理，适当开展固定收益类投资活动，包括通过中石化财务公司或合作银行购买国债或办理定期存款、协议存款业务以及购买有担保的中央企业债券等，但要严格控制规模，防范风险。增值收入一律纳入补充医疗资金账户核算和管理，用于规定的用途或支付范围，不得挪作他用。

（2）根据金融机构资信状况、利率、网点分布、服务质量等相关因素，综合评定金融机构管理服务水平，规范选择资金运营金融机构。

（3）企业补充医疗保险所需运行费用可以从资金运营增值收益中列支，列支比例一般不超过资金增值收益的20%。

（2019年7月15日，胜油保发〔2019〕12号，《胜利油田企业补充医疗保险资金保值增值运营方案》）

第二节　社会保险基金核算

一、基金核算主体

社会保险基金应当作为独立的会计主体进行核算。经办机构应当将经办的各类社会保险基金按照险种及不同制度分别建账、分别核算。

社会保险基金的会计核算一般采用收付实现制，基本养老保险基金委托投资等部分业务或者事项的会计核算应当采用权责发生制。社会保险基金的会计要素包括资产、负债、净资产、收入和支出。社会保险基金的会计记账采用借贷记账法。

（2017年11月28日，财会〔2017〕28号，《关于印发〈社会保险基金会计制度〉的通知》）

二、基金核算原则

（1）社会保险基金的会计核算应当以实际发生的业务为依据，如实反映社会保险基金的财务状况和收支情况等信息，保证会计信息真实可靠、内容完整。

（2）社会保险基金的会计核算应当采用规定的会计政策，确保会计信息口径一致、相互可比。

（3）社会保险基金的会计核算应当及时进行，不得提前或者延后。

（2017年11月28日，财会〔2017〕28号,《关于印发〈社会保险基金会计制度〉的通知》）

三、基金核算账务处理

（一）基金收入账务处理

1.社会保险费收入

①收到用人单位和个人缴纳的保险费，按照实际收到的金额，借记“收入户存款”“国库存款”“财政专户存款”科目，贷记本科目。

②退回本年社会保险费收入，按照退回的金额，借记本科目，贷记“收入户存款”“支出户存款”等科目。

2.财政补贴收入

①收到财政补贴时，按照实际收到的金额，借记“财政专户存款”科目，贷记本科目。

②期末，将本科目本期发生额转入“一般基金结余”科目，借记本科目，贷记“一般基金结余”科目。

3.集体补助收入

①收到集体补助收入时，按照实际收到的金额，借记“收入户存款”等科目，贷记本科目。

②期末，将本科目本期发生额转入“一般基金结余”科目，借记本科目，贷记“一般基金结余”科目。

4.利息收入

①收到收入户、支出户、财政专户、国库存款利息，按照实际收到的利息金额，借记“收入户存款”“支出户存款”“财政专户存款”“国库存款”科目，贷记本科目。

②对于省级企业职工、城乡居民、机关事业单位基本养老保险基金，收到财政专户存款利息时，按照实际收到的利息金额，借记“财政专户存款”科目，按照财政专户存款中下级归集的委托投资资金所产生的存款利息金额，贷记“暂收款——下级归集委托投资（利息）”科目，按照归属于本级的财政专户存款利息金额，贷记本科目。

非省级企业职工、城乡居民、机关事业单位基本养老保险基金确认归集到上级的委托投资资金产生的存款利息，按照确认的金额，借记“暂付款——委托上级投资（利息）”科目，按照本级委托投资资金产生的利息金额，贷记本科目，按照下级归集的委托投资资金产生的利息金额，贷记“暂收款——下级归集委托投资（利息）”科目。

③收到购买的国债的利息，按照实际收到的利息金额，借记“财政专户存款”科目，贷记本科目。

④到期收回国债本息或按规定转让，按照实际收回或收到的金额，借记“财政专户存款”科目，按照债券账面余额，贷记“债券投资”科目，按照其差额，贷记本科目。

⑤期末，将本科目本期发生额转入“一般基金结余”科目，借记本科目，贷记“一般基金结余”科目。对于职工基本医疗保险基金，应当将本科目“统筹基金”“个人账户基金”明细科目本期发生额分别转入“一般基金结余”科目下“统筹基金”“个人账户基金”明细科目，借记本科目（统筹基金、个人账户基金），贷记“一般基金结余——统筹基金、个人账户基金”科目。

5.委托投资收益

①省级基金收到受托机构提供的关于委托投资资金投资收益的相关通知，按照应确认的投资收益或投资损失金额，借记或贷记“委托投资——投资收益”科目，按照本级委托投资资金形成的投资收益或投资损失金额，贷记或借记本

科目，按照下级归集的委托投资资金形成的投资收益或投资损失金额，贷记或借记“暂收款——下级归集委托投资（投资收益）”科目。

②非省级基金收到上级关于委托投资资金投资收益的相关通知，按照应确认的投资收益或投资损失金额，借记或贷记“暂付款——委托上级投资（投资收益）”科目，按照本级委托投资资金形成的投资收益或投资损失金额，贷记或借记本科目，按照下级归集的委托投资资金形成的投资收益或投资损失金额，贷记或借记“暂收款——下级归集委托投资（投资收益）”科目。

③期末，将本科目本期发生额转入“一般基金结余”科目，借记或贷记本科目，贷记或借记“一般基金结余”科目。

6.转移收入

①因参保对象跨统筹地区或跨制度流动而划入的基金，按照实际转入的金额，借记“收入户存款”等科目，贷记本科目。

②退回转移收入时，按照实际退回的金额，借记本科目，贷记“收入户存款”等科目。

③期末，将本科目本期发生额转入“一般基金结余”科目，借记本科目，贷记“一般基金结余”科目。对于职工基本医疗保险基金，应当将本科目本期发生额转入“一般基金结余”科目下“个人账户基金”明细科目，借记本科目，贷记“一般基金结余——个人账户基金”科目。

7.上级补助收入核算

①收到上级基金拨付的补助资金，按照实际收到的金额，借记“收入户存款”“支出户存款”“财政专户存款”等科目，贷记本科目。

②期末，将本科目本期发生额转入“一般基金结余”科目，借记本科目，贷记“一般基金结余”科目。对于职工基本医疗保险基金，应当将本科目“统筹基金”“个人账户基金”明细科目本期发生额分别转入“一般基金结余”科目下“统筹基金”“个人账户基金”明细科目，借记本科目（统筹基金、个人账户基金），贷记“一般基金结余——统筹基金、个人账户基金”科目。

8.下级上解收入核算

①收到下级上解的基金收入，按照实际收到的金额，借记“收入户存

款”“财政专户存款”科目，贷记本科目。

②期末，将本科目本期发生额转入“一般基金结余”科目，借记本科目，贷记“一般基金结余”科目。对于职工基本医疗保险基金，应当将本科目“统筹基金”“个人账户基金”明细科目本期发生额分别转入“一般基金结余”科目下“统筹基金”“个人账户基金”明细科目，借记本科目（统筹基金、个人账户基金），贷记“一般基金结余——统筹基金、个人账户基金”科目。

9.其他收入核算

①取得滞纳金、违约金、跨年度退回或追回的社会保险待遇、公益慈善等社会经济组织和个人捐助等时，按照实际收到的金额，借记“收入户存款”“财政专户存款”等科目，贷记本科目。

②企业职工基本养老保险基金以其社会保险待遇支出抵扣参保人重复领取的城乡居民基本养老保险基金社会保险待遇支出，城乡居民基本养老保险基金按照实际收到的退回金额，借记“收入户存款”等科目，贷记本科目。

③因债权人等特殊原因确实无法偿付的暂收款项、借入款项，按照报经批准后确认为其他收入的金额，借记“暂收款”“借入款项”科目，贷记本科目。

④期末，将本科目本期发生额转入“一般基金结余”科目，借记本科目，贷记“一般基金结余”科目。对于职工基本医疗保险基金，应当将本科目“统筹基金”“个人账户基金”明细科目本期发生额分别转入“一般基金结余”科目下“统筹基金”“个人账户基金”明细科目，借记本科目（统筹基金、个人账户基金），贷记“一般基金结余——统筹基金、个人账户基金”科目。

10.待转社会保险费收入

①收到社会保险费收入时尚未确定归属于统筹基金或个人账户基金，按照实际收到的金额，借记“收入户存款”“国库存款”等科目，贷记本科目。

②确定待转社会保险费收入归属后，按照确定归属的总金额，借记本科目，按照应计入统筹基金的金额，贷记“社会保险费收入——统筹基金”科目，按照应计入个人账户基金的金额，贷记“社会保险费收入——个人账户基金”科目。

③年末，对于未确定归属的社会保险费收入，按规定将本科目余额按经验比例划分于统筹基金和个人账户基金，按照本科目余额，借记本科目，按照划入统筹基金的金额，贷记“社会保险费收入——统筹基金”科目，按照划入个人账户基金的金额，贷记“社会保险费收入——个人账户基金”科目。

④上年年末按经验比例划分于统筹基金和个人账户基金的待转社会保险费收入在本年确定其划分比例时，应当按照确定的应计入“社会保险费收入——统筹基金”科目的金额大于或小于上年年末按经验比例已计入“社会保险费收入——统筹基金”科目的金额的差额，借记或贷记“一般基金结余——个人账户基金”科目，贷记或借记“一般基金结余——统筹基金”科目。

11.待转利息收入

①收到利息收入时尚未确定归属于统筹基金或个人账户基金，按照实际收到的金额，借记“收入户存款”“财政专户存款”“支出户存款”“国库存款”科目，贷记本科目。

②确定待转利息收入归属后，按照确定归属的总金额，借记本科目，按照应计入统筹基金的金额，贷记“利息收入——统筹基金”科目，按照应计入个人账户基金的金额，贷记“利息收入——个人账户基金”科目。

③年末，对于未确定归属的利息收入，按规定将本科目余额按经验比例划分于统筹基金和个人账户基金，按照本科目余额，借记本科目，按照划入统筹基金的金额，贷记“利息收入——统筹基金”科目，按照划入个人账户基金的金额，贷记“利息收入——个人账户基金”科目。

④上年年末按经验比例划分于统筹基金和个人账户基金的待转利息收入在本年确定其划分比例时，应当按照确定的应计入“利息收入——统筹基金”科目的金额大于或小于上年年末按经验比例已计入“利息收入——统筹基金”科目的金额的差额，借记或贷记“一般基金结余——个人账户基金”科目，贷记或借记“一般基金结余——统筹基金”科目。

（2017年11月28日，财会〔2017〕28号,《关于印发〈社会保险基金会计制度〉的通知》）

（二）基金支出账务处理

1.社会保险待遇支出

①按规定支付社会保险待遇时，按照实际支付的金额，借记本科目，贷记“支出户存款”科目。对于职工、城乡居民基本医疗保险基金，经办机构收到归属本级的跨省异地就医清算通知时，按照实际支付的清算金额，借记本科目，贷记“支出户存款”等科目。

②退回或追回本年社会保险待遇支出，按照实际收回的金额，借记“支出户存款”等科目，贷记本科目。

③期末，将本科目本期发生额转入“一般基金结余”科目，借记“一般基金结余”科目，贷记本科目。对于职工基本医疗保险基金，应当将本科目“统筹基金”“个人账户基金”明细科目本期发生额分别转入“一般基金结余”科目下“统筹基金”“个人账户基金”明细科目，借记“一般基金结余——统筹基金、个人账户基金”科目，贷记本科目（统筹基金、个人账户基金）。

2.大病保险支出

①从城乡居民基本医疗保险基金中划转资金用于大病保险时，按照实际支付的金额，借记本科目，贷记“支出户存款”“财政专户存款”等科目。

②城乡居民基本医疗保险基金根据合同约定，因商业保险机构承办大病保险出现超过合同约定盈余而收到商业保险机构的盈余返还时，按照实际收到的金额，借记“收入户存款”“财政专户存款”等科目，贷记本科目。城乡居民基本医疗保险基金根据合同约定，因基本医疗保险政策调整等政策性原因使商业保险机构承办大病保险发生亏损而向商业保险机构进行补偿时，按照实际支付的金额，借记本科目，贷记“支出户存款”“财政专户存款”等科目。

③期末，将本科目本期发生额转入“一般基金结余”科目，借记“一般基金结余”科目，贷记本科目。

3.劳动能力鉴定支出

①支付劳动能力鉴定支出时，按照实际支付的金额，借记本科目，贷记“支出户存款”等科目。

②期末，将本科目本期发生额转入“一般基金结余”科目，借记“一般基金结余”科目，贷记本科目。

4.工伤预防费用支出

①支付工伤预防费用时，按照实际支付的金额，借记本科目，贷记“支出户存款”等科目。

②期末，将本科目本期发生额转入“一般基金结余”科目，借记“一般基金结余”科目，贷记本科目。

5.稳定岗位补贴支出

①支付稳定岗位补贴支出时，按照实际支付的金额，借记本科目，贷记“支出户存款”等科目。

②期末，将本科目本期发生额转入“一般基金结余”科目，借记“一般基金结余”科目，贷记本科目。

6.技能提升补贴支出

①支付技能提升补贴支出时，按照实际支付的金额，借记本科目，贷记“支出户存款”等科目。

②期末，将本科目本期发生额转入“一般基金结余”科目，借记“一般基金结余”科目，贷记本科目。

7.转移支出

①因参保对象跨统筹地区或跨制度流动而划出的基金，按照实际转出的金额，借记本科目，贷记“支出户存款”等科目。

②收到退回的转移支出时，按照实际收到的金额，借记“收入户存款”“财政专户存款”等科目，贷记本科目。

③期末，将本科目本期发生额转入“一般基金结余”科目，借记“一般基金结余”科目，贷记本科目。对于职工基本医疗保险基金，应当将本科目本期发生额转入“一般基金结余”科目下“个人账户基金”明细科目，借记“一般基金结余——个人账户基金”科目，贷记本科目。

8.上解上级支出

①向上级上解基金的支出，按照实际支付的金额，借记本科目，贷记“收

入户存款”“支出户存款”“财政专户存款”科目。

②期末，将本科目本期发生额转入“一般基金结余”科目，借记“一般基金结余”科目，贷记本科目。对于职工基本医疗保险基金，应当将本科目“统筹基金”“个人账户基金”明细科目本期发生额分别转入“一般基金结余”科目下“统筹基金”“个人账户基金”明细科目，借记“一般基金结余——统筹基金、个人账户基金”科目，贷记本科目（统筹基金、个人账户基金）。

9.补助下级支出

①向下级拨付补助支出，按照实际支付的金额，借记本科目，贷记“支出户存款”“财政专户存款”科目。

②期末，将本科目本期发生额转入“一般基金结余”科目，借记“一般基金结余”科目，贷记本科目。对于职工基本医疗保险基金，应当将本科目“统筹基金”“个人账户基金”明细科目本期发生额分别转入“一般基金结余”科目下“统筹基金”“个人账户基金”明细科目，借记“一般基金结余——统筹基金、个人账户基金”科目，贷记本科目（统筹基金、个人账户基金）。

10.其他支出

①发生其他支出，按照报经批准后列作其他支出的金额，借记本科目，贷记相关科目。

②企业职工基本养老保险基金以其社会保险待遇支出抵扣参保人重复领取的城乡居民基本养老保险基金社会保险待遇支出，企业职工基本养老保险基金按照实际退回的金额，借记本科目，贷记“支出户存款”科目。

③退回以前年度社会保险费收入，按照实际支出的金额，借记本科目，贷记“支出户存款”科目。

④期末，将本科目本期发生额转入“一般基金结余”科目，借记“一般基金结余”科目，贷记本科目。对于职工基本医疗保险基金，应当将本科目“统筹基金”“个人账户基金”明细科目本期发生额分别转入“一般基金结余”科目下“统筹基金”“个人账户基金”明细科目，借记“一般基金结余——统筹基金、个人账户基金”科目，贷记本科目（统筹基金、个人账户基金）。

（2017年11月28日，财会〔2017〕28号，《关于印发〈社会保险基金会计制度〉的通知》）

第三节　社会保险基金账户管理

一、基金账户类型

基金账户分为财政专户、收入户和支出户。实行经办机构征收社会保险费的地区，经办机构可以设立社会保险基金收入户。

（2017年8月22日，财社〔2017〕144号，《财政部关于印发〈社会保险基金财务制度〉的通知》）

二、基金账户用途

（一）收入户主要用途

暂存由经办机构征收的社会保险费收入；暂存上级经办机构下拨或下级经办机构上解的基金收入；暂存该账户利息收入；暂存社会保险基金转移收入以及其他收入等。收入户除向财政专户划转基金、向上级经办机构缴拨基金、原渠道退回保险费收入、退回转移收入等情形外不得发生其他支付业务。实行税务机关征收社会保险费的地区税务机关不设收入户，基金及时划入财政专户。收入户原则上月末无余额。

（2017年8月22日，财社〔2017〕144号，《财政部关于印发〈社会保险基金财务制度〉的通知》）

（二）支出户主要用途

接受财政专户拨入基金；暂存社会保险支付费用及该账户利息收入；支付基金支出款项；向财政专户缴入该账户利息收入；上解上级经办机构基金或下拨下级经办机构基金。支出户除接收财政专户拨入的基金、上级经办机构拨付基金、暂存该账户利息收入、原渠道退回支付资金外，不得发生其他收入业务。

（2017 年 8 月 22 日，财社〔2017〕144 号，《财政部关于印发〈社会保险基金财务制度〉的通知》）

（三）财政专户主要用途

接收税务机关或经办机构缴入的社会保险费收入；接收税务机关或收入户缴入的利息收入及其他收入；根据委托投资合同或有关计划接收和拨付投资运营基金；接收基金投资收益及支出户缴入的利息收入等；接收财政补贴收入；接收转移收入；接收上级财政专户划拨或下级财政专户上解基金；向上级或下级财政专户上缴或划拨基金；根据经办机构用款计划和预算向支出户拨付基金或按国家规定直接与有关机构办理基金结算；办理跨省异地就医结算业务；国家规定的其他用途。各级财政部门国库管理机构应当按月提供对账凭证，与社会保险经办机构核对账目。

（2017 年 8 月 22 日，财社〔2017〕144 号，《财政部关于印发〈社会保险基金财务制度〉的通知》）

三、基金账户管理

（一）账户设置

加强社会保险基金账户管理，清理归并社会保险基金收入户和支出户，根据业务工作实际情况，合理确定开户数量。新设经办机构原则上只开设一个收入户和一个支出户。

（2017 年 8 月 22 日，财社〔2017〕144 号，《财政部关于印发〈社会保险基金财务制度〉的通知》）

（二）开户银行选择

经办机构应规范选择基金开户银行。根据资信状况、利率、网点分布、服务质量等相关因素，综合评定银行业金融机构管理服务水平，通过竞争性方式或集体决策方式，确定基金账户开户银行。

（2017年8月22日，财社〔2017〕144号，《财政部关于印发〈社会保险基金财务制度〉的通知》）

（三）票据、印鉴管理

财会部门应建立票据和印鉴管理制度。明确票据购买、保管、领用、背书转让、注销等环节的职责权限和程序，专设登记簿进行记录，防止空白票据遗失和被盗用。基金财务专用章应由专人保管，个人名章由本人或其授权人员保管，专设重要印鉴登记簿进行记录。严禁一人保管支付款项所需的全部印鉴，严禁票据和印鉴兼管。

（2021年8月31日，鲁社保发〔2021〕11号，《山东省社会保险基金内部控制制度》）

四、对账管理

（一）社会保险基金对账

经办机构应建立基金对账制度。对账工作应指定专门部门、专业人员负责组织实施。做到分工明确、责任清晰、高效运转。

1.财会部门与业务部门对账

财会部门每月实际发生的基金收支数据与业务部门提供的自收保险费、退费、各项待遇发放等数据一致。如不一致，应查明原因并进行相应处理。

2.财会部门与开户银行对账

财会部门银行明细账与开户银行对账单发生额逐笔核对，确保余额一致。如不一致，应查明原因并编制银行存款余额调节表。

3.业务部门与代发机构（或受托代办机构）对账

业务部门待遇发放数据与实发数据一致，如不一致，应查明原因，未发放成功的资金及时退回支出户。

4.财会部门与财政部门对账

财会部门每月应以财政部门提供的原始凭证及记账凭证等，进行账目核对，包括基金结余存储、利息收入、各项基金收支情况、定期存款和有价证券账款等；如不一致，应查明原因并进行账务调整。

5.财会、业务部门与税务部门对账

财会部门每月记录的单位和个人缴费、其他收入等数据与税务部门反馈的社会保险费收入数据核对；业务部门通过共享平台每月系统记录的缴费数据与税务部门提供的缴费明细信息核对，如不一致，应查明原因进行相应处理。

（2021年8月31日，鲁社保发〔2021〕11号,《山东省社会保险基金内部控制制度》）

（二）医疗保险基金对账

财会部门建立定期对账制度，及时提供会计信息，真实反映基金收入、支出、结余情况。定期对账包括：定期与征缴、发放等业务部门对账，与参保单位对账，与税务部门对账，与开户银行对账，与代发机构（或受托代办机构）对账，与财政部门对账。经办机构指定专人定期对账，做到账证、账账、账实相符。

1.财会部门与业务部门对账

财会部门基金收入、支出数据与征缴、结算、个人账户等业务部门数据一致。

2.财会部门与税务部门对账

税务部门提供的征收数据与征缴、个人账户等业务部门的数据一致；财政专户进账数据与税务部门提供的国库入账数据一致。如不一致，及时查明原因。

3.财会部门与开户银行对账

财会部门会计核算数据与开户银行对账单数据一致，如不一致，编制银行存款余额调节表。

4.财会部门与代发机构（或受托代办机构）对账

财会部门基金支出数据与实发数据一致。如不一致，及时查明原因。未发放成功的资金应及时退回支出户，及时登记工作台账。

5.财会部门与财政部门对账

按月核对基金结余存储情况，按月核对基金利息收入情况，按月核对各项基金收支情况，做到定期存款、有价证券账款，账实、账账相符。

［2020年2月10日，鲁医保中心发〔2020〕2号，《山东省医疗保险基金财务内部控制制度（试行）》］

第四节　社会保险基金预决算控制

一、预算编制范围

社会保险基金预算按险种分别编制，包括企业职工基本养老保险基金、失业保险基金、城镇职工基本医疗保险基金、工伤保险基金、生育保险基金等内容。根据国家法律法规建立的其他社会保险基金，条件成熟时，也应尽快纳入社会保险基金预算管理。

二、预算编制方法

社会保险基金预算编制采用科学、规范的方法，提高预算编制的预见性、准确性、完整性和科学性。社会保险基金收入预算的编制应综合考虑统筹地区上年度基金预算执行情况、本年度经济社会发展水平预测以及社会保险工作计划等因素，包括社会保险参保人数、缴费人数、缴费工资基数等。

社会保险基金支出预算的编制应综合考虑统筹地区本年度享受社会保险待遇人数变动、经济社会发展状况、社会保险政策调整及社会保险待遇标准变动等因素。社会保险待遇支出预算应根据上年度享受社会保险待遇对象存量、上年度人均享受社会保险待遇水平等因素确定，同时考虑本年度变动情况；社会保险非待遇性支出预算要严格执行社会保险政策和管理制度规定。

三、预算编制和审批

统筹地区社会保险基金预算草案由社会保险经办机构编制，经本级人力资源社会保障部门审核汇总，财政部门审核后，由财政和人力资源社会保障部门联合报本级人民政府审批。社会保险费由税务机关征收的，社会保险基金收入预算草案由社会保险经办机构会同税务机关编制。

统筹地区财政和人力资源社会保障部门将社会保险基金预算草案报本级人民政府审批后，报上一级财政和人力资源社会保障部门。省级财政和人力资源社会保障部门将本省（区、市）社会保险基金预算草案报本级人民政府后，报财政部和人力资源社会保障部。

全国社会保险基金预算草案由人力资源社会保障部汇总编制，财政部审核后，由财政部和人力资源社会保障部联合向国务院报告。待条件成熟时，由国务院适时向全国人大报告。

四、预算执行和调整

社会保险经办机构应严格按照批准的预算和规定的程序执行，并定期向本级人力资源社会保障和财政部门报告。社会保险费由税务机关征收的，社会保险基金收入预算批复税务机关和社会保险经办机构，税务机关应严格按照批准的预算和规定的程序执行，并定期向本级财政和人力资源社会保障部门报告。

社会保险基金预算不得随意调整。在执行中因特殊情况需要增加支出或减少收入，应当编制社会保险基金预算调整方案。社会保险基金预算调整由统筹地区社会保险经办机构提出调整方案，经人力资源社会保障部门审核汇总，财政部门审核后，由财政和人力资源社会保障部门联合报本级人民政府批准。社会保险费由税务机关征收的，社会保险费收入预算调整方案由社会保险经办机构会同税务机关提出。

五、基金决算

年度终了，统筹地区经办机构应按照规定编制年度社会保险基金决算草案，报同级社会保险行政部门审核汇总。经统筹地区财政部门审核并汇总编制，会同社会保险行政部门报本级人民政府审定后，提交同级人大常务委员会审查和批准。

统筹地区社会保险基金决算草案经本级人大常委会审批后，由同级财政部门、社会保险行政部门分别报送上级财政部门和社会保险行政部门。

（2010年1月2日，国发〔2010〕2号，《国务院关于试行社会保险基金预算的意见》；

2017年8月22日，财社〔2017〕144号，《财政部关于印发〈社会保险基金财务制度〉的通知》）

第五节　会计档案管理

一、会计凭证的整理和保管

（1）会计凭证应分险种、分账套整理装订，凭证必须签章齐全，所附原始凭证完整。原始凭证包括基金征缴通知单、银行回单、基金周转金审批单、待遇支出拨付审批单、资金划拨审批单、待遇发放明细及汇总表等。

（2）每月初将上月凭证及时装订成册，按时间先后和凭证编号顺序立卷。

（3）案卷号按年编制，一年一个流水号。

（4）凭证每本为一个保管单位（称为一卷）。封面各项目要填写齐全，案卷的排列顺序是收付凭证、转账凭证。

二、账簿的整理和保管

（1）年度终了，及时打印上年度账簿分险种、分账套整理装订。

（2）各账簿应将“账簿启用表”栏目填写齐全。

（3）账簿按年装订，各年互不混淆。每种账簿都有一定格式，并编有页号；总账、三栏明细账、多栏明细账分别装订，立卷时检查是否齐全完整，如完整无缺以账簿页数为准填写账盒封面，案卷的排列顺序是总账、三栏明细账、多栏明细账。

三、会计报表及其他核算专业资料的整理和保管

（1）报表（含报表文字分析、说明）按年度分类保管。

（2）其他会计核算专业材料按年度归类保管，包括银行余额调节表、银行对账单等。

（3）报表封面各栏目要填写齐全，装订要编写页码。

四、会计档案编号说明

会计档案编号最大不超过三位数。

（1）排列：会计凭证同一年度逐月按凭证号顺序排列。

（2）编号：按照会计凭证的排列顺序，在每册会计凭证封面上编制案卷号。一个目录内案卷号最多不超过三位数。

（3）装盒：按案卷号顺序依次将会计凭证装入会计档案凭证盒内，一盒可装一卷或数卷，并填写会计档案凭证盒封面、盒脊相应项目。会计档案凭证盒封面设置全宗名称、凭证名称、凭证起止号、起止日期、全宗号、目录号、案卷号等项目。

五、会计档案的保管、移交和销毁

（1）各种会计档案必须单独存放，会计凭证、会计账簿、会计报表按时间顺序分别存放，档案柜要标明所存会计档案种类、年代、起止卷号，做到妥善保管，存放有序，查找方便。不得私自对档案勾、划、涂、改，不得拆散原卷册，更不能抽、撤单据。

档案原件原则上不得借出或供外人查看，如有特殊需要，须经单位负责人批准。

（2）基金财务室编制档案移交清册，定期将会计档案移交共享中心代为保管。

（3）会计档案保管期满需要销毁时，基金财务室与共享中心负责逐份、逐件鉴定审查，填写会计档案销毁清册，一式三份，并写出鉴定报告，报本单位领导及有关部门批准后销毁。销毁时必须严格按批准的销毁清册，由销毁人、监销人双方签字后执行，执行单存入档案。

（1997年10月14日，胜油保发〔1997〕18号，《关于加强会计档案管理的通知》；2015年12月11日，财政部 国家档案局令第79号，《会计档案管理办法》）

第六节　财务管理制度

一、内部会计管理体系

（一）单位负责人主要职责

（1）单位负责人是本单位会计工作的第一责任人，对会计工作和会计资料的真实性、完整性负责。

（2）组织领导财务机构、财务人员和其他人员严格执行《会计法》和有关财务规章制度，依法进行会计核算，实行会计监督。

（3）组织建立健全有效的内部控制制度，强化单位内部约束机制，保证会计事务的规则、程序能有效防范、控制违法、舞弊等行为发生。

（4）保证会计机构、会计人员依法履行职责，保障财务人员的职权不受侵犯。财务人员依法进行财务工作，任何人不得利用行政手段干扰财务人员依法进行财务管理和财务检查工作。

（5）对会计机构、会计人员发现会计账簿记录与实物、款项及有关资料不相符而无权处理的报告，应当及时做出处理。

（6）根据《会计法》要求和单位实际合理设置财务机构，组织拟订内部财务管理制度、财务核算办法，配备相应的财务人员，依法保障会计人员的继续教育和培训，促进会计人员业务素质的提高。

（二）分管领导主要职责

（1）负责基金财务室全面工作，承担基金财务室主要管理责任。

（2）负责社会保险基金的财务管理，预、决算管理，会计核算和会计监督管理。

（3）根据上级有关规定组织制订单位内部各项财务制度，并负责实施。

（4）负责社会保险各项基金收支计划的实施。

（5）负责单位财务人员的理论和业务培训，对会计人员考核指导。

（6）负责做好同上级业务部门及油田审计、财务等部门的检查配合工作。

（三）会计核算组织形式

（1）基金财务室为本单位的会计职能科室，负责社保基金的征缴、上解，社保基金预算、决算、日常财务管理，各项社保待遇的支付等。根据业务需要设置基金核算岗、基金稽核岗、出纳岗、预算管理岗、固定资产管理岗、会计档案管理岗等。

（2）根据专业技术序列设置高级主管、主管、主办等。

（四）基金财务室工作职责

（1）认真贯彻执行国家财务制度和有关法律、法规和政策，严格遵守国家财经纪律。

（2）负责社会保险基金的财务管理，预、决算管理，会计核算和会计监督管理。

（3）负责各项社会保险基金收缴、支出的管理，确保基金的安全运营。

（4）负责各项社会保险财务报表月报、季报、年报的编制工作。

（5）根据上级规定组织制订单位各项财务制度，并组织实施。

（6）负责单位固定资产的清查、登记、核销工作和对外签订合同台账的登记、保管工作。

（7）负责单位会计档案及业务档案日常管理工作。

二、岗位责任制度

（一）业务负责人岗位职责

（1）业务负责人在单位负责人及分管领导的领导下负责单位财务管理和会计核算工作。

（2）认真贯彻国家的财经方针政策、法律、法规，严格遵循财经纪律和各项规章制度。组织制订本单位的财务会计制度并督促贯彻落实。

（3）组织编制社保基金预算，并组织实施。同时加强预算分析，提供信息，及时调整预算，加强基金收支管理。

（4）组织编制基金运行分析报告，向单位领导报告基金运行状况，提出有关意见措施，为领导决策当好参谋。

（5）负责各项社保基金收入以及各项社保待遇支出审核，做到征缴及时、支出合理。

（6）根据资金运行情况，组织做好各项社保待遇周转金的申请工作。

（7）组织和督促财会人员学习政治理论和会计业务，遵守职业道德，不断提高会计人员的政治思想素质和业务水平。

（二）基金核算岗位职责

（1）认真学习和贯彻执行国家财务制度和有关法律法规、方针政策，严格遵守国家财经纪律。

（2）按照社会保险财务制度的规定，负责制订、修订本单位相关基金核算的办法。

（3）基金会计核算一般采用收付实现制，严格按规定实行“收支两条线”和财政专户管理，按险种建账，单独核算，分别管理，专款专用。

（4）负责各项保险收入归集、分配、上解，并按要求申请周转金。

（5）负责定点医药机构结算、异地商户结算、企业补贴发放、驻鲁企业劳动家属待遇发放等各项保险待遇支出核算。

（6）按规定设置总账、明细账及辅助账（页），做好收入、支出业务的会计凭证填制工作，做到判断准确，科目使用无误。

（7）按时结账，定期与出纳核对现金日记账和银行存款日记账，核对银行账户及存款余额，编制银行存款余额调节表，使银行存款账面余额与银行对账单调节相符，并及时清理往来账目。

（三）基金稽核岗位职责

（1）负责审核原始凭证、会计凭证，对凭证的合法性、规范性、签章完整性和数据的准确性进行审查，对不合格的凭证，记录存在的问题和整改情况，并责成有关人员查明原因，更正处理。

（2）制定会计核算科目体系。

（3）负责审核各种明细账、总账和会计报告，并及时做好核对。

（4）参加起草、修订、有关财务管理、会计核算方面的制度。

（5）参与有关经济合同、协议的谈判、签订，对经济业务事项进行事前审核。

（6）协助加强会计基础管理工作。

（7）负责编报有关的稽查材料，并做好保密工作。

（8）办理会计证年检工作。

（四）出纳岗位职责

（1）按照国家有关现金管理和银行结算制度的规定办理现金收、付和银行结算业务。

（2）按规定设置现金日记账，收付现金须及时逐笔登记，做到账款相符；现金开支须符合规定范围，不属于现金开支范围的业务应通过银行办理转账结算；严格执行库存现金限额管理规定，超过库存限额的现金应及时存入银行。

（3）按规定设置银行存款日记账，做好银行存款、取款和结算工作；熟悉银行各种付款方式和凭证填制，严格按照银行存款管理规定办理银行结算业务。

（4）认真审查各项收支的原始凭证，对违反国家规定或有误差的，要拒绝办理收支手续。

（5）每天及时、正确地核对现金日记账和银行存款日记账，并结出余额，做到日清月结；不得签发空头支票；禁止出租出借银行账号；出纳人员不得兼管收入、支出账簿的登记工作以及稽核和会计档案保管工作。

（6）按规定做好银行结算票据的登记、领购、填制、保管、回收、缴销工作；借用转账票据要在借款单上注明票据编号，每月终了前，认真清理催办借出银行结算票据，防止丢失或长期不办理报账手续。

（7）做好各社会保险基金账户的银行回单和银行明细账的打印、领取工作。

（8）严格按规定管理财务印章，妥善保管财务专用章和现金收讫、现金付讫、银行收讫、银行付讫等相关印章。

（五）预算管理岗位职责

（1）按照社会保险基金财务制度及统一的社会保险基金预算编制格式和编报要求，及时编制、汇总和上报基金预算，确保数据真实、准确，内容完整，说明清楚。

（2）按时编制基金收支报表，做到数字真实、计算准确、内容完整、报送及时。

（3）及时、完整编制财务报告，做到数字真实、计算准确、内容完整、说明清楚。

（六）固定资产管理岗位职责

（1）认真贯彻财政部、油田有关财务规章制度，遵守财经纪律，正确组织协调单位资产管理工作，负责制定、修订单位资产管理办法。

（2）负责组织单位固定资产的现场清查核实工作、指导各室（中心）和服务站固定资产账、册、实的对口管理工作，定期组织资产清查工作，核实资产存量。

（3）负责单位报废、毁损、盘亏、盘盈闲置资产的审查核实工作。

（4）负责组织协调油田资产管理部门对单位国有资产损失的核定和闲置、报废资产的委托评估及变价处置工作。

（5）负责闲置固定资产的调配管理工作。

（七）会计档案管理岗位职责

（1）认真贯彻执行《会计档案管理办法》等有关档案管理工作的法规、制度，保证会计档案妥善保管、有序存放、方便查阅、严防毁损、散失和泄密。

（2）做好会计档案的收集、整理、鉴定、保管、统计、编目和利用工作。电算化档案还要做好防磁、防潮、防尘，保证其完整无缺，有效利用。

（3）对移交的会计档案，应当编制会计档案移交清册，原则上应当保持原卷册的封装。个别需要拆封重新整理的，档案管理人员应当会同会计主管人员、经办人员共同拆封整理，以分清责任。

（4）负责会计档案调阅工作，会计档案的调阅要严格按照会计制度规定的调阅手续进行办理。

（5）负责定期检查会计档案的到期情况，按规定办理会计档案的移交、销毁手续。

（6）接受上级主管部门的业务指导和监督检查。

三、账务处理程序

（一）账务处理程序步骤

账务处理程序根据业务处理的流程分为填制凭证、审核、记账、结账、编制报表、资料归档六个环节。

1.填制凭证环节

审核原始凭证→填制、打印记账凭证→凭证复核→出纳复核→出纳收、付款。

2.记账环节

财务主管审核→整理凭证→试算平衡→月末结账。

3.编制报表环节

对账→编制报表→打印报表→编写报表说明。

4.资料归档环节

会计资料整理装订（月末、季末、年末）→登记归档→移交档案部门管理。

（二）账务处理程序的规范要求

1.审核人员对经办人送交的原始凭证进行审核

（1）原始凭证必须内容齐全，应具备以下基本要素：凭证的名称，填制日期，填制凭证单位的名称或者填制人的姓名，接收凭证单位的名称，经济业务的内容、数量、单价和金额，经办人员、验收或证明人、审批人签名或盖章。

（2）从外单位取得的原始凭证如有丢失，应当取得原开出单位盖有公章的证明，并注明原来凭证的号码、金额和内容等，由经办单位会计机构负责人、会计主管人员和单位领导人批准后，才能代作原始凭证。

（3）报销手续及审批手续是否齐全，是否符合规定的开支范围及开支标准，部门项目指标有无余额等。

（4）审核数量、单价及金额是否相符并对金额进行汇总。

（5）根据审核无误的原始凭证填制、打印记账凭证。

（6）审核人审核无误后在记账凭证签章，并请经办人在凭证上签名。

（7）将记账凭证及所附的原始凭证传递给复核人员。

2.复核人员应对记账凭证及所附的原始凭证进行复核

（1）复核记账凭证的内容是否齐全，包括凭证编号、业务摘要、会计科目、部门项目编码、往来单位、金额和所附原始凭证张数，填制凭证人员、会计机构负责人或会计主管人员的签章，凭证科目与经济内容是否一致，借贷关系是否平衡。

（2）如果发现记账凭证有错，应退回给审核人员重新填制；如对所附的原始凭证有疑问，应及时向有关人员查询，或向财务负责人反映。

3.出纳人员应根据复核无误的记账凭证收付款

（1）出纳人员接到记账凭证及所附原始凭证后，应对凭证上的收付金额、收付方向进行复核，经确认无误后方可办理收付款。

（2）收取现金或支票时，应开具相应的收款票据；付款时，应检查经办人是否签名，签发现金、转账支票时，须请经办人在支票领用簿签名。

（3）更改付款方式，必须通知审核人员修改记账凭证。

（4）收付款后，出纳人员应在原始凭证上加盖“现金收讫”“现金付讫”章，以及本人印章。

（5）出纳每天应办理日结，对当天所有凭证进行整理、排序，并与账务处理系统现金日记账和银行日记账进行核对，做到账账相符、账实相符，日清月结。如发现错误应及时更正。

（6）日结后将所有凭证交给各主管会计。

4.会计人员应按国家统一会计制度的规定和会计业务的需要定期记账、结账

（1）会计账务实行电算化操作，发生收、付款业务的，当天必须登记现金、银行日记账、总账、明细账。记账时，截至记账日的会计凭证必须审核无误；记账后，记账人员应在记账凭证上签章。

（2）会计每月末打印出凭证汇总表，与出纳核对现金日记账、银行日记账明细和余额，核对无误后，凭证汇总表装订到每月凭证的扉页，和连续编号的凭证装订成册。

（3）账户按规定定期结账，结账前，本期内所发生的业务必须全部登记入账；终结账前，账证、账账、账实要核对相符；年终结账后，要把各账户的余额结转到下一会计年度。按规定进行会计数据的备份。

（4）年终按规定打印账簿，填写账簿封面，将账页分类整理，经审核无误后装订成册，账簿封面应有编制单位名称及印章，账簿编制人员、财务负责人及单位负责人的签章。

（5）记账凭证和账簿安排专人专柜管理，按会计档案管理规定的期限移交东营财务共享中心档案管理部门保管。

5.会计人员按国家统一会计制度的规定，在上级部门规定的期限内编报财务报告

（1）结账后，认真检查会计账簿记录是否已登记完整，并核对无误。

（2）每月末，编制月度财务报表；年末根据会计账簿记录和其他有关资料，编制真实、准确、完整的年终决算报表。

（3）月度、季度根据需要对会计资料进行对比、分析，编制报表说明；年度，对财务状况、收支情况和基金运行情况进行综合分析，认真编制报表说明及基金运行情况分析报告。

（4）按规定及时报送会计报表。

（5）财务报告整理归档。

四、内部制衡制度

为加强社会保险基金管理，防止在工作中出现错误及舞弊现象，约束工作人员，确保有关法律法规的贯彻执行，保证各项工作有序、高效进行，制定本制度。

（1）记账凭证必须由制单、复核、记账、财务主管签章，涉及收付款的记账凭证还必须由出纳签章。

（2）记账凭证的填制和复核不能由同一人担任，出纳人员不得兼会计档案保管和收入、费用、债权债务账目的登记工作。会计不得经手现金、银行存款、有价证券的保管和收付工作。

（3）会计人员实行两两互相复核，档案管理员对出纳的支付单据进行复核，确保每一笔会计凭证、支付单据信息准确无误。

（4）复核通过后由经办人（或初审人员）、复核人员、科室负责人、单位负责人签字或盖章。

（5）部门负责人在业务工作经办中要实行工作透明化，要安排不相容岗位（职务）分离，出纳不得记账，会计不得审核自己编制的凭证，以便于相互监督相互制约。

（6）财务专用章由出纳保管，法人章由财务负责人保管，杜绝一人保管支付款项所需的全部印章。

（7）严格执行“收支两条线”和《社会保险基金财务制度》《社会保险基金会计制度》等管理规定。

（8）与业务科室之间要定期进行账目核对，同时要定期与财政部门、金融机构进行账目核对，确保资金账目准确无误。

五、内部稽核制度

为了促进会计基础工作水平的提高，加强财务监督，使各项业务工作既分工明确，又相互牵制，确保社会保险基金的安全性和完整性，建立本制度。

（一）财务内部稽核制度是指财会人员在处理业务时，既分工负责，又相互监督检查的工作制度

由专职或兼职的会计人员，对本单位会计资料进行审核，以保证凭证、账簿、报告和其他会计资料的真实性和完整性。内部稽核工作主要包括经济业务活动审查核实、会计凭证的审核、账簿的核对、会计报表的复校以及审查账实是否一致。内部稽核可分为事前稽核、事中稽核和事后稽核。

（二）本单位财务部门负责人是内部稽核工作的总负责人。稽核人员具体负责本单位各项财务业务的稽核工作

负责复核财务收支预算指标的依据是否科学真实，各项预算指标是否互相衔

接，审核后应提出建议或意见，以便修改完善预算方案；复核实际发生财务收支是否符合现行法律、法规和规章制度的规定；对会计凭证、会计账簿、财务会计报表和其他有关核算是否正确，对审核中发现的问题，及时予以制止或者纠正；复核会计科目使用的正确性；复核会计凭证、会计账簿、财务会计报告和其他会计资料的内容是否真实、完整，计算是否正确、手续是否齐全、是否符合有关法律、法规和规章制度的规定；复核各项资金的增减变动和结存情况，并与账面记录核对，确定账实是否相符。不符时，应查明原因，并提出改进措施。

（三）为了配合内部稽核工作的开展，稽核人员在稽核过程中可以行使以下权利

（1）对由于违反会计核算制度、会计准则及其他会计法律法规，造成会计核算资料失真的行为，有权让其按照会计制度规定进行更正。

（2）对不合理、不合法的一切开支，例如：超预算或者超过规定标准的各项开支，违反制度规定的预付款项等，有权拒绝付款和报销。

（3）对手续不完备、数据计算不准确以及不真实、不合法的原始凭证，应该退还给经办人员，并限期补办手续或进行更正。

（4）对编制错误的会计报表，有权让其经办人员更正。发现较大的违规、违纪行为，或对社保基金安全有较大影响的事项应及时向部门负责人报告。

（四）稽核的方法

稽核人员必须及时对日常经济业务、会计凭证、会计账簿、会计报表进行复核审查，以明确财会人员的职责分工并相互监督，减少违规违纪事项发生，确保会计核算资料的真实性和可靠性。

1.会计凭证稽核

（1）每一笔收付业务发生，是否按规定填制会计凭证，如有积压或事后补制者，应查明其原因。

（2）会计科目、子目、细目有无误用，摘要是否适当，有无遗漏、错误以及各项数字的计算是否正确。

（3）转账是否合理，借贷双方数字是否相符。

（4）应加盖的戳记编号等手续是否完备，有关人员的签章是否齐全。

（5）会计凭证所附原始凭证是否合乎规定、齐全、真实及相关手续、签章是否完备。

（6）会计凭证编号是否连贯，有无重号、缺号现象，装订是否完整。

（7）会计凭证的保存方法及放置地点是否妥善，是否已登录日记簿。

（8）会计凭证的调阅及拆阅是否依照规定手续办理。

2.会计账簿稽核

（1）各种账簿的记载，是否与会计凭证相符，应复核者是否已经复核，每日记账是否及时完整。

（2）银行日记账收付总额，是否与银行存款当日收付金额相符。

（3）各科目明细分类账各户或子目之和或未销讫各笔之和是否与总分类账各该科目的余额相等，是否按时或定期核对。比较科目的余额是否相符，有无遗漏现象。

（4）各种账簿记载错误的纠正画线、结转、转页等手续是否依照规定办理，误漏的空白账页，有否画“×”形红线注销，并由记账员及主办会计人员在“×”处盖章证明。

（5）各种账簿有无经核准后又自行修改者。

（6）各种账簿的保存方法及放置地点是否妥善，已否登记备忘簿。

3.会计报表稽核

（1）会计报表是否按规定期限编送，有无缺漏。

（2）会计报表内容是否与账簿上记载的相符。

（3）会计报表数据计算是否正确，签章是否齐全。

（4）会计报表编号、装订是否完整及符合规定。

（5）会计报表保存方法及放置地点是否妥善。

（五）稽核工作的责任

（1）在审查复核各种会计凭证中，对违反规定的财务收支事项既不要求更证，又不向领导汇报者，稽核人员应负相应责任。

（2）由于工作粗心大意，对会计凭证漏审、造成凭证与账簿、报表不符者，稽核人员应负相应责任。

（3）由于工作疏忽，对手续不齐全、数据不准确或者附件不完整的会计凭证，未能发现应负责任。

六、基金运行分析制度

（1）为规范和加强社会保险基金财务运行分析，根据《中华人民共和国会计法》《中华人民共和国社会保险法》《社会保险基金财务制度》《社会保险基金会计制度》《会计基础工作规范》以及山东省、东营市有关社会保险基金财务分析等方面的规定，制定本制度。

（2）基金财务室负责本单位社会保险基金运行分析工作。

（3）加强社会保险基金报表编报工作的组织领导。财务部门要安排专人负责基金运行分析工作，做好基金财务报表的编制、审核、上报等工作。

（4）社会保险基金报表实行自下而上、逐级汇总上报。基金财务室负责编制基金财务报表并上报山东省和东营市相关部门。

（5）认真执行基金月报、季报、年报、年度预决算报表制度。严格按照基金财务报表的报送要求，按时在社会保险基金报表平台进行编报，经财务科室负责人审核后上报。

（6）提高基金财务报表数据质量。各类基金财务报表要做到上报及时、报表齐全、格式规范、数据真实、勾稽关系准确无误，报表分析内容翔实，措施和建议合理。

（7）任何人不得篡改或者授意、指使或者强令篡改基金财务报表的有关数据，不得提供虚假的财务会计报告。

（8）加强与相关业务科室的沟通协调，严格按照规定的节点办理社会保险基金结算业务，加强与财政、税务部门的沟通协调，及时对表对账，如实完整地编制基金财务报表。

（9）定期报送社会保险基金财务运行分析报告。财务部门要根据基金财务运行情况每季度进行一次综合分析，每年度进行一次全面分析，分析报告与季度、年度基金财务报表一并上报。

（10）要按照年度基金预算，结合基金运行情况和预算执行情况进行分析，及时掌握基金运行和预算的进度与效果，认真分析基金运行和预算执行过程中存在的问题和薄弱环节，提高基金的使用效率。

（11）财务部门要结合社会经济形势、参保人员结构变化情况、政策调整等因素，科学分析资产、负债、结余等基金状况和结果，对基金收支预算完成情况、收支结构分析、与上年同期对比、发展趋势、基金支撑能力、重要政策影响、参保人员个性化问题影响进行重点分析，查找社保基金收支及管理中存在的突出问题，针对分析情况提出解决问题的对策建议。同时，对可能影响本期和下期基金运行的重大事项进行预测和分析。根据工作实际需要，可开展必要的重点调查和抽样调查活动，组织有关科室开展专题分析，以防范基金中长期风险，保障基金健康平稳运行。

（12）推进信息技术在基金财务运行分析工作中的运用。逐步推动和完善通过财务业务一体化功能自动生成基金财务报表，探索建立业务系统和基金运行分析、基金预算管理等方面的融合，不断提高基金财务运行分析工作的信息化水平。

七、基金账户对账制度

（1）为加强社会保险基金的监督和管理，完善社会保险内控机制，及时准确反映各类社会保险基金的收支状况，从制度和机制上规范基金的管理行为，结合单位实际制定本制度。

（2）社会保险基金的对账机制是社会保险基金财务会计制度的重要组成部分，相关部门应高度重视对账工作，切实履行职责、密切配合、齐抓共管，确保社保基金的安全运行。

（3）本单位实行内部和外部对账制度相结合的对账模式，以强化基金的风险防控，确保基金的安全完整运行。

（4）基金内部对账包括财务部门与相关业务部门每月末将基金收入和基金支出进行对账。外部对账包括财务部门与银行、财政部门和税务部门实行月度、季度对账制度，做到账账相符、账实相符。

（5）对账工作应当在规定的时间内完成，对账工作涉及的人员应当积极配合，优先完成。

（6）对账工作涉及的人员应当在对账前，完成本职工作范围内的账务处理、账务登记，以建立真实可靠的对账平台。

（7）财务部门于每月3日后将上月各类社会保险基金科目明细账传递给各相关业务部门，各业务部门对照财务记账数额核对业务收支情况的准确性，并附相关收支资料一并存档。核实无误后，由财务部门和相关业务部门负责人共同签字确认，以明确责任和规避管理风险，签字或盖章确认的资料应当妥善保管和归档。

（8）财务部门应与财政部门按月相互核对账务。财务部门应根据财政部门提供的财政专户收支凭证、记账凭证、收支明细表及银行提供的银行对账单，逐笔核对社保基金财政专户当月收支的记账情况，做到账目清楚、数字准确、账账相符、账实相符。

（9）财务部门和财政部门必须按月核对财政专户会计账，发现账务处理不一致的收入和支出时，财务部门应及时与财政部门沟通并调整一致。

（10）财务部门和财政部门应做好财政补助资金到位情况以及拨款指标的对账工作。

（11）财务部门和财政部门在完成基金收入户、支出户、财政专户与银行、财政专户出纳账和会计账对账工作后，才能编报会计报表，数据不一致不能上报年报和决算数据。

（12）对账工作由财务部门主持，由相关部门或人员支持配合。财务部门可根据实际情况定期或不定期召开联席会议，总结情况，解决对账工作中存在的问题。

八、财务收支审批制度

（1）为了强化基金管理，规范财务行为，根据《社会保险基金财务制度》和中国人民银行制定的《银行结算办法》，结合单位实际制定本制度。

（2）财务收支审批人和被授权人，应严格审批程序，对不符合财经制度的收支坚决不予审批。

（3）各项社会保险基金应及时足额存入基金专用账户，纳入财务核算，严禁另开立银行账户存储。对于交付现金的各项收入，由出纳负责签收后于当日存入银行账户。严禁各单位私自截留货币资金收入形成账外资产、“小金库”。

（4）根据管理权限，建立明确的授权制度，明确每一管理层次审批的权限、内容和标准，要做到每一项经济业务的处理都与其批准的权限、条件相符，以保证财务收支合法、合规。

（5）建立授权审批检查制度。各授权人应当定期或不定期对自己授权他人审批的财务收支进行检查，检查授权业务是否符合授权的标准、权限，以保证财务收支审批制度的严肃性。

（6）要求审批的原始凭证，应当符合以下条件：

从外单位取得的原始凭证，必须盖有填制单位的公章；从个人取得的原始凭证，必须有填制人员的签名或者盖章。原始凭证不能涂改、挖补，如果发现原始凭证有错误的，应当由开出单位重开或者更正，更正处应当加盖开出单位的公章。自制的原始凭证，必须有经办部门的负责人或者由部门负责人指定的人员签批。经上级有关部门批准的业务，应当将批准文件作为原始凭证附件。

（7）基金支付原则上要求通过网上银行直接发放，不得支付现金、开具现金（转账）支票、银行存单或存折。任何一笔网上银行付款，至少需要经过申请、审批两级操作或者申请、复核、审批三级操作方可生效，申请、复核、审批岗位要相互分离，不得由一人完成交易。

九、会计档案管理制度

（1）会计档案包括存储会计数据打印出来的各种形式的会计数据。会计数据是指记账凭证、会计账簿、会计报表、编制的各种文档以及其他会计资料。

①会计凭证包括自制原始凭证、外来原始凭证、原始凭证总表、记账凭证等。

②会计账簿包括总分类账、各类明细分类账、现金日记账、银行存款日记账。

③会计报表包括财务月、年度会计报表及决算报表。

④其他会计核算资料是属于经济业务范畴，与会计核算、会计监督紧密相关的，由会计部门负责办理的有关数据资料。如经济合同、会计档案移交清册、会计档案销毁清册等。存储在磁性介质上的会计数据、程序文件均应视同会计档案一并管理。

（2）用计算机打印输出会计凭证、账簿、报表的，要符合国家统一会计制度的要求作为会计档案保存，期限按《会计档案管理办法》的规定执行。

（3）现金日记账和银行存款日记账要每天登记并打印输出。做到日清月结。

（4）一般账簿可以根据实际情况和工作需要按月或按季、按年打印；发生业务少的账簿可满页打印。

（5）手工事先做好记账凭证后，在录入记账凭证后进行处理的情况下，保存手工记账凭证与机制凭证皆可。

（6）对每年形成的会计档案，按照归档的要求整理立卷或装订成册。

（7）当年会计档案，在会计年度终了后可暂由财务部门保管一年，由专人负责会计档案。期满之后由专人负责将会计凭证和会计账簿汇总后编制清册移交档案室保管。

（8）会计档案原件原则上不得外借。外借的要经单位领导批准，并履行相应的借阅手续，经手人必须签字记录。存放在磁性介质上的会计档案借阅归还时要认真检查。

（9）对会计档案必须进行科学管理，做到妥善保管、存放有序查找方便。

（10）对存档的会计资料要检查记账凭证上录入人员、会计主管人员的印章是否齐全，收付款记账凭证还要有出纳人员盖章。

（11）严格执行安全和保密制度，会计档案不得随意堆放，严防毁损、散失和泄密。

十、货币资金管理办法

（1）为加强社会保险资金管理，有效防范资金风险，维护企业和参保人员的合法权益，根据国家相关法律法规、集团公司以及油田关于特殊资金有关管理办法，制订本办法。

（2）本办法所称社会保险资金是人力资源共享服务中心（社会保险中心）按照国家、当地政府及油田规定代收代管、代收代付的基本养老保险基金、基本医疗保险基金（含生育保险基金）、失业保险基金、工伤保险基金、城镇居民社会保险基金、企业年金以及与社会保险基金性质相似的由企业为员工缴纳和员工本人缴纳的各项资金。

（3）账户管理。

①银行账户的开立、变更或注销，必须先由基金财务室提出申请，经单位分管领导和主要领导审核后，报油田归口管理部门、财务部门和油田分管领导审批同意后方可办理。

②网上银行功能开通须提出申请，经财务分管领导和单位负责人审批。

③经授权人员分别保管各自的客户证书与密码。对于同一网上银行，每个授权人员只能分配一个客户证书与密码，严禁一人同时持有或使用多个客户证书与密码。

④财务专用章必须由专人保管，个人名章由本人或其授权人保管，以上两枚印章须分离管理，不得由同一人保管。

（4）银行存款及现金管理。

①会计人员应于每月末及时获取银行对账单，核对银行账户，编制银行存款余额调节表，明确列示未达账项的金额及产生原因，对1个月以上的未达账项要及时查明原因。银行存款余额调节表由不相容岗位人员稽核签字，由财务负责人审核签字，月底与报表一起装订存档。银行对账单的获取与银行存款余额调节表的编制、稽核等工作，不得由同一人实施。

②严禁动用社会保险资金从事股票投资、委托理财及对外投资等高风险业务。将社会保险资金用于购买国债等非常规支出业务的，必须按相关规定办理。

（5）社保基金收入管理。

①社会保险基金全部纳入收入专用账户，统一管理，统一核算，严禁截留，严禁设立“小金库”。所有收入业务均通过《企业网上银行系统》进行办理。严格执行“收支两条线”资金管理规定。

②会计人员根据社会保险费征缴通知单和征缴计划审核基金收入相关原始凭证，及时进行账务处理，并经不相容岗位人员稽核。

③加强往来款项核对工作，定期或不定期对所有收入款项及有关往来款项进行核查。

（6）社保基金支出管理。

①财务人员根据业务系统推送的各项待遇支付数据，按规定权限进行引入、审核、审批后付款，根据业务系统返回的付款成功数据进行账务处理，自动生成记账凭证。

②社会保险资金支出需经基金财务室经办人员、负责人复核签字，中心负责人或授权人审定签字（盖章）。

③对单位、个人的各类付款原则上都要通过《企业网上银行系统》办理网银转账结算，不得开具现金（转账）支票、银行存单或存折。在支付和报销各项社会保险待遇时，一律不得支付现金。

（7）加强与货币资金相关票据的管理，明确各种票据的购买、保管、领用、背书转让、注销等环节的职责权限和程序，并设登记簿进行记录，防止空白票据的遗失和被盗用。票据应由专人保管，并存放在保险柜中，由独立于票据保管的人员进行盘点、监盘人签字确认。预留银行印鉴和空白票据分开保管。严禁出具加盖银行预留印鉴的空白支票和填列项目不全的付款票据，妥善防范票据风险。

（8）社会保险资金管理实行重大事项报告制度。发生或发现重大事项后须立即上报单位分管领导、主要领导。

十一、票据及财务印鉴管理办法

（1）为加强本公司票据、印鉴管理，严格结算制度，严密工作手续，保证票据、印鉴的安全、完整，堵塞票据、印鉴使用、管理中的漏洞，制定本办法。

（2）本办法所称票据是指现金支票、转账支票、汇票等重要银行票据、单位从外部取得的各类原始凭证及内部自制单据和内部结算凭证。

（3）明确各会计岗位职责，规范传递手续，禁止制证、复核两个岗位由一人兼任，加强内部牵制，做好事前、事中、事后稽核。

（4）建立银行票据使用登记制度。支票、汇票等重要银行票据经管人员在购买、签发票据时应即时登记《银行票据登记簿表》，登记内容包括购买、签发票据时间、使用单位、开户银行、票据种类、号码、使用内容、金额、经办人员。支票、汇票等重要银行票据发生退票、作废等事项，票据经管人应顺序登记、妥善保管退回和作废的票据，连同《银行票据登记簿》一并归档备查。

（5）单位从外部取得的各类原始凭证及内部自制单据送交会计报账时，对经审核合法、合规的应及时编制记账凭证，并在单据上加盖付讫戳记，记账凭证经复核无误后，经管人应妥善保管，月末按顺序装订成册交档案保管人归档，并及时编制档案清册。

（6）票据管理出现过失行为（如票据丢失、毁损等），影响会计核算正常进行并给公司带来损失的，财务部门将给予相关责任人通报批评、后果严重的给予罚款或解除劳动合同。

（7）严格管理财务印鉴，因业务需要已刻制多套印鉴的，须将印鉴进行编号管理，建立印鉴管理台账，详细记录印鉴使用情况。印鉴须进行分离保管，财务专用章由出纳以外的人员专人保管。

（8）财务印鉴管理人负责各银行账户的管理，包括提现、转款、背书等与银行有关的各种款项的收付管理并负责与银行对账，经单位负责人审批后方可使用。

（9）对外提供的各类财务文件或对外提供担保需要加盖财务印鉴的，由财务负责人和单位负责人批准方可加盖。

（10）对于票据和财务印鉴的使用必须严格遵循规定，违反以上规定使用者出现问题的由直接责任人承担。

十二、财务人员工作交接管理办法

（1）为保证本单位财务工作的有序进行，保证财务信息及财务资料的安全、完整，制订本制度。

（2）财务人员因工作发生变动或者离岗、脱岗时，必须将本人所负责的工作全部移交接替人员，未办清交接手续和所经办的账务核对不符或由其追索的债权尚未清回的，不得调动和离职。

（3）财务人员工作交接应由移交人、接管人和监交人三方共同完成，一般会计人员交接，由本单位财务分管领导或会计主管负责监交；会计主管工作交接由财务分管领导监交。

（4）移交工作必须在账账、账表、账证、账实相符的前提下进行，接收人必须逐项核对清点接收，交接完毕后，交接双方和监交人必须在移交清册上签名，以明确责任；移交清册一式三份，交接双方各执一份，存档一份。

（5）移交时必须编制移交清册，列明移交内容，包括会计凭证、会计账簿、会计报表、印章、现金、有价证券、支票簿（注明起止号）、发票、文件、未了事项说明、个人保管使用的办公用品和其他会计资料等。实行会计电算化的，应在移交清册上注明财务软件用户名及密码、财务软件数据备份及有关资料、实物。移交时必须按照清册逐项移交，所有的会计资料必须完整无缺，如有短缺必须查明原因，及时处理。对移交的遗留问题，写出书面材料。

[附] 业务经办流程二维码

— 社保基金财务管理 —

社会保险基金
收入核算

医疗保险基金
其他收入核算

社会保险费
税务征缴

社会保险待遇
周转金申请

居民养老、医疗
财政补贴申请

社会保险待遇支付

社会保险基金
结余保值增值

财政专户基金
结余保值增值

社会保险基金
年度预算编制

社会保险基金财务报表编报

社会保险基金预算执行报表编报

社会保险基金年度决算编制

补充医保运行费用预算编制

会计档案管理

业务档案管理

固定资产配置

固定资产清查

固定资产报废

第十章　监督稽核

第一节　社会保险稽核制度

一、社会保险缴费基数稽核

（一）稽核对象

在油田参加社会保险的单位（以下简称参保单位）及个人。

（2019 年 7 月 23 日，胜油保发〔2019〕14 号，《关于印发〈胜利油田社会保险稽核管理办法（试行）〉的通知》）

（二）稽核内容

（1）社会保险登记、变更登记和登记验证情况。

（2）社会保险费申报和代扣代缴情况。

（3）职工人数、工资基数、财务状况和缴费能力等情况。

（4）社会保险费缴纳和缴费费率执行情况。

（5）欠缴社会保险费的，其补缴计划的制定和落实情况。

（6）社会保险待遇享受者的资格条件和领取的待遇项目、标准情况。

（7）社会保险基金的筹集、支付、管理、运营等情况。

（8）法律、法规规定需要稽查的其他情况。

（2003 年 6 月 6 日，山东省人民政府令第 158 号，《山东省社会保险稽查办法》；

2019 年 7 月 23 日，胜油保发〔2019〕14 号，《关于印发〈胜利油田社会保险稽核管理办法（试行）〉的通知》；

2022 年 11 月 22 日，鲁医保发〔2022〕34 号，《山东省医疗保障局 国家税务总局山东省税务局关于印发〈山东省医疗保险缴费基数稽核工作规程（试行）〉的通知》）

（三）稽核实施

（1）社会保险稽查可以采取报送稽查、实地稽查等方式进行。

（2）社会保险稽查机构应当在稽查实施3日前，向被稽查单位或者个人下达稽查通知书。但有群众举报或者有根据认为单位或者个人有违法行为或者违法嫌疑的除外。

（3）社会保险稽查机构实施稽查时，应当遵守下列规定：有2名以上的稽查人员共同进行，并出示行政执法证件；告知被稽查的范围、内容及要求；现场检查或者调查应当制作笔录。笔录应当由稽查人员和被稽查单位有关人员或者被稽查人签名或者盖章。

（2003 年 6 月 6 日，山东省人民政府令第 158 号，《山东省社会保险稽查办法》；

2022 年 11 月 22 日，鲁医保发〔2022〕34 号，《山东省医疗保障局 国家税务总局山东省税务局关于印发〈山东省医疗保险缴费基数稽核工作规程（试行）〉的通知》）

（四）稽核处置

（1）社会保险稽查机构在稽查中发现被稽查单位或者个人有违法行为的，应当责令其限期改正；应当给予行政处罚的，由人力资源社会保障行政部门、医疗保障行政部门依法予以处罚；构成犯罪的，由司法机关依法追究刑事责任。

（2003 年 6 月 6 日，山东省人民政府令第 158 号，《山东省社会保险稽查办法》）

（2）缴费基数现场稽核结束后，按下列程序进行处理：

①医保稽核机构将《医疗保险稽核意见书》送达同级医保经办机构，由医保经办机构出具被稽核对象医疗保险基金征缴收据，并据此以特殊缴费形式推送税务部门，由税务部门完成征缴。

②《医疗保险稽核意见书》送达被稽核对象后，30日仍未缴纳的，医保稽核机构应制作《医疗保险费补缴函》，连同《医疗保险稽核意见书》《医疗保险稽核送达回证》等材料一并送达同级税务部门处理。

③税务部门组织费款征收，并按日反馈医保部门记账；根据各地工作实际，医保稽核机构可通过国家医疗保障信息平台及时掌握被稽核对象补缴进度，或由医保经办机构按月汇总提供已缴费情况；税务部门收到《医疗保险费补缴函》后，应按季汇总已缴费情况，编制《医保稽核来函补缴统计季报表》反馈来函医保稽核机构。

（2022年11月22日，鲁医保发〔2022〕34号，《山东省医疗保障局国家税务总局山东省税务局关于印发〈山东省医疗保险缴费基数稽核工作规程（试行）〉的通知》）

二、医药机构稽核（定点医药机构、定点护理机构）

（一）稽核对象

基本医疗保险（含生育保险）基金、医疗救助基金等医疗保障基金使用及其监督管理。

（2021年5月1日，中华人民共和国国务院令第735号，《医疗保障基金使用监督管理条例》）

（二）稽核内容

对定点医药机构服务行为进行稽核。核查定点医药机构执行社会保险政策、服务协议情况；核查定点医药机构是否存在弄虚作假、套取社保基金等行为。

（三）稽核实施

（1）围绕稽核方案确定的对象、重点内容和稽核方法按程序实施核查。稽核小组要认真取证，如实全面地做好稽核工作记录，编制稽核工作底稿。需通过向稽核对象问询核实的事项，稽核人员要认真填写《社会保险稽核询问笔录》，全部取证材料均应得到确认或认证。

（2）进行实地稽核时，应由两名以上稽核人员同时到场，并向稽核对象出示稽核证件。

（3）稽核对象不得拒绝、阻碍稽核人员依法依规行使职权。

（4）稽核未发现问题的，向稽核对象作出通报，稽核终结。稽核发现有问题的，稽核部门填写《社会保险稽核处理决定》，送达稽核对象并要求其签字确认执行，稽核终结。

（2019年7月23日，胜油保发〔2019〕14号，《关于印发〈胜利油田社会保险稽核管理办法（试行）〉的通知》）

（四）稽核处置

医疗保障经办机构按照服务协议约定，对违反服务协议的定点医药机构可以暂停或者不予拨付费用、追回违规费用、中止相关责任人员或者所在部门涉及医疗保障基金使用的医药服务，直至解除服务协议；定点医药机构及其相关责任人员有权进行陈述、申辩。

（2022年3月3日，山东省人民政府令第345号，《山东省医疗保障基金监督管理办法》；
2020年12月，《胜利油田基本医疗保险定点医疗机构医疗服务协议》；
2020年12月，《胜利油田基本医疗保险定点零售药店服务协议》；
2022年10月20日，《胜利油田职工长期护理保险定点护理服务机构服务协议（试行）》）

三、参保人稽核

（一）稽核对象

在油田参加社会保险的个人。

（二）稽核内容

对参保人员社会保险待遇领取行为进行稽核。核查参保人员享受社会保险待遇资格，查处通过伪造变造证明材料、冒用他人证件、隐瞒事实等欺诈手段骗取或协助骗取社会保险待遇，以及丧失领取社会保险待遇条件或资格继续领取社会保险待遇等违法违规行为。

（三）稽核实施

（1）围绕稽核方案确定的对象、重点内容和稽核方法按程序实施核查。稽核小组要认真取证，如实全面地做好稽核工作记录，编制稽核工作底稿。需通过向稽核对象问询核实的事项，稽核人员要认真填写《社会保险稽核询问笔录》，全部取证材料均应得到确认或认证。

（2）进行实地稽核时，应由两名以上稽核人员同时到场，并向稽核对象出示稽核证件。

（3）稽核对象不得拒绝、阻碍稽核人员依法依规行使职权。

（4）稽核未发现问题的，向稽核对象作出通报，稽核终结。稽核发现有问题的，稽核部门填写《社会保险稽核处理决定》，送达稽核对象并要求其签字确认执行，稽核终结。

（2019年7月23日，胜油保发〔2019〕14号，《关于印发〈胜利油田社会保险稽核管理办法（试行）〉的通知》）

（四）稽核处置

社会保险经办机构发现用人单位、个人、社会保险服务机构违反社会保险法律、法规、规章的，应当责令改正。对拒不改正或者依法应当由人力资源社会保障行政部门、医疗保障行政部门处理的，及时移交人力资源社会保障行政部门、医疗保障行政部门处理。

个人多享受社会保险待遇的，由社会保险经办机构责令退回；难以一次性退回的，可以签订还款协议分期退回，也可以从其后续享受的社会保险待遇或者个人账户余额中抵扣。

（2023年12月1日，中华人民共和国国务院令第765号，《社会保险经办条例》）

四、经办机构稽核

（一）稽核对象

医疗保障经办机构。

（2022年3月3日，山东省人民政府令第345号，《山东省医疗保障基金监督管理办法》）

（二）稽核内容

（1）核查中心各室所及其工作人员在基金的“收、管、支”经办环节，是否认真执行政策及管理制度；是否严格遵守业务经办流程；是否存在基金安全隐患和廉洁风险等。

（2）中心工作人员是否严格执行亲属业务办理回避制度。

（3）社保信息数据管理是否安全，有无信息泄露。

（2015年8月24日，胜油保发〔2015〕10号，《关于印发〈胜利油田社会保险稽核管理办法（试行）〉的通知》）

（三）稽核实施

（1）围绕稽核方案确定的对象、重点内容和稽核方法按程序实施核查。稽核小组要认真取证，如实全面地做好稽核工作记录，编制稽核工作底稿。需通过向稽核对象问询核实的事项，稽核人员要认真填写《社会保险稽核询问笔录》，全部取证材料均应得到确认或认证。

（2）进行实地稽核时，应由两名以上稽核人员同时到场，并向稽核对象出示稽核证件。

（3）稽核对象不得拒绝、阻碍稽核人员依法依规行使职权。

（4）稽核未发现问题的，向稽核对象作出通报，稽核终结。稽核发现有问题的，稽核部门填写《社会保险稽核处理决定》，送达稽核对象并要求其签字确认执行，稽核终结。

（2019年7月23日，胜油保发〔2019〕14号，《关于印发〈胜利油田社会保险稽核管理办法（试行）〉的通知》）

（四）稽核处置

（1）医疗保障经办机构有下列情形之一的，由医疗保障行政部门责令改正，对直接负责的主管人员和其他直接责任人员依法给予处分：①未建立健全业务、财务、安全和风险管理制度；②未履行服务协议管理、费用监控、基金拨付、待遇审核及支付等职责；③未定期向社会公开医疗保障基金的收入、支出、结余等情况。

（2）医疗保障经办机构通过伪造、变造、隐匿、涂改、销毁医学文书、医学证明、会计凭证、电子信息等有关资料或者虚构医药服务项目等方式，骗取医疗保障基金支出的，由医疗保障行政部门责令退回，处骗取金额2倍以上5倍以下的罚款，对直接负责的主管人员和其他直接责任人员依法给予处分。

（2021年5月1日，中华人民共和国国务院令第735号，《医疗保障基金使用监督管理条例》）

第二节　定点机构协议管理制度

一、协议管理对象

与医疗保险经办机构签订服务协议，为基本医疗保险参保人员提供医疗服务的医疗机构、零售药店和长期护理机构等。

（2019年4月24日，胜油保发〔2019〕5号，《关于印发〈胜利油田基本医疗保险定点医药机构协议管理办法（试行）〉的通知》）

二、协议定点申请条件

（一）“双通道”药店

（1）油田区域内从事医药产品、医用材料经营业务，具有谈判药品管理服务能力的胜利油田定点零售药店。

（2）定点零售药店近2年内无医疗保障等处罚记录和医保违规查处记录，无新闻媒体负面曝光。

（3）整体面积应在100平米以上，经营场所如为租赁，需提供3年以上的有效租赁合同；设立独立的谈判药品业务场所或专柜，谈判药品管理相关制度健全。

（4）配备与经营服务相适应的计算机和网络系统，在满足药品进、销、存基本功能的同时，具备开展“一站式”结算的条件，能够满足谈判药品管理和服务质量的要求。

（5）注册到门店的执业药师不少于两名，确保营业时间有药师在岗，能熟练掌握谈判药品的相关药学信息，提供处方审核和调配、合理用药指导和咨询服务。

（6）县域内药店具有配备经营至少20种谈判药品的能力，市辖区内药店具有配备经营至少30种谈判药品的能力，对外销售的谈判药品价格不应高于公立医院挂网采购价。

（7）具有与经营冷链药品规模相适应的储存、配送设施设备，定期进行设施设备验证和校准，实现药品陈列、储存、配送等环境温湿度实时有效检测和调控，保证药品质量。

（8）设立慈善援助专区，建立援助药品领用与管理制度，配备专（兼）职人员负责慈善援助药品的发放及援助政策讲解；设立患者教育专区，可开展特殊疾病药品使用和健康管理的科普教育。

（9）取得高值新特药直送平台（即DTP药房）资质的优先纳入。

（2022年6月1日，胜油医保发〔2022〕6号，《关于印发〈胜利油田基本医疗保险“双通道”药店经办管理规程（试行）〉的通知》）

（二）长期护理机构

（1）具有基本医疗保险定点资格的医疗机构、医养结合机构（含护理院、护理中心、具有医疗资质的养老机构等），均可申请为定点机构。

（2）一级以上基本医疗保险定点医疗机构、护理院可申请成为专护定点机构，同时应符合以下条件：专护床位数不少于20张，至少配备2名第一执业地点在本机构的执业医师，其中1名具有副主任医师或以上职称；2名执业护士。副主任或以上职称执业医师与床位数配备比例不低于1∶60；执业医师与床位数配备比例不低于1∶20；执业护士与床位数配备比例不低于1∶10。配备与日常照护相适应的护理人员。

（3）具有住院功能的基本医疗保险定点医疗机构、医养结合机构（含护理院、护理中心、具有医疗资质的养老机构等）可申请成为院护定点机构，同时应符合以下条件：医护型床位数不少于20张（具有医疗资质的养老机构医护型床位数不少于核定床位数的20%），至少配备2名第一执业地点在本机构的执业医师，其中1名为专职执业医师且具有主治医师或以上职称。执业医师与床位数配备比例不低于1∶20。医师执业范围应为全科、内科、中医科或康复科；至少配备1名主管护师或以上职称的执业护士，护士与床位数配备比例不低于1∶10，护理员与床位数配备比例不低于1∶5。

（4）定点医疗机构、医养结合机构（除具有医疗资质的养老机构外），可申请成为家护定点机构，同时应符合以下条件：至少配备2名第一执业地点在本机构的执业医师，医师执业范围应为全科、内科、中医科或康复科；至少配备3名执业护士、1名护理员。其中，至少有1名护士具有主管护师或以上职称。医护人员与服务人数配备比例不低于1∶10。

（5）定点机构中从事医疗、护理服务的人员应当是执业医师、执业护士或参加养老护理员（医疗照护）、健康照护等职业培训并考核合格的人员，以及其他符合条件的护工人员。

（2021年12月29日，胜油医保发〔2021〕7号，《关于胜利油田职工长期护理保险定点机构管理有关工作的通知》）

（三）医疗机构、零售药店

（1）经依法批准设立。

（2）达到《胜利油田基本医疗保险协议管理医疗机构评估标准表》或《胜利油田基本医疗保险协议管理零售药店评估标准表》规定标准。

（2019年4月24日，胜油医保发〔2019〕5号，《关于印发〈胜利油田基本医疗保险定点医药机构协议管理办法（试行）〉的通知》）

三、协议定点申请流程

（一）“双通道”药店

（1）定点零售药店向胜利油田医疗保险管理服务中心（以下简称胜利医保中心）提出申请。申请材料齐全且符合要求的，胜利医保中心应予以受理。材料不全或不符合要求的，胜利医保中心应当场一次性书面告知申请单位需补充的材料。

（2）胜利医保中心组成评估小组，对申请单位进行现场验收评估，评估通过的，由胜利油田医保中心进行公示，公示期为5个工作日，接受社会监督。

（3）公示无异议的，胜利医保中心确定为“双通道”药店，并与其签订《胜利油田基本医疗保险“双通道”药店服务协议》。

（2022年6月1日，胜油医保发〔2022〕6号，《关于印发〈胜利油田基本医疗保险“双通道”药店经办管理规程（试行）〉的通知》）

（二）医疗机构、零售药店、长期护理机构

（1）申请。定点医药机构自愿向胜利油田医保中心提出申请，并提供规定材料。

（2）受理。胜利油田医保中心随时受理申请人的材料。申请人提交的材料齐全、符合要求的，及时受理；材料不齐或者材料不符合要求的，应当在接收材料时一次性告知申请人需补齐的材料。

（3）评估。胜利油田医保中心负责组织对受理的定点医药机构一般于每年5月份、11月份集中组织评估，也可根据实际需要适时组织评估。胜利油田医保中心业务人员及聘请的临床或护理等医疗专家、医院管理专家、参保人员代表共同组成评估小组，评估小组应审核定点医药机构上报资料，结合现场实地考察情况，如实记录考查结果。

（4）公示。胜利油田医保中心向社会公示评估结果，公示期为5个工作日。

（5）签订服务协议。胜利油田医保中心与公示无异议的定点医药机构签订服务协议，签订服务协议的定点医药机构名单由胜利油田医保中心统一公布。

（2019年4月24日，胜油保发〔2019〕5号，《关于印发〈胜利油田基本医疗保险定点医药机构协议管理办法（试行）〉的通知》）

四、协议定点动态管理

（一）“双通道”药店

（1）“双通道”药店涉及变更名称、地址、经营范围等事项时，应自有关部

门批准之日起30个工作日内向胜利医保中心提出变更申请。涉及变更法定代表人或合并重组的，视同特约主体变更，应改签协议或终止原协议。

（2）对因信息变更而导致“双通道”药店服务协议内容有较大调整的，或因地址变更而导致经营面积、设施、设备与验收评估时存在较大差距的，应先中止服务协议，并组织重新评估，胜利医保中心根据评估结果决定是否继续履行协议。

（3）建立并完善“双通道”药店动态调整和退出机制，胜利医保中心每半年对“双通道”药店资质进行审核评估，对不再符合“双通道”药店条件的，限期3个月整改，整改仍不符合条件的，取消其“双通道”药店资格。

（2022年6月1日，胜油医保发〔2022〕6号，《关于印发〈胜利油田基本医疗保险“双通道”药店经办管理规程（试行）〉的通知》）

（二）长期护理机构

（1）协议履行期间，乙方相关经营地址、医护人员、法定代表人等信息发生变化的，应自变更之日起30个工作日内报甲方备案，甲方视情况作出相应处理。

（2）乙方经主管部门批准暂停长期护理保险业务的，应在批准之日起30日内，向甲方申请保留长期护理保险服务协议，经甲方同意，可中止长期护理保险服务协议6个月。超期未恢复长期护理保险服务的，双方自动终止协议。

（3）有下列情形之一的，本协议终止。

①双方协商一致的。

②乙方因改建、扩建、迁建、关闭等原因，不能承接长期护理保险业务且未备案的。

③乙方发生重特大安全事故，或因严重违反卫生、食品安全等管理规定造成恶劣影响的。

④乙方被吊销《医疗机构执业许可证》或《事业单位法人证书》《民办非企业单位登记证书》《营业执照》的。

⑤因不可抗力致使协议不能履行的。

⑥协议期满，非甲方原因未与甲方续签协议的。

⑦其他依法应当终止协议的情形。

（4）乙方因存在违法违规或违约行为被解除协议的，以及解除协议后通过变更名称、地址、法定代表人等信息后重新获得《医疗机构执业许可证》或《事业单位法人证书》《民办非企业单位登记证书》《营业执照》的，甲方1年内不受理其长期护理保险定点机构申请。

（2021年12月29日，胜油医保发〔2021〕7号，《关于胜利油田职工长期护理保险定点机构管理有关工作的通知》；

2022年10月20日，《胜利油田职工长期护理保险定点护理服务机构服务协议（试行）》）

（三）医疗机构

（1）协议履行期间，乙方的名称、法定代表人、执业地址、经营性质、机构类别、诊疗科目、机构规模（级别、床位数）、医保管理部门负责人、主要医疗设备设施、银行结算账户等发生变化时，应自有关部门批准之日起10个工作日内向甲方提供相关材料申请变更或重新申请签订服务协议。

（2）乙方经主管部门批准暂停医疗服务的，应在批准之日起30日内，向甲方申请保留医保服务协议，经批准同意，可中止医保服务协议6个月。超过暂停期未恢复正常医疗服务的，双方自动终止医保服务协议。

（3）有下列情形之一的，本协议终止。

①双方协商一致的。

②乙方停业或歇业的（特殊情况报备经甲方核实的除外）。

③因不可抗力致使协议不能履行的。

④协议期满，非甲方原因未与甲方续签协议的。

⑤法律、法规及省、胜利油田医保政策规定的其他情形。协议履行期间，双方需终止协议的，应提前30天通知对方（协议明确立即终止的除外）。终止、解除、缓签协议的，甲乙双方应共同做好善后工作。

（4）乙方因存在违法违规或违约行为被解除服务协议的，以及解除协议后通过变更名称、地点、法人等信息后重新取得《医疗机构执业许可证》或《事业单位法人证书》《民办非企业单位登记证书》《营业执照》的，甲方3年内不受理其医保定点申请，不与乙方签署协议。

（2020 年 12 月，《胜利油田基本医疗保险定点医疗机构医疗服务协议》）

（四）零售药店

（1）协议执行期间，乙方变更单位名称、经营范围、经营地点等事项时，应当在《药品经营许可证》及《营业执照》变更之日起一个月内携带有关批准文件到甲方提出变更申请，经双方协商一致，对原协议进行变更，协商不成或者逾期未申请的，终止服务协议。乙方变更法定代表人的，视同特约主体变更，应改签协议或终止原协议。

（2）有下列情形之一的本协议将终止。

①协议期满，双方不再续签的。

②协议管理定点零售药店关闭、解散或破产的。

③乙方被吊销《药品经营许可证》或《营业执照》的，自吊销之日起终止协议。

④其他导致协议不能继续履行的情形。

（2020 年 12 月，《胜利油田基本医疗保险定点零售药店服务协议》）

［附］业务经办流程二维码

— 监督稽核 —

新增协议定点
医疗机构

新增协议定点
零售药店

新增长期护理
定点机构

新增“双通道”
定点药店

定点医药机构
信息变更

举报及投诉

社会保险缴费
基数稽核

定点医药机构
日常稽核

社保基金核算
数据审核

定点医药机构
专项稽核

经办机构
专项稽核

医保基金使用情况
联合稽核

定点医药机构
交叉稽核

医疗保险基金
监管报表报送

定点医药机构
自查自纠

内控系统业务办理

扩展　学习辅导问答

1. 用人单位缴纳社会保险费的政策依据是什么?

答:(1)中华人民共和国境内的用人单位和个人依法缴纳社会保险费，有权查询缴费记录、个人权益记录，要求社会保险经办机构提供社会保险咨询等相关服务。个人依法享受社会保险待遇，有权监督本单位为其缴费情况。

(2)职工应当参加基本养老保险、基本医疗保险、失业保险，由用人单位和职工按照国家规定共同缴纳保险费。

(3)职工应当参加生育保险、工伤保险，由用人单位按照国家规定缴纳保险费，职工不缴纳生育、工伤保险费。

2. 用人单位欠缴社会保险费如何处理?

答:(1)用人单位应当自行申报、按时足额缴纳社会保险费，非因不可抗力等法定事由不得缓缴、减免。职工应当缴纳的社会保险费由用人单位代扣代缴，用人单位应当按月将缴纳社会保险费的明细情况告知本人。

(2)用人单位未按时足额缴纳社会保险费的，由社会保险费征收机构责令其限期缴纳或者补足。

用人单位逾期仍未缴纳或者补足社会保险费的，社会保险费征收机构可以向银行和其他金融机构查询其存款账户；并可以申请县级以上有关行政部门作出划拨社会保险费的决定，书面通知其开户银行或者其他金融机构划拨社会保险费。用人单位账户余额少于应当缴纳的社会保险费的，社会保险费征收机构可以要求该用人单位提供担保，签订延期缴费协议。

用人单位未足额缴纳社会保险费且未提供担保的，社会保险费征收机构可以申请人民法院扣押、查封、拍卖其价值相当于应当缴纳社会保险费的财产，以拍卖所得抵缴社会保险费。

（3）用人单位未按时足额缴纳社会保险费的，由社会保险费征收机构责令限期缴纳或者补足，并自欠缴之日起，按日加收万分之五的滞纳金；逾期仍不缴纳的，由有关行政部门处欠缴数额一倍以上三倍以下的罚款。

3. 缴费工资总额的组成范围？

答：职工工资总额是指各单位在一定时期内直接支付给本单位全部职工的劳动报酬总额。工资总额一般由6个部分组成：计时工资、计件工资、奖金、津贴和补贴、加班加点工资、特殊情况下支付的工资。用人单位支付给职工的劳动报酬，不论其经费来源、支付形式、费用列支渠道、是否计入成本、是否国家计征所得税，都应列入工资总额计算范围。

4. 目前山东省内转移接续养老保险关系的规定？

答：2021年12月31日起，参保人员在省内流动就业的，不再转移基本养老保险关系和基金。按照国家相关政策确定待遇领取地在我省的参保人员，达到法定退休年龄前由养老保险归集地（即待遇领取地）社保经办机构，通过全省通办系统查验参保人员在省内不同参保地的缴费情况，并对参保人员的个人账户进行归集，归集完成后按规定办理退休手续，计发基本养老金。归集前，参保人员在各地保留的个人账户由相应的社保经办机构按规定计息。

5. 如何确定企业职工缴费工资基数？

答：职工个人以本人上年度月工资收入(按国家统计局规定的“工资总额”口径计算)为基数缴费。职工月工资收入低于全口径城镇单位就业人员平均工资60%的，按60%计算缴费工资基数；高于全口径城镇单位就业人员平均工资300%的，按300%计算缴费工资基数。

6. 领取失业保险金期间的失业人员如何缴纳基本医疗保险费？

答：（1）领取失业保险金人员应按规定参加其失业前失业保险参保地的职

工医保，缴费基数可参照统筹地区上年度职工平均工资的一定比例确定，最低比例不低于60%，缴费率按照统筹地区的缴费率确定。

（2）领取失业保险金人员参加职工医保应缴纳的基本医疗保险费从失业保险基金中支付，个人不缴费。失业保险经办机构为领取失业保险金人员缴纳基本医疗保险费的期限与领取失业保险金期限相一致。

7. 连续工龄补缴的适用范围?

答：连续工龄补缴适用于1995年1月《劳动法》实施之前的两种情况：一是根据《关于企业原临时性用工基本养老保险费缴纳有关问题的通知》（鲁劳社函〔2006〕121号）规定，企业原招用的计划内临时工和其他形式用工转招为劳动合同制工人，符合按规定计算为连续工龄期间的养老保险费补缴。二是劳动合同制工人符合按规定计算为连续工龄期间的养老保险费补缴。

8. 依据劳动关系补缴（三年以下）的适用范围?

答：依据劳动关系补缴（三年以下）适用于1995年1月《劳动法》实施之后，用人单位与职工存续劳动（人事）关系期间应保未保或应缴未缴养老保险费，且补缴时间段不超过36个月的情况。

9. 参加企业职工基本养老保险人员的延长缴费是指什么?

答：延长缴费是指参保人员达到法定退休年龄时累计缴费年限（含按规定确认的视同缴费年限）不满15年的，可以申请延长缴费至满15年。

10. 参加企业职工基本养老保险人员延长缴费的办理办法是什么?

答：（1）参保人员应当在达到法定退休年龄前3个月内，提出延长缴费的申请，并自达到法定退休年龄的次月起按时足额缴纳基本养老保险费。

本人未及时申请或者因各种原因，在延长缴费期间未按时足额缴费的，可按省有关规定补缴；也可不再补缴，继续延长缴费直至缴费满15年。

（2）《中华人民共和国社会保险法》实施前（即2011年6月30日前）参保的人员，延长缴费5年后仍不满15年的，可以一次性缴费至满15年（以下简称一次性缴费）。具体缴费数额，按照缴费当年的基数和比例确定。一次性缴费后，相应计算缴费年限，缴费指数统一按照缴费当年的指数确定。

参保人员延长缴费，应当由本人提出书面申请，报继续缴费地社会保险经办机构审核。其中，符合条件、在企业继续就业参保的，须经用人单位同意，报当地人力资源社会保障行政部门审核备案。

11. 胜利油田到龄职工常见的退休类别为哪几种？

答：胜利油田到龄职工常见的退休类别主要有正常退休、特殊工种退休、因病退休和退职4种。

12. 什么是缴费年限？

答：缴费年限是指单位和职工共同缴纳养老保险费的累计时间。缴费年限与连续工龄有联系，但也有区别。根据现行规定，缴费年限分为视同缴费年限和实际缴费年限。视同缴费年限是指实行个人缴费制度前，职工的连续工龄视作缴纳养老保险费的年限。

13. 职工退休资格审核时出生时间如何认定？

答：出生时间实行居民身份证与职工档案相结合的办法。当本人身份证与档案记载的出生时间不一致时，以本人档案最先记载的出生时间为准。

14. 职工退休资格审核时工作时间如何认定？

答：工作时间主要依据招、录用工手续，大中院校、技校毕业生派遣证等材料，报到起薪日期认定为参加工作时间。无招、录用工手续及派遣证的人员，结合档案记载记录的转正定级表中填写的入厂时间或其他辅助证明参加工作材料相结合来认定。任何情况下参加工作时间的认定，必须有可以认定为企业职工连续工龄的对应文件。

15. 办理特殊工种退休的条件是什么？

答：需要满足三个条件。

（1）年龄要求：从事井下、高空、高温、特别繁重体力劳动或者其他有害身体健康的工作，男年满55周岁、女年满45周岁。

（2）从事井下、高空、高温、特别繁重体力劳动或者其他有害身体健康工作年限要求：从事高空和特别繁重体力劳动工作累计满10年的；从事井下、高温工作累计满9年的；从事其他有害身体健康工作累计满8年的。

（3）缴费年限要求：缴费年限满（含视同缴费年限）15年。

16. 目前山东省现行计发办法，在新旧计发办法过渡期结束后，退休后基本养老金组成部分及公式？

（1）基础养老金：月标准以本人退休时上年度省或市在岗职工月平均工资和本人指数化月平均缴费工资的平均值为基数，缴费每满1年发给1%，上不封顶（胜利油田执行上年度省养老保险直管企业在岗职工平均工资基数）。

计算公式：基础养老金=

$$\frac{\text{上年度在岗职工月平均工资}+\text{本人指数化月平均缴费工资}}{2}\times\text{缴费年限}\times 1\%$$

（2）个人账户养老金：月标准为本人退休时基本养老保险个人账户累计储存额本息除以计发月数，计发月数按国务院的规定执行。

（3）过渡性养老金：月标准为职工建立个人账户前的缴费年限（含视同缴费年限）每满一年发给本人指数化月平均工资的1.3%。

计算公式：过渡性养老金=本人指数化月平均缴费工资×统账改革前缴费年限×1.3%。

17. 养老金的发放时间如何规定的？

答：企业离退休人员从退休次月起发放退休养老金，从去世次月起停发养老金。

18. 2021年9月1日（含）之后企业因病或非因工死亡退休人员的遗属待遇标准是什么？

答：遗属待遇包括丧葬补助金和抚恤金。

（1）丧葬补助金按照参保人员死亡时山东省上一年度城镇居民月人均可支配收入的2倍计算。

（2）抚恤金以死亡时山东省上一年度城镇居民月人均可支配收入为基数，根据参保人员缴费年限（包括实际缴费年限和视同缴费年限）确定发放月数。

缴费年限满10年不超过15年（含15年）的，发放月数为9个月；缴费年限15年以上的，每多缴费1年，发放月数增加1个月；缴费年限30年以上的，按照30年计算，发放月数最高为24个月。

每领取1年基本养老金减少1个月，发放月数最低为9个月。

19. 出现什么情形社会保险经办机构会停发或暂时停发其基本养老金？

答：离退休人员发生下列情形之一，社会保险经办机构应停发或暂时停发其基本养老金。

（1）无正当理由不按规定提供本人居住证明或其他相关证明材料的。

（2）下落不明超过6个月，其亲属或利害关系人申报失踪或户口登记机关暂时注销其户口的。

（3）被判刑收监执行或被劳动教养期间的。

（4）法律、法规规定的其他情形。

发生以上第（1）、（2）、（4）项情形的离退休人员，经社会保险经办机构确认仍具有领取基本养老金资格的，应从停发之月起补发并恢复发放基本养老金；发生以上第（3）项情形的离退休人员，服刑或劳动教养期满后可按服刑或劳动教养前最后一次领取的标准继续发给基本养老金。

20. 山东省某企业退休职工甲，2024 年 1 月去世，在职缴费年限为 32 年，退休后领取基本养老金年限为 3 年整，本省 2023 年度城镇居民月人均可支配收入为 4297.58 元。那么该去世职工的遗属待遇是多少？

答：遗属待遇包括丧葬补助金和抚恤金两部分，

（1）丧葬补助金按照参保人员死亡时山东省上一年度城镇居民月人均可支配收入的2倍计算，即丧葬补助金=2×4297.58元=8595.16（元）。

（2）抚恤金：该去世职工缴费年限为32年，退休后领取基本养老金年限为3年，根据政策要求，该职工的抚恤金=（24-3）×4297.58=90249.18（元）。

因此，该职工的遗属待遇=丧葬补助金+抚恤金=8595.16+90249.18=98844.34（元）。

21. 参加胜利油田基本医疗保险人员本地普通门诊就医如何选择定点医疗机构？

答：参保职工本地就医可在胜利油田门诊统筹定点医疗机构范围内，根据病情自主选择医疗机构就诊。

22. 胜利油田职工中断缴费与待遇享受政策如何规定的？

答:参保单位因故中断缴纳基本医疗保险费的，自中断缴费的次月起暂停支付其职工的基本医疗保险待遇；参保单位从补齐欠费和滞纳金的次月起，恢复其职工的基本医疗保险待遇。补缴中断缴费期间费用的，只计算基本医疗保险缴费年限，欠费期间发生的医疗费用不纳入医疗保险统筹基金支付，对中断缴费不超过2个月且中断缴费前缴费记录信用良好的，补齐欠费后，补缴期间发生的医疗费用可以补报。

23. 异地就医人员如何分类？

答：（1）异地长期居住人员，将异地安置退休人员、常驻异地工作人员、长期异地居住人员，统一整合简化为“异地长期居住人员”。异地长期居住人员一般指异地居住、生活、工作6个月以上的人员。

（2）临时外出就医人员，将转诊转院人员，自行外出就医人员，因出差、探亲、旅游等临时在外就医人员，统一简化整合为“临时外出就医人员”。

24. 医疗保险个人账户的支付范围是如何规定的？

职工医疗保险个人账户除可用于职工本人的门诊消费、药店消费及医保统筹基金报销后需个人负担的费用外，还可用于支付近亲属(配偶、子女、本人的父母、配偶的父母，下同)参加居民基本医疗保险、长期护理保险的个人缴费部分；经基本医疗保险、大病保险、长期护理保险报销后按规定需个人负担的费用；本人和近亲属健康检查及在定点零售药店购买药品。职工医疗保险个人账户本金和利息归个人所有，可以结转使用和继承。

25. 胜利油田职工门诊慢特病病种范围是什么？

答：需要在门诊进行恶性肿瘤（含白血病）放化疗、尿毒症透析、器官移植后抗排异治疗、精神病患者治疗，使用雷珠单抗、康柏西普、阿柏西普、地塞米松（玻璃体内植入剂）眼内注射治疗黄斑病变以及使用特立氟胺治疗多发性硬化症属于门诊慢特病范围。

26. 胜利油田参保职工普通门诊基本医疗保险待遇是怎样的？

答：在选定医疗机构就医发生的门诊医疗费用，统筹基金支付设立起付标准和最高支付限额。一个医疗年度内起付标准，三级医院为800元，二级及以下医疗机构为200元，不同级别医疗机构起付标准累计计算，起付标准以下的费用由个人账户支付或个人自付。起付标准以上至最高支付限额的费用，在三级医疗机构发生的医疗费用在职职工负担25%，退休人员负担20%；在二级及以下医疗机构发生的医疗费用个人负担比例分别比三级医疗机构降低5个百分点。一个医疗年度内，统筹基金支付门诊费用最高限额为12000元，超过最高支付限额的费用通过大额医疗费补助资金和补充医疗保险资金解决。

27. 基本医疗保险不予支付的费用范围有哪些？

（1）应当从工伤保险基金中支付的。

（2）应当由第三人负担的。

（3）应当由公共卫生负担的。

（4）在境外就医的。

（5）不符合基本医疗保险用药范围、诊疗项目、医疗服务设施范围和支付标准的医疗费用。

（6）其他按照国家和省规定不属于支付范围的费用。

28. 小张缴纳胜利油田职工医保，办理了异地长期备案，咨询异地长期居住人员异地就医联网结算享受怎样的待遇？

答：“异地长期居住人员”办理备案后在长期居住地就医，一次备案长期有效，享受与参保地就医相同的医保报销比例。

29. 小李缴纳胜利油田职工医保，去济南出差一周，期间因病住院，如何异地就医结算？

答：参保人省内跨市临时外出就医不需办理备案手续，就医费用持卡（码）直接联网结算。

30. 张先生 2023 年 4 月发生交通意外住院治疗，经交警部门鉴定为对方全责。在出院结算时，其无法正常使用基本医疗保险结算其住院医疗费，咨询是否合理。

答：合理，张先生的情况不在基本医疗保险和大额医疗补助允许支付的范围内。

31. 认定工伤的三要素是什么？

答：认定工伤的三要素是工作时间、工作地点和工作原因。

32. 认定为工伤的情形有哪些？

答：《工伤保险条例》规定，职工有下列情形之一的，应当认定为工伤，

（1）在工作时间和工作场所内，因工作原因受到事故伤害的。

（2）工作时间前后在工作场所内，从事与工作有关的预备性或者收尾性工作受到事故伤害的。

（3）在工作时间和工作场所内，因履行工作职责受到暴力等意外伤害的。

（4）患职业病的。

（5）因工外出期间，由于工作原因受到伤害或者发生事故下落不明的。

（6）在上下班途中，受到非本人主要责任的交通事故或者城市轨道交通、

客运轮渡、火车事故伤害的。

（7）法律、行政法规规定应当认定为工伤的其他情形。

33. 不得认定为工伤的有哪些情形？

答：《工伤保险条例》规定，有下列情形之一的不得认定为工伤或者视同工伤，分别是①故意犯罪的；②醉酒或者吸毒的；③自残或者自杀的。

34. 职工在上下班途中，受到什么责任的交通事故可以认定为工伤？

答：职工在上下班途中，受到非本人主要责任的交通事故或者城市轨道交通、客运轮渡、火车事故伤害的可认定为工伤。非本人主要责任的交通事故主要是指，本人负次要责任、对方负主要责任、本人无责任和本人负同等责任。

35. 工伤认定申请应当提交哪些材料？

答：工伤认定申请应当提交下列三项材料，工伤认定申请表、与用人单位存在劳动关系（包括事实劳动关系）的证明材料和医疗诊断证明或者职业病诊断证明书（或者职业病诊断鉴定书）。

36. 什么是劳动能力鉴定？

答：劳动能力鉴定是指劳动功能障碍程度和生活自理障碍程度的等级鉴定。

37. 劳动功能障碍和生活自理障碍分别有几个等级？

答：劳动功能障碍分为十个伤残等级，最重的为一级，最轻的为十级。生活自理障碍分为三个等级，分别是生活完全不能自理、生活大部分不能自理和生活部分不能自理。

38. 职工因工死亡后，领取的待遇有哪些？标准是什么？

答：《工伤保险条例》规定，职工因工死亡的，领取的待遇主要有丧葬补助金、供养亲属抚恤金和一次性工亡补助金。丧葬补助金标准为6个月的统筹地区上年度职工月平均工资，供养亲属抚恤金按照职工本人工资的一定比例发给由因工死亡职工生前提供主要生活来源、无劳动能力的亲属，标准为，配偶每月40%，其他亲属每月30%，孤寡老人或者孤儿在上述标准的基础上增加10%。一次性工亡补助金标准为上一年度全国城镇居民人均可支配收入的20倍。

39.《工伤保险条例》中"本人工资"指的是什么?

答:《工伤保险条例》所称"本人工资"，是指工伤职工因工作遭受事故伤害或者患职业病前12个月平均月缴费工资。本人工资高于统筹地区职工平均工资300%的，按照统筹地区职工平均工资的300%计算；本人工资低于统筹地区职工平均工资60%的，按照统筹地区职工平均工资的60%计算。

40. 油田某单位职工2021年3月因工死亡。父母已故，妻子1970年3月出生、无业，女儿2008年8月出生，上学。死亡职工本人工资为6000元，2020年度统筹地区职工月平均工资为8352元，2020年全国城镇居民可支配收入为43834元，其近亲属可享受的待遇及标准是什么?

答：其近亲属可享受的待遇包括丧葬补助金、一次性工亡补助金和供养亲属抚恤金三部分。

（1）享受丧葬补助金，标准为8352 × 6=50112（元）。

（2）享受一次性工亡补助金，标准为43834 × 20=876680（元）。

（3）其女儿可领取供养亲属亲属抚恤金，标准为6000 × 30%=1800（元），从2021年4月起开始享受，正常发放至满18周岁。

41. 失业人员享受失业保险金的条件是什么?

答：同时具备下列条件的失业人员，可以领取失业保险金。失业人员在领取失业保险金期间，按照规定同时享受其他失业保险待遇。

（1）按规定参加失业保险，所在单位和本人已按照规定履行缴费义务满1年。

（2）非因本人意愿中断就业。

（3）已办理失业登记，并有求职要求。

42. 失业人员在领取失业保险金期间，哪些情形应当停止享受失业保险金及其他失业保险待遇？

答：（1）重新就业的。

（2）应征服兵役的。

（3）移居境外的。

（4）享受基本养老保险待遇的（企业、机关、居民）。

（5）无正当理由，拒不接受当地人民政府指定部门或者机构介绍的适当工作或者提供培训的。

43. 山东省的失业保险待遇由几部分构成？

答：（1）失业保险金。

（2）医疗保险费。

（3）在领取失业保险金期间，符合国家计划生育政策，生育子女的女失业人员生育补助金。

（4）领取失业保险金期间死亡的失业人员的丧葬补助金和其供养的配偶、直系亲属的抚恤金。

（5）领取失业保险金期间，失业人员接受职业培训、职业介绍的职业培训补贴、职业介绍补贴等。

44. 符合哪些条件的企业职工，可申领技能提升补贴。

答：（1）依法参加失业保险，职业资格证书或职业技能等级证书核发之日累计缴纳失业保险费12个月（含12个月）以上。

（2）本年度内取得初级（五级）、中级（四级）、高级（三级）职业资格证书或职业技能等级证书。证书要在技能人才评价证书全国联网查询系统上可以查询到。

职工应在职业资格证书或职业技能等级证书核发之日起12个月内，向本人失业保险参保地失业保险经办机构提出申请。

45. 技能提升补贴标准及注意事项是什么？

答：职业资格证书或职业技能等级证书应为列入国家职业资格目录清单或职业技能等级目录内的证书。技能提升补贴标准根据不同等级职业资格证书或职业技能等级证书确定。职工取得初级（五级）、中级（四级）和高级（三级）职业资格证书或职业技能等级证书的，补贴标准分别为1000元、1500元和2000元。

同一职业（工种）同一等级只能申请并享受一次技能提升补贴，不同等级可分别申请享受技能提升补贴。不同职业（工种）可按等级分别申请享受技能提升补贴。省内参加失业保险，非本省考取的证书，符合条件的可申请享受技能提升补贴。每人每年享受补贴次数不超过3次，与就业补助资金、职业技能提升行动专账资金列支的职业培训补贴不得同时享受。

46. 什么是企业年金？

答：企业年金是一种补充性养老金制度，是指企业及其职工在依法参加基本养老保险的基础上，自主建立的补充养老保险制度。企业年金是对国家基本养老保险的重要补充，也是我国养老保险体系的重要组成部分。

47. 哪些企业可以建立企业年金？

答：企业建立企业年金应符合以下基本条件，一是依法参加企业职工基本养老保险并履行缴费义务；二是企业与职工一方通过集体协商确定建立企业年金；三是内部民主制度和管理制度健全。

48. 个人参加企业年金有什么要求？

答：职工参加企业年金计划应同时符合以下条件，一是与所在单位签订无固定期限或 1 年以上期限劳动合同，且试用期满，履行劳动合同规定的全部义务；二是依法参加企业基本养老保险社会统筹，按时足额缴纳保险费。

符合参加企业年金计划条件的职工，从符合条件的次月起自动参加企业年金计划。根据工作需要引进的急需、高层次人才，可自起薪当月参加企业年金计划。

49. 职工参加企业年金计划有什么好处？

答：企业年金是基本养老保险的重要补充，参加企业年金计划的职工，退休后在基本养老金之外领取企业年金。

企业年金基金与企业自有资产分开管理，即使企业经营状况不好，个人账户已积累资金也不会受到影响，保障了职工的养老权益。

企业年金基金实行集中统一运作，资金的规模效应及专业机构的规范运作，会使投资收益和长期抗风险能力强于分散投资。

50. 企业年金资金如何筹集？

答：企业年金所需费用由企业和职工个人共同缴纳。企业年金基金实行完全积累，按照国家有关规定投资运营。企业年金基金投资运营收益并入企业年金基金。

51. 企业年金账户由哪些构成？

答：企业年金账户包括企业账户和个人账户。

（1）企业账户：用于归集企业缴费划入个人账户后的余额及其投资运营受益、企业缴费划入个人账户按规定不再归属个人部分及其投资运营受益。

（2）个人账户：记载职工个人基本信息、个人缴费、企业缴费划入、投资运营收益和账户储存额等信息，是职工退休后领取企业年金的主要依据。

52. 个人在什么情况下可以领取企业年金？

答：自主参加企业年金计划且符合下列条件之一的职工，可以领取企业年金：职工达到国家规定的退休年龄或者完全丧失劳动能力，职工出国（境）定居，职工在退休前死亡的或被人民法院宣告死亡的，以及符合国家规定的其他领取条件。

53. 什么是过渡性年金？

答：过渡性年金是对在过渡期内依法办理退休手续人员，在领取企业年金个人账户储存额之外，按月发放的补贴。过渡性年金水平依据个人所属人员类别和退休当年标准确定。各类人员的过渡性年金标准逐年降低，过渡期结束降至为零。

过渡性年金自退休人员享受基本养老金之月开始领取，直至失去领取条件。退休人员的基本养老金停止发放时，过渡性年金亦同时停发；退休人员违规违纪或因个人原因给单位造成损失的，要扣减或停止执行过渡性年金。

54. 企业年金过渡期是如何规定的？

答：过渡期是为了实现企业年金制度与企业补贴制度平稳衔接，有利于企业年金实施前后退休人员待遇水平平稳过渡而设置的过渡性时间期限。经中国石化集团公司核定，胜利油田实施企业年金制度的过渡期为2009年1月1日至2026年12月31日。

55. 什么是激励性年金？

答：激励性年金是在企业年金保障性、普惠性基础上，加大对做出突出贡献的优秀人才、业务骨干激励约束力度所设立的一种年金分配形式。激励性年金每年实施一次。

56. 城乡居民基本养老保险制度实施时，45 周岁以上的参保人员应如何缴费？

答：应按年缴费，累计缴费年限应不少于实际年龄到60周岁的剩余年数，也允许于办理待遇领取手续当年一次性补缴，但补缴不享受缴费补贴，不计入年限基础养老金的缴费年限，补缴后累计缴费年限不得超过15年，含按照城乡养老保险制度衔接转移的职工基本养老保险的缴费年限，不含原农保缴费年限。

57. 城乡居民基本养老保险制度实施时，45 周岁（含）以下的参保人员应如何缴费？

答：应按年缴费，累计缴费不少于15年。

58. 同时具有城镇居民养老保险缴费和城镇职工养老保险缴费，到达退休年龄时应如何计算累计缴费？

答：（1）参保人从企业职工养老保险转入居民养老保险的，若在同一年度内同时缴纳企业职工养老保险费（含视同缴费，下同）和居民养老保险费，退还重复缴费时段（按月计算）的居民养老保险费，缴费年限按一年计算。

（2）年度内仅缴纳企业职工养老保险费，企业职工养老保险缴费月数累计计算为居民养老保险缴费年限，每12个月计一年，不满12个月按一年计算。

（3）参加原农保人员，核定待遇享受条件时，原则上应包含原农保折算年限。其中，选择一次性补缴的，在核定其缴费年限上限时，原农保折算年限可不计入。

59. 什么情况下，需按规定补缴养老保险费方可办理城乡居民基本养老保险待遇领取手续。

答：（1）城乡居民基本养老保险政策实施时年满45周岁以上的城乡居民未曾缴纳养老保险费或以往年度养老保险费有中断的。

（2）城乡居民基本养老保险政策实施时45周岁（含）以下的城乡居民年满60周岁时累计缴费年限不足15年的。

60. 劳动家属养老保险的参保条件及规定是什么？

答：（1）2010年6月底前具有山东省城镇户籍。

（2）未参加城镇基本养老保险。

（3）实行“统账结合”制度前工作满3年。

（4）经审核确认具有劳动家属身份。

符合参加基本养老保险条件的劳动家属，如已享受定期遗属生活困难补助费的，可根据本人自愿，或继续享受，或按政策规定补缴劳动家属基本养老保险费后享受基本养老金，定期遗属生活困难补助费和基本养老金不得同时享受。

61. 城乡居民基本医疗保险本地门诊待遇是怎样的？

答：参保居民在一级及以下定点医疗机构发生的普通门诊医疗费用，不设起付标准，按比例统筹至年度最高支付限额。纳入统筹支付医疗费用总额统筹支比例60%。一个年度内，居民基本医疗保险普通门诊统筹基金最高支付限额为200元。

62. 城乡居民医疗保险中居民“两病”的保障范围是什么？

答：参加东营市城乡居民基本医疗保险，一级及以上医疗机构出具患有高血压、糖尿病门诊或住院病历，确需采取药物治疗，且不在“两病”门诊慢性病保障范围内的患者，其治疗“两病”的门诊用药费用纳入医保支付范围。

63. 城乡居民基本医疗保险特殊门诊慢性病有几种？

答：有六种，分别为①恶性肿瘤的门诊治疗；②白血病；③尿毒症透析治疗；④严重精神障碍；⑤其他精神障碍；⑥组织或器官移植(抗排异治疗)。

64. 城乡居民基本医疗保险门诊慢特病定点医疗机构如何选择？

答：门诊慢性病实行定点管理。申请人在填写申报表时，可根据需要填写本市范围内两家门诊慢性病定点医疗机构，鉴定通过后，由鉴定医疗机构进行备案。定点医疗机构原则上一个季度内不得变更；如需变更，须于每季度末月下旬到参保地医保经办机构办理变更手续，次季度生效。

65. 周女士为东营市城乡居民医疗保险参保人员且 2023 年正常缴纳城乡居民医疗保险，出生日期为 1953 年 12 月 29 日，周女士是否需要缴纳 2024 年东营市城乡居民医疗保险？

答：周女士2023年12月31前已满70周岁，对具有本市户籍的特困人员、孤儿（含事实无人抚养儿童）、70周岁及以上居民、重度残疾人(一、二级)、符合条件的优抚人员参加居民基本医保个人缴费给予全额补贴，所以周女士不需要缴纳2024年城乡居民医疗保险费用。

66. 社会保险基金财务管理的任务主要有哪些？

答：（1）贯彻执行国家法律法规和方针政策，依法筹集和使用基金，确保各项基金应收尽收和社会保险待遇按时足额发放。

（2）合理编制基金预算，强化收支预算执行，严格编制基金决算、真实准确反映基金预算执行情况。

（3）健全财务管理制度，加强基金核算分析，积极稳妥开展基本养老保险基金投资运营，实现基金保值增值。

（4）加强基金财务监督和内部控制，确保基金运行安全、完整、可持续。

67. 社会保险基金收入主要有哪些？

答：基金收入包括社会保险费收入、财政补贴收入、集体补助收入、利息收入、委托投资收益、转移收入、上级补助收入、下级上解收入、其他收入等。上述基金收入项目按规定分别形成各项基金。

68. 社会保险基金支出包括主要有哪些？

答：基金支出包括社会保险待遇支出、转移支出、补助下级支出、上解上级支出、其他支出等。

69. 社会保险基金当年入不敷出时，按什么顺序保障基金支付？

答：（1）动用历年滚存结余中的存款。

（2）建立基金调剂金的地区由上级调剂安排，提取风险基金的新型农村合作医疗统筹地区按程序申请动用风险基金，提取储备金的工伤保险统筹地区按程序申请动用储备金。

（3）转让或提前变现基金投资产品。

（4）同级财政部门给予补贴。

（5）在财政给予支持的同时，按照国务院有关规定报批后调整社会保险缴费比例或待遇支付政策。职工基本医疗保险基金在申请调整缴费比例之前可经同级财政部门审核并报同级人民政府批准后，在国家规定的范围内，调整单位缴纳的基本医疗保险费划入职工基本医疗保险统筹基金与职工基本医疗保险个人账户基金之间的比例。

70. 实行经办机构征收社会保险费的地区，经办机构设立社会保险基金收入户的主要用途有哪些？

答：（1）暂存由经办机构征收的社会保险费收入。

（2）暂存上级经办机构下拨或下级经办机构上解的基金收入。

（3）暂存该账户利息收入。

（4）暂存社会保险基金转移收入以及其他收入等。

（5）收入户除向财政专户划转基金、向上级经办机构缴拨基金、原渠道退回保险费收入、退回转移收入等情形外不得发生其他支付业务。

71. 经办机构设立社会保险基金支出户的主要用途有哪些？

答：（1）接受财政专户拨入基金。

（2）暂存社会保险支付费用及该账户利息收入。

（3）支付基金支出款项。

（4）向财政专户缴入该账户利息收入。

（5）上解上级经办机构基金或下拔下级经办机构基金。

（6）支出户除接受财政专户拨付的基金、上级经办机构拨付基金暂存该账户利息收入，原渠道退回支付资金外，不得发生其他收入业务。

72. 财政部门按照国家有关财政专户管理的规定设立财政专户的主要用途有哪些？

答：（1）接收税务机关或经办机构缴入的社会保险费收入。

（2）接收税务机关或收入户缴入的利息收入及其他收入。

（3）根据委托投资合同或有关计划接收和拨付投资运营基金。

（4）接收基金投资收益及支出户缴入的利息收入等。

（5）接收财政补贴收入。

（6）接收转移收入。

（7）接收上级财政专户划拨或下级财政专户上解基金。

（8）向上级或下级财政专户上缴或划拨基金。

（9）根据经办机构用款计划和预算向支出户拨付基金或按国家规定直接与有关机构办理基金结算。

（10）办理跨省异地就医结算业务。

（11）国家规定的其他用途。

73. 社会保险行政部门、财政部门、审计部门应依法依规及时纠正社会保险基金管理中的违法违规行为，应采取什么措施？

答：（1）追回被截留、挤占、挪用、贪污的基金。

（2）退还多提、补足减免的基金。

（3）足额补发或追回违规支付的社会保险待遇支出。

（4）及时足额将收入户应缴未缴基金缴入财政专户。

（5）及时足额将财政专户基金拨付到支出户。

（6）及时足额将财政补助资金划入财政专户。

（7）停止违规投资运营行为，形成运营亏损的应向责任方追偿损失。

74. 社会保险基金的会计核算应当遵循什么基本原则？

答：（1）社会保险基金的会计核算应当以实际发生的业务为依据，如实反映社会保险基金的财务状况和收支情况等信息，保证会计信息真实可靠、内容完整。

（2）社会保险基金的会计核算应当采用规定的会计政策，确保会计信息口径一致、相互可比。

（3）社会保险基金的会计核算应当及时进行，不得提前或者延后。

75. 经办机构应当如何运用会计科目对社会保险基金进行会计核算？

答：（1）经办机构应当区分险种及不同制度，按照规定设置和使用会计科目、填制会计凭证、登记会计账簿。

（2）经办机构应当执行本制度统一规定的会计科目编号，以便于填制会计凭证、登记账簿、查阅账目。

（3）在填制会计凭证、登记账簿时，经办机构应当填列会计科目的名称，或者同时填列会计科目的名称和编号，不得只填列科目编号而不填列科目名称。

（4）在不违反制度的前提下，经办机构可以根据核算和管理工作需要对明细科目的设置作必要的补充。

76. 对定点医药机构的稽核包括哪些方面？

答：对定点医药机构服务行为进行稽核，核查定点医药机构执行医疗保险政策、服务协议情况，核查是否存在弄虚作假、套取医保基金等行为。

77. 医疗保障经办机构对违规定点医疗机构如何处置？

答：按照《山东省医疗保障基金监督管理办法》有关规定，医疗保障经办机构按照与定点医药机构签订的服务协议约定，对违反服务协议的定点医药机构可以暂停或者不予拨付费用、追回违规费用、终止相关责任人员或者所在部门涉及医疗保障基金使用的医药服务，直至解除服务协议；定点医药机构及其相关责任人员有权进行陈述、申辩。

78. 胜利油田目前定点协议管理的对象有哪些？

答：与医疗保险经办机构签订服务协议，为基本医疗保险参保人员提供医疗服务的医疗机构、零售药店和长期护理机构，其中零售药店指“双通道”药店和门诊统筹零售药店。

79. 胜利油田定点医药机构的申请流程是怎样的？

答：由医药机构提出申请，对申请材料齐全并符合要求的胜利油田医保中心予以受理，不符合的一次性告知需补齐资料。胜利油田医保中心组织评估小组对申请单位进行现场验收评估，评估通过后在胜利油田医保中心进行公示，公示期5个工作日。公示无异议的，由胜利油田医保中心与其签订相应的服务协议并统一公布名单。

80. 哪些情况下定点医疗机构与胜利油田医保中心的协议关系自动终止？

答：双方协商一致的；定点医疗机构停业或歇业的（特殊情况报备经胜利油田医保中心核实的除外）；因不可抗力致使协议不能履行的；协议期满，非胜利油田医保中心原因未与胜利油田医保中心续签协议的；法律、法规及省、胜利油田医保政策规定的其他情形。

后　记

本书编写主要以国家、山东省、东营市以及中国石化和胜利油田有关政策规定为依据，紧密结合胜利油田社会保险工作实际，全面系统介绍了胜利油田社会保险现行政策和业务流程。本书作为胜利油田社会保险培训教材，适合于胜利油田社会保险经办人员学习使用，也可供油田各参保单位和参保个人办理社会保险业务参考使用。

全书共分十章，分别为社会保险费征缴、职工基本养老保险、职工医疗保险、工伤保险、失业保险、企业年金、城乡居民和劳动家属养老保险、城乡居民医疗保险、社会保险基金财务管理、监督稽核等。每章后附业务流程二维码，根据政策流程变化情况动态更新。

为做好本书编写工作，胜利油田社会保险中心成立了工作专班，抽取骨干力量参加编写工作。工作专班发扬石油精神、石化传统，弘扬精细严谨的工作作风，细化责任分工，严把时间节点，先后到中原油田、河南油田、江汉油田、大港油田等调研学习，深入研究分析，系统梳理归纳，几易其稿，终成此书。参加本书编写的人员主要有：邓小强、蔚龙霞（第一章），田中宇、耿雪（第二章、第五章），崔富利、郭金泽、高程、韩小燕、李长松、郭丽萍、胡志刚（第三章、第八章），顾艳钰（第四章），王文、孙钦利、陈东（第六章），薛枫（第七章），汤洁、唐俊、徐建玲（第九章），张瑛、李生福（第十章），郭伟编制了业务流程二维码。张运涛、钟菁、石晓磊参与了全书的编辑整理，冯岭、孙钦利统改全稿。任立松、姚振华、赵玉成、孙宝成、张健、冯岭、吴国扬、陈旭东审阅修订，最后由魏海泉、杨春东审定。中国石化党组组织部和胜利油田分管领导给予了全力指导支持，在此表示衷心的感谢。

本书力求全面准确翔实，但由于编撰水平有限，难免存有疏漏之处，欢迎批评指正。